教育管理職のための法常識講座

◉判決に学ぶ「いじめ」「体罰」「ネット」「虐待」「学級崩壊」への対応

梅野正信◆著

上越教育大学出版会

はじめに

本書は、学校における児童生徒間の「いじめ」事件、教師による「体罰」事件、学級崩壊の渦中にあって過労死に陥った教師をめぐって提起された訴訟、児童虐待やネットを介した事件等の主要判決をもとに、学校管理職による研修に利用できるよう整理し、法学及び教育法学等の研究の蓄積をふまえて考察を加えたものである。主要判決の概要とその判断を整理した書籍はこれまでも多くみられてきたが、本書は、これに加えて、学校の教師が研修において相互に学び共有することのできるよう、個々の事件ごとに判決書から事件のプロセスを確認し、加害者、被害者、教師、保護者等の具体的な行為に対応させて責任や過失の有無、判断の根拠を確認できるようにしている。

改めて述べるまでもないことだが、学校教師の職責の第一は、児童生徒の人権、生存と人格を保障する責務、すなわち安全配慮義務を果たすことにある。管理職であればなおのこと、職責の第一に、児童生徒の人権を保障するべき教師の対応、責任の在り様とその根拠を、事例に即し、個々の行為に即して理解し、適切に判断できることが必須である。

本書は、児童生徒、あるいは教師が自明に守られるべき生存権と人格権の保障を重視している。児童生徒、そして教師の生存と人格が豊かに保障されるには、まずもって教師間で、個別具体的な事実に即して、一つ一つの人権侵害行為を確認し、判断の是非、表面的な事象の背後にある心身の痛み、苦しみ、被害を想像し、予測、予見することを日常的に習慣づけ、どのような具体的な人権侵害行為に対してどのように強制的な対応が必要であり、どのような合理性と正当性をもつのかを実践的に理解・習得することが、重要である。

被害者の心身の痛みから目をそらさず、苦しみを想像し予見し、抑止する。抑止できなかった場合は毅然とした救済措置をとり、関係を改善させてゆく、このような対応の適用と根拠を共通に認識することは、結果的に学校内のモラル、道徳性を高めることになる。学校における自由で平等な、多様性に寛容な環境が保持され、学習にふさわしい秩序や規範が遵守、維持されていくために、本書を活用していただきたい。

目次

教育管理職のための法常識講座

はじめに　2

講座1　教育管理職のための法常識　…　8

1 いじめ・暴行関係の判決　19

講座2　小学生いじめ負傷事件（小4・1979年11月負傷）浦和地裁昭和60年4月22日判決　…　20
講座3　小学生眼負傷事件（小4・1999年3月負傷）甲府地裁平成16年8月31日判決　…　30
講座4　中学生いじめ自殺事件（中3・1985年9月自殺）福島地裁いわき支部平成2年12月26日判決　…　42
講座5　中学生いじめ自殺事件（中2・1986年2月自殺）東京高裁平成6年5月20日判決　…　53
講座6　中学生いじめ事件（1991年入学　3年間のいじめ）東京高裁平成13年12月20日判決　…　74
講座7　中学生いじめ自殺事件（中2・1994年7月自殺）東京高裁平成14年1月31日判決　…　86
講座8　中学生いじめ自殺事件（中3・1996年1月自殺）福岡高裁平成14年8月30日判決　…　98
講座9　中学校いじめ自殺事件（中2・1996年9月自殺）鹿児島地裁平成14年1月28日判決　…　110

講座10　中学生校内性的暴行事件（中3・1996年12月　学校内で性的暴行をうける）地裁平成13年1月30日判決 …… 123
講座11　中学生いじめ自殺事件（中3・1999年11月自殺）東京高裁平成19年3月28日判決 …… 135
講座12　中学校いじめ不登校統合失調症発症事件（中3・2002年6月から不登校）最高裁平成22年1月21日判決 …… 146
講座13　中学生いじめ神経症事件（2004年9月から通院）横浜地裁平成21年6月5日判決 …… 158
講座14　高校生寮いじめ・飛込強要死亡事件（高1・1995年5月水死）最高裁平成14年9月26日判決 …… 170
講座15　高校生いじめ自殺事件（アトピー性皮膚炎に関する悪口等・高1・1998年7月自殺）横浜地裁平成18年3月28日判決 …… 181
講座16　いじめ行為不認事件（小2担任・1995年3月の暴行被害を虚偽報告）大阪高裁平成12年11月30日判決
傷害事件の虚偽報告（中学担任・2000年10月の暴行を虚偽報告）札幌高裁平成19年11月9日判決 …… 193
講座17　教師の暴力誘発による暴行事件（小4担任・1999年9月暴行）千葉地裁平成16年4月28日判決 …… 205

2 体罰等教師による犯罪・過失関係の判決 217

講座18　小学生体罰自殺事件（小6・1994年9月自殺）神戸地裁姫路支部平成12年1月31日判決 …… 218
講座19　小学生体罰自殺事件（小5・2006年3月自殺）福岡地裁小倉支部平成21年10月1日判決 …… 228
講座20　中学生体罰事件（海岸で「砂埋め」して体罰を行った過失を認めた判決・中2・89年9月体罰行為）福岡地裁平成8年3月19日判決 …… 240
講座21　高校生体罰死亡事件（修学旅行中の体罰で死亡した事件の判決・高2・1985年5月死亡）水戸地裁土浦支部昭和61年3月18日判決 …… 254

講座22　高校生体罰死亡事件
（高校陸上部顧問教師の体罰による自殺事件の判決・高2・1985年3月自殺）岐阜地裁平成5年9月6日判決 … 265

3 教師の公務災害認定等に関する判決 279

講座23　教育困難校における過労・心労による脳出血から死亡した事件の判決
（小学校教諭・1995年1月死亡　公務外認定処分取消請求）大阪高裁平成16年9月16日判決 … 280
講座24　学級崩壊状態の新任教諭に対する分限免職処分勧告をめぐる判決
（新採用小5担任・2005年2月分限処分を勧告　分限免職処分取消請求）大阪高裁平成21年6月4日判決 … 292
講座25　学級崩壊状態で自殺した新任教諭の公務災害認定をめぐる判決
（新採用小4担任・2005年9月自殺　公務外認定処分取消請求）静岡地裁平成23年12月15日判決 … 305
講座26　生徒指導主事としての過労・心労から死亡した事件の判決
（中学校教諭・1983年6月死亡　遺族補償給付不支給処分取消等請求）名古屋高裁平成10年10月8日判決 … 317
講座27　教育困難校における過労・心労を重ねて自殺した事件の判決
（中学校教諭・1998年10月自殺　公務外災害認定処分取消請求）大阪地裁平成22年3月29日判決 … 328
講座28　うつ症状による休職中に自殺した事件の判決
（中学校教諭・1998年12月自殺　公務外災害認定処分取消請求）大阪高裁平成24年2月23日判決 … 340
講座29　困難なクラス環境下の高校教諭自殺事件の判決（高校教諭・2001年12月自殺）広島地裁平成25年1月30日判決 … 352

4 児童虐待・ネット関係の判決 365

講座30 児童虐待事件における学校の関わりが記載された判決
（小4・2009年4月死亡） 大阪地裁平成22年8月2日 7月21日判決 大阪地裁平成17年10月14日判決 …… 366

講座31 中学生裏サイト中傷事件
（中1・2006年8月 誹謗中傷の書込） 大阪地裁平成20年5月23日判決 大阪地裁平成20年6月26日判決 …… 378

講座32 動物病院誹謗中傷書込事件
（動物病院経営者・2001年1月から誹謗中傷スレッドが始まる） 東京高裁平成14年12月25日判決 …… 388

おわりに 398

初出一覧 400

参考文献一覧 404

講座1　教育管理職のための法常識

たとえ知識として「許されない行為」であることが理解できていたとしても、目の前で現認する事実をそのように判断できなければ、人権侵害に対する行動を起こすことはできない。児童生徒間のいじめ行為、同僚教師の体罰行為が、問題としては十分理解されながら、しかしそれでも繰り返し教師側の過失として認定されていく原因が、ここにある(1)。

被害を想像し予見する力は、実際のところ、直接的経験の積み重ねか、意識的で継続的な事例研究の積み重ねによってしか、身に付かない。文部科学省もまた、初等中等教育局長通知（2006年）をもって、1．いじめの様態や特質、原因、背景について教職員間が共通理解を持つこと、（いじめる児童生徒に対し）毅然として指導すること、3．（いじめられている児童生徒に対し）学校が徹底して守り通すという姿勢を日頃から示すこと、4．教職員自身が児童生徒を傷つけたり他の児童生徒によるいじめを助長することがないようにすること(2)、5．全教職員の参加により事例研究やカウンセリング演習など実践的な内容を持った校内研修を積極的に実施すること、6．行政が効果的な教員研修を支援すること等の6点を指示した(3)。このように、これまでも事例研究の重要性は指摘されてきた。しかしいまもって、学校で広く取り組まれる研修資料として、十分に提供されているとはいえない。本書で取りあげる民事訴訟の判決書を用いた研修資料は、このような事例研究に資することを目的とし、教育法学の成果をふまえ、実践的で実効的な管理職研修、教員研修に応えようとするものである(4)。

安全配慮義務の自覚　学校と教師の予見可能な範囲において、児童生徒に対し生存（生命）と人格（尊厳）を侵害する行為を差し止め、安全を保持する実効的な対応を尽くす義務を、判例は安全配慮義務（あるいは安全注意義務）と呼びならわしてきた。安全配慮義務は、「（公立学校の教師は）学科について教育するだけではなく、学校における教育活動及びこれに密接に関連する生活関係における生徒の安全を確保すべき義務」及び「学校の支配下にある限り、生徒の生命、身体、精神及び財産等の安全を確保すべき義務」と説明される。判例によっては、「学校において、他人の生命、身体等の安全の確保に関する規律を習得させる機会を生徒に与えることも期待されている」（東京高裁平成19年3月28日判決）と踏み込んだ説明もみえる。いずれにせよ、教師として期待される専門的資質・能力とは、教授能力以前に、少なくとも明確に過失と認定されない水準の安全配慮義務を果たす実際的な資質と能力、といってよい。

安全配慮義務は、学校と教師の責任のもとに児童生徒の生存と人格を保障する義務である。そしてこのこと自体は我々の社会の基本原理、常識であって、特異なものではない。したがって実際に学校で発生する人権侵害事件に際し、裁判所等によって教師側の過失として認定された事実とその根拠の多くは、法の専門家にとって常識、良識と同義に見えるものが、ほとんどである。しかし、学校や教員間では、その重要性が十分に認識されず、法的常識が等閑に付されたり低位に置かれてしまうことさえ少なくない。安全配慮義務に関する専門で実践的な研修が、一層重要である。

人権侵害行為を見抜く判断力　いじめ問題をめぐって研究と議論を尽くし、根本から解決し解消することは重要であるが、だからといってそれは、現認し、予見可能な人権侵害行為と被害を認知しながら、被害者救済の対応を一時的にも留保する理由にはならない。真実の解明、本質的な解決という美名をもって、被害事実を黙認し被害者を放置することは許されないのである。そしてそのためには、まずもって教師が、学校管理下にある児童生徒の生存と人格を脅かす、現認もしくは予見可能な人権侵害行為を、その場で人権侵害行為と判断できなければならない。

いじめ行為や体罰行為が許されないことは、すべての教師が認識している。しかし、その行為の不正であることを理解する能力と、ある行為を不法行為と認識し実効的な対応の必要性を判断する能力、さらに実際に対応する能力とは、まったく別のものである。本書で確認していただくことになるが、このことは、人権侵害行為・不法行為に直面していたにもかかわらず、これを軽視して、友人間の遊びと判断したり、許容の範囲内と判断したために、結果的に教師側の過失と認定される事例の少なくないことからも、明らかである。

事件が事件として周知され、実効的な対応をなさしめる要因は、事件性の大小ではない。事件に直面した当の教師が持ちあわせる経験の集積、経験に準じる事例研究の蓄積、そして専門的知識に裏打ちされたところの、人権侵害を感知し対応の有無を判断する能力の側にこそ、むしろ決定的に依存している。いじめ事件の判決を、経験に準ずる失敗と教訓の貴重な先行事例とみなし、学校と教師の過失行為を確認し、模擬体験や討論を組み入れた研修が、ぜひとも必要である。

体罰関係の判例　体罰は、教師自身が学校教育法第11条ただし書きに抵触する違法行為、暴行や傷害といった刑法犯罪の当事者、直接的加害者となる行為である。体罰が違法行為であることは、すべての教師が理解している。だが、教師自身の正義感、正当性の過信が、適切で常識的な判断を曇らせることがある。教師と児童生徒の間には知識・情報、権限の圧倒的な優劣が存在する。指導の必要性を強く意識し、思い余って過ぎた言動となることは、多くの教師が経験してきたことである。

深刻な体罰事件を契機に文科省が公表した「運動部活動での指導のガイドライン」(文部科学省2013年5月27日)は、「生徒の人間性や人格の尊厳を損ねたり否定するような発言や行為」、「パワーハラスメントと判断される言葉や態度による脅し、威圧・威嚇的発言や行為、嫌がらせ等を行う」行為や「身体や容姿に係ること、人格否定的（人格等を侮辱したり否定したりするような）な発言」を厳に戒めている。児童生徒の能力が事実として他に劣り教師の期待に届かずとも、その事実を適示し根拠として児童生徒（や保護者）を貶め、侮辱し、名誉と人格を損なうことは、決して許されない。しかし残念なことに、このあまりにも当然のことが、学校で、管理職や同僚の教師の黙認のもので放置されることが、少なくない。

たとえ児童生徒の問題となる行為が事実であっても、だからといって、衆目の中で公然とその事実を適示し、結果的に相手の人格や名誉を貶めることの許されないことは、学校の教師（児童生徒間においても同様に）に期待される基本規範である以前に、我々の社会を根底で秩序付ける基本規範、原理である。自身に潜む正義感、正当性の過信を自覚し自省する姿勢、慎重に対応する姿勢を、本書の判決書資料をもとに身につけてほしい。

教師に対する人権侵害　教員自身の生存と人格が侵害されることも、黙認されてはならない。発達と試行錯誤を経て成長する児童生徒ではあるが、人の生存と人格を侵害する行為は、決して踏み越え（させ）てはならない一線である。教育的配慮という言辞の下に放置され容認されることなど、あってはならない。

いじめや体罰問題をもって学校や教師の過失を自覚することの重要性はもちろんのこと、同様の重みをもって、教師をとりまく深刻な人権侵害、困難な状況もまた、放置できるものではない。このこともまた、管理職と教師の法常識である。

人権は、（私人間の人権保障をめぐる議論は留保するとして）国民が統治を委ねることと引き換えに国家に命じる保障である。そして我々の社会もまた、生存と生命、人格と名誉、基本的人権と人としての尊厳に最上位の価値をおく社会、人権侵害行為に対しては、法的手続き、強制力をもってしても、被害の差し止めと回復を保障する社会である。

そして教師は、そのような社会の成員を育てる重要な社会的責務を担う。この一点に限り、「崇高な使命（教育基本法第10条）として認知されるべき高度な専門職といって、言い過ぎではない。

学校関係訴訟に関しては、これまでも、『解説学校事故』（伊藤進・織田博子）(5)、『学校教育裁判と教育法』（市川須美子）(6)、『教育判例ガイド』（浪本勝年ほか）(7)、『法律・判例で考える生徒指導』（坂田仰ほか）(8)、『重要教育判例集』（斎藤一久）(9)など、教育法学の分野で数多くの研究が蓄積されてきた。いずれも重要判決の特徴や教育法学の成果をふまえた解説が加えられている。だが、教員研修が原則として全ての教員を対象とし、法的知識の初心者が大多数であることを考えると、参加者が、実際の事例や事実に即して裁判所の判断を確認し、初心にして教育法学の成果に学び、主体的に研修に参加し、日常的な教育実践面での適用可能性を実感できる研修資料が必要である。

本書が、個人に関わる情報等を削除・修正した上で、具体的な行為やプロセスを確認することのできる資料を重視したのは、このためである。

判決の全てが研修に適した事例といえるわけではない。市民社会の良識を支える諸原則を学び、人権といのちを尊ぶ学校教育の規範の根拠を提供する事の出来る判決が、選択されなければならない。そしていうまでもなく、確定判決、最高裁判決であっても、認定された事実が真実である事と同義ではない。特定の地域、学校、個人の歴史的評価とは明確に区別されなければならない。

第一に、加害行為の差し止め等が必要とされる段階の不法行為が確認できる判決であることが必要である。いじめを構成する加害行為の多くは、傷害（刑法第２０４条）、暴行（同第２０８条）、窃盗（同第２３５条）、恐喝（同第２４９条、強要（同第２２３条）、脅迫（同第２２２条）、名誉毀損（同第２３０条）、侮辱（同第２３１条）等々の不法行為である。しかし現実には、学校において法的問題として処理されるべき事件が「教育的指導で解決すべきいじめ」(10)として扱われることも少なくない。

体罰、教師に対する人権侵害も同様である。不法行為段階の身体的、精神的加害行為(11)に関する事実と判断の在り方を確認することのできる判決を選択することが必要である。

第二に、教師の安全配慮義務に関わって、不法行為の実態を把握し、被害を予見し、人権侵害行為の早期差止め、被害者救済について、事実をもとに具体的な判断が示され、行われる（べきであった）対応の有無が明示された判決を選択することが必要である(12)。

第三に、加害児童生徒と親権者の保護監督義務について確認することのできる判決であることが必要である。刑法第41条により刑法罰が科せられず、目的が「少年の健全な育成」や「保護処分」（少年法第1条）としても、不法行為段階の加害行為に対しては、加害当事者に強制的処分が科せられたり、不法行為の認定及び身体的・精神的被害の賠償を命じられることがあるし、加害児童生徒の親権者には、保護監督義務（刑法第820条、民法第714条）などから責任が問われる場合もある。このような、加害児童生徒や親権者の責任に言及した判決に学ぶことも必要である。

そして第四に、いじめ行為や体罰行為を直接の争点としなくとも、不法行為を構成する諸要素に関わって、学校の教師が参考にすることのできる判決を選択することが必要である。本書では、このような視点から、児童虐待事件、ネット上の人権侵害をめぐる判決をとりあげている。

学校関係者、とりわけ管理職に求められる職責の第一は、児童・生徒及び教師の安全確保である。民事訴訟は、被害事実の認定及び過失の有無、被害に対する補償を争点とする。学校関係者は心良く思われないかもしれない。だが、虚心に判決書を読めば、学び得る点は多い。その第一は、被害者救済を議論の出発点にするという、民事訴訟の原則そのものである。民事訴訟の目的は、被害の救済、回復、補償である。裁判において学校と教師（形式的には学校設置者である自治体や法人）は、被害者の損害を教師が予見できたか、対応に過失がなかったかを問われる。学校における生徒指導は、これまで問題行動（言動）そのものの更正・改善を目的とした教育的指導が中心であった。だが、民事訴訟の判決が学校に求めるのは、被害者の安全を確保し救済するために行われる（べきであった）加害行為への規制である。学校では、道徳的倫理的指導や啓発を行い、問題行動を是正し更正させる指導（生徒指導）が行われてきた。だが、民事訴訟の判決は、まずもって被害の可能性を早期に予見し、被害者を救済し保護する措置を最優先とするよう、求める。

第二は、安全注意義務を正当性事由とする指導と規制の在り方である。学校という「特殊な部分社会」において教育者に託される専門的判断は、はなはだしく不合理でない限り尊重されるというのが判例の示すところであるが、実際に強制的指導や規制を加えようとする場合、個々に均衡を欠いて適用される場合が少なくない。そしてこのことが人権の制限を受けた側の不満ともなる。学校が、異なる生活様態、価値観が併存する部分社会である事も、考慮しなければならないだろう。規制や強制的措置を実施した際、人権や自由、公平性を理由として、教師間、保護者間から強い異論が出されることも少なくない。教師側の説明だけでは、保護者はもとより、教師間でさえ、合意を得られない場合がある。民事訴訟の事例研究は、多様な価値観の併存する構成員に対し、規制の遂行を学校と教師に託す根拠、社会の優越的価値を説明し、学校と教師の行う指導に公的で公平な正当性を提供する。

第三は、加害児童・生徒だけでなく、親権者の責任を確認することが出来る点である。講座10（中学生校内性的暴行事件）では、被害と加害の程度にもよるとしながら、被害申告を受けた時点で、教師は、被害者と加害者それぞれの保護者に被害の事実を知らせる義務があったのだと指摘する。被害者の親については、「報告を端緒として、子女に性的被害の内容を確認したり、その性的被害によっては適切な医療措置を受けさせたり、心理的衝撃から自傷行為等の不幸な事故を起こさすことのないように子女の経過を観察したり、新たな被害を避けるために加害者らへの厳正な捜査を求めたりすることが可能になるからである」し、他方、加害者の親についても、「子供が他の子供に加害行為をしないように注意指導することは第一次的に親権者が家庭教育において行うべきものであって、学校教諭に全てが委ねられるべきものではない上、加害生徒の親権者としても自分の子女の非行化傾向を早期に矯正する機会を与えられるべきだからである」と示されている。判決は、このような親権者の権利と義務を前提とした上で、「教職員全体で又は保護者らとも一体となって、被害生徒を報復等から保護しながら加害生徒への教育指導を徹底すべき義務がある」と判示している。民事訴訟において、加害者の親権者（親）が「保護監督義務」の責任を問われる事例は少なくない。この点もまた、管理職として丁寧に確認しておくことが必要である。

第四は、教師の法的判断という意味での専門性の向上である。民事訴訟の事例研究は、全ての教師に専門職として必須に求められる高度な知識を提供する。いじめ自殺裁判、講座4（中学生いじめ自殺事件）、講座7（中学生いじめ自殺事件）、講座9（中学生いじめ自殺事件）では、ともに、教師が新聞報道や通達を読んでいれば、いじめが甚大な被害や自殺等に発展することを予見できたはずとの判断が示されている。また、前述の講座10（中学生校内性的暴行事件）は、直接的に被害の詳細を申告せずとも、背後にある危害を予見し、適切な対処がなし得なかった事実をもって、教師の過失と認定した。判決は、教師の専門性として、新聞や報道、教育書や行政通達・通知を根拠として、最悪の事態に思いをいたす実効的な対応の能力を求めている。学校関係訴訟の判決書は、社会が教師に求められる専門性の水準を説明するものと、なっているのである。

本書は、判決書を研修資料へと組み替えるに際して、いくつかの条件を考慮した。第一に、対象とする判決は、できれば確定し、もしくは社会的合意の得られている判断であること。係争中であっても事実認定や判断に上級審等での法的評価の定まっていること、である。第二に、認定された事実に対応する判断や根拠を学ぶことから、判決書中、いわゆる「争いのない事実」と「裁判所の判断（理由）」部分を用いている。研修の前提となる事実として、争点にかかわる相互の主張を経た後の、認定事実のみを採用した。第三に、特定の地域、学校、個人の評価を考察の対象とせず、少なくとも個人名、学校名は、原告、被告を問わず明記していない。これらを特定もしくは推定できる情報は極力捨象し、研修目的を超えて被害者・加害者側の人格をいたずらに損なう可能性のある内容は記載しない。

本書は、以上の諸点に留意し、判決の概要を理解したうえで、「裁判所が認定した事実」と「事実に対応する裁判所の判断」を確認できるようにしている。

研修では、管理職の先生、また司会の教師から判決の概要を説明していただき、そのあと全体、または数人で事実経過部分の読み合わせを行い、次に、研修目的に対応する事実や行為の個々について、裁判所の判断を確認する。そして最後に、被加害行為や被害事実をめぐる各々の時点においてなされるべき対応の在り方について、参加者で意見交換を行い、勤務校の実態に即した対応を検討してほしい。

注

（1）梅野正信「学校関係民事訴訟判決書活用の可能性と実践的課題」『季刊教育法』第144号、1995年3月、46～51頁。梅野正信「裁判資料を活用した『いじめ』授業プログラム―被害者の視点を重視した教員研修と授業の可能性と課題―」『ストレスマネジメント研究』Vol.5 No.1、日本ストレスマネジメント学会、2009年7月、9～14頁。

（2）福岡県筑前町立中学校3年生がいじめを苦にして自殺した事件で、福岡法務局は、当時の中学校長といじめを誘発する発言をした担任に反省と改善を促す説示（2007年5月18日付）を行った。

（3）文部科学省初等中等教育局長通知（18文科初第711号）「いじめの問題への取組の徹底について」、2006年10月19日。

（4）梅野正信「いじめと教師・子ども・保護者―民事訴訟判決資料の活用と教育法学の役割―」『日本教育法学会年報』第37号、日本教育法学会、有斐閣、2008年3月、102～110頁。

（5）伊藤進・織田博子『実務判例　解説学校事故』三省堂、1992年。

（6）市川須美子『学校教育裁判と教育法』三省堂、2007年。

（7）浪本勝年、箱田英子、岩崎政孝、吉岡睦子、船木正文『教育判例ガイド』有斐閣、2001年。

（8）坂田仰編著・教育法令理論研究会『法律・判例で考える生徒指導』学事出版、2004年。

（9）斎藤一久編『重要教育判例集』東京学芸大学出版会、2012年。

（10）坂田仰編著前掲書中の坂田による指摘。45頁。

（11）安藤博による「精神・心の傷（プライド・名誉の毀損）を累積し深化していくこと」を重視すべきだとする指摘。安藤「少年事件としてのいじめ―生徒と教師のための少年法から考える―」『季刊教育法　いじめ裁判』126号、2000年9月、エイデル研究所、27頁。

（12）市川須美子は、『季刊教育法　いじめ裁判』において、福島地裁いわき支部1990年12月26日判決、東京高裁1994年5月20日判決をあげて、いじめ裁判に固有な争点を包括的に含む判決と指摘する。市川「いじめ裁判の現状と判例傾向」『季刊教育法　いじめ裁判』、75～76頁。

1 いじめ・暴行関係の判決

講座2

小学生いじめ負傷事件（小4・1979年11月負傷）

浦和地裁昭和60年4月22日判決

放課後、教室近くの廊下で、小学校4年生の女子児童（A子）が、同じクラスの男子（B）から暴行（足下に滑り込んで相手を転倒させる「ズッコケ」という行為）を受け、歯を破折し脱臼した。A子は、抜歯、抜髄の応急措置と臨時的な義歯を入れたが、粘りのあるものや堅いものを前歯で噛むことができない不自由、笑った時に義歯がはずれる不便などを強いられるようになった。A子には、15歳頃に耐久性のある義歯を入れ、歯冠を施す治療が必要で、将来、新たな義歯と交換する必要も生じる。しかし、そうしてもなお、A子は、堅い食物を前歯で噛むことのできない不自由を甘受しなければならない。原告はA子、被告は学校設置者（市）と加害児童（B）の父親及び母親である。地裁判決は、被告市とBの父親及び母親に対して、原告A子に273万1500円を支払うよう命じた。控訴後に和解している。

※判決書資料は、浦和地裁昭和60年4月22日判決（一部認容、一部棄却［控訴・和解］）判例時報1159号68頁、判例タイムズ552号126頁から作成した。

本判決書による研修資料で確認すべきは、次の三点である。

第一は、一般的な教育的指導を越えて加害行為の差し止め等が必要とされる段階の違法行為・不法行為、人権侵害行為を、個々の行為の事実をもって確認すること（不法行為の確認）、第二は、加害者である児童生徒の責任と加害児童生徒の親権者に求められる保護監督義務をその根拠とともに確認すること（加害責任・親権者責任の確認）、第三は、被害者救済及び被害の差止の必要性、実態把握義務や予見可能性、学校側に求められる安全配慮義務に関わる過失等の存否、さらには、事件後における学校側の対応に関わる過失等について、具体的な行為と事実をもって確認すること（過失責任の確認）である。(1)

判決書資料を用いての研修は、事例の特徴をふまえて行うことが大切である。研修会では、研修目的に合った判決書資料を選択し、研修の視点と論点をできるだけ一点に精選し、時間をかけて意見交換の時間をとることをすすめたい。

本事例は、小学校中学年の児童が対象となった事件であるため、判決は、教師の責任（第三の視点）だけでなく、加害児童の親権者の責任（第二の視点）について、とりわけ明確な判断を示している。留意していただきたい箇所に下線を付しているので、順を追って、意見交換を進めていただきたい。

（1）資料を読み合わせる。（事前に読んでおいてもらう）

（2）責任無能力者①の場合に、誰が責任を持たなければならないかを参考資料欄等で確認する。

（3）学校内で起こした事故でも、「他人の生命、身体に危害を加えるような社会生活の基本規範に触れる性質の事故②である場合は、親権者の責任が強く問われることを理解する。

（4）安全配慮義務⑥と国家賠償法⑦を確認する。

（5）教師は、どの時点③で、抽象的、一般的な注意、指導に止まらず④、何をしなければならなかったのか、何をしなかったために、措置に止まり⑤と判示されることになったのか等について、意見を交換する。

(6) 勤務する学校の状況に照らして対応等を検討する。

研修の進行を担当する際は、できるだけ具体的な発問を工夫し、参加者が積極的に発言できるよう心がけることが肝要である。「『誰の』『どの時点の』『どの行為』が不法行為・違法行為なのでしょうか?」(第一の視点)、「『どの先生が』『いつ』『どのように』対応するべきだったのでしょうか?」(第二、第三の視点)、「なぜそういえるのでしょうか?」(判断部分)、「判決に示された判断の中で疑問に思った点はないですか?」等々の発問を用いて、意見交換をリードすると良い。

大切なのは、さながら詳しい法的な判断を修得することにあるのではない。同じ職場の教師が(できれば児童生徒やその保護者とともに)、教育法学の成果をふまえた良識的な判断を、日頃から共有し、積み重ねておくことにある。教師の責任論のみを根拠とした議論は、現実的な対応のあり方として限界があるだけでなく、法的な側面から見ても合理的であるとはいえない。教師と保護者が互いの責任を自覚して対応する関係が、問題の解決に向けた前提として、まずもって必要である。[2]

注

(1) 事件後の過失責任については、梅野「事例から学ぶ事件後・訴訟前の学校・教師の対応」『児童心理』第860号 金子書房 2007年5月、820~824頁。

(2) 船木正文「ゼロトレランス批判と代替施策の模索」(『季刊教育法』第153号28頁)は、児童生徒の規範逸脱行動について、合理的で丁寧な対応の必要性を教育法学の立場から提案している。

認定された事実	裁判所の判断	参考資料
A子は転校直後から暴行を受けていた。 【1】A子は、小学3年生の3学期に転入し、その直後から、クラスの男子から繰り返し、蹴る、殴る、つねる等の暴行を受けていた。 【2】A子は、4年生に進級して、一層頻繁に暴行を受けるようになっていた。A子から被害を訴えられた母親は、4月になって、担任の担任教諭に、Aが度々暴行を受けていると申し出て、善処を求め、5月、家庭訪問の際にも同様の訴えをした。	**加害児童Bの責任能力** ・加害児童であるBは、満10歳であった。この程度の年齢の児童は、一般に未だ自己の行為の意味と結果を理解し、予見し、これに従って自らの行為を律することができる知能を具えていないから、Bは、当時、責任無能力者①であった。 **Bの親権者の一般的責任** ・Bの父親と母親が、親権者としての監督義務を怠らなかったことを主張し、立証しない限り、民法714条1項①に基づき、本件事故によりA子が被った損害を賠償すべき責を負う。	①児童の責任年齢・責任能力、親権者の責任。 民法第714条（責任無能力者の監督義務者等の責任） 前2条の規定により責任無能力者がその責任を負わない場合において、その責任無能力者を監督する法定の義務を負う者は、その責任無能力者が第三者に加えた損害を賠償する責任を負う。ただし、監督義務
担任は対応したが、教室内の暴行等は終息しなかった。 【3】A子の担任教諭は、男子が女子に対し	**他人の生命身体への不法な侵害について、親権者の責任は重い** ・小学校の校長や担任の教諭には、その教育	

て「殴る」「蹴る」の暴行を加えていたことは知っていたが、小学4年生程度の男子は、活発ではあるものの、自己主張が不得手であるのに対し、女子は男子に比べて、一般に精神的発達の段階が進んでいることから、女子に実力に訴える行動をとることは、児童の成長過程において、ある程度不可避的だと考えていた。

【4】担任教諭は、9月の第3週目から、毎日、各児童に、その日の出来事を「生活反省表」に記載させ、週に一度は各家庭に持ち帰らせて、「保護者の意見」「学校に対する要望」「家庭における児童の様子」等を記載して貰うことにして、他の児童から暴行を受けたりした場合には、学校と家庭の連絡をとることができるようにした。

【5】A子は、「生活反省表」に、ほぼ毎週、「男子から素手で頭などを殴られた」「棒やほうきで殴られる暴行を受けた」と記し、母親も「生活反省表」に暴行被害の事実を指摘し、善処を求めた。

活動の効果を十分に発揮する必要上、法定監督義務者の監督義務を一時的に排除して、児童を指導監督する権利義務が与えられている。したがって、学校内で起きた児童の違法行為に関しては、学校側のみが責任を負担し、親権者はその責任を負わない場合はあり得る。

・しかしながら、親権者は、その子たる児童が家庭内にいると家庭外にいるとを問わず、原則として子どもの生活関係全般にわたってこれを保護監督すべきであり、少なくとも、社会生活を営んでいくうえでの基本的規範の一つとして、他人の生命、身体に対し不法な侵害を加えることのないよう、自分の子に、常日頃から社会生活規範についての理解と認識を深め、これを身につけさせる教育を行って、児童の人格の成熟を図るべき広汎かつ深遠な義務を負う。

・たとえ子どもが学校内で起こした事故でも、それが他人の生命、身体に危害を加えるような社会生活の基本規範に触れる性質

者がその義務を怠らなかったとき、又はその義務を怠らなくても損害が生ずべきであったときは、この限りでない。2監督義務者に代わって責任無能力者を監督する者も、前項の責任を負う。

刑法第820条（監護及び教育の権利義務）親権を行う者は、子の監護及び教育をする権利を有し、義務を負う。

民法第712条（責任能力）未成年者は、他人に損害を加えた場合において、自己の行為の責任を弁識するに

【6】A子の母親は、再三、担任教諭に善処を求めたにもかかわらず、2学期になってもA子の暴行被害が減少しなかったことから、9月28日、学校と家庭との通信手段である「連絡帳」に、A子が、特に登下校際、同じクラスの男子から「蹴る」「叩く」等の暴行を受けていると指摘し、再度、善処を強く求める内容を記載した。③	の事故である場合②には、親権者がこのような保護監督義務を怠らなかったと認められる場合でない限り、学校関係者の責任の有無とは別に、事故により生じた損害を賠償すべき責任を負担するべきである。 ・Bの父親と母親は、家庭では、「弱い者いじめはしないように」といい聞かせていたと供述するが、このような説諭だけでは、保護監督義務をつくしたとは到底いえない。Bの父親と母親は、Bの行為によってAに生じた損害の賠償責任を免れることはできない。	足りる知能を備えていなかったときは、その行為について賠償の責任を負わない。
A子は、Bの「ズッコケ」により重篤な被害を受けた。 【7】担任教諭は、「生活反省表」を読み、また、学級内で、男子が女子に対して乱暴的な振る舞いをすることが目立ってきており、特に、攻撃の対象がA子などの数名の女子に集中していることから、何らかの対策を講	**担任教諭は、事件を予見し、被害を防ぐことができた** ・担任教諭は、本件事故が発生するかなり以前から、A子がクラスの男子から集中的、継続的に暴行を受けたり、悪戯をされている事実を知っていた。そればかりか、事故の約1カ月前には、それまでにも数回にわ	⑥本判決に記載された「安全配慮義務」の一般的説明。 小学校の校長ないし教諭が、学校教育の場において児童の生命、身

じる必要を感じ、暴力をふるった児童を教壇の前に呼び出して注意を与えたり、反省会を開いて暴行被害を受けた児童に報告させ、加害者を軽く戒めたり、児童らに話し合いをさせたほか、加害児童の父母に「生活反省表」等を用いて連絡していた。しかし、悪戯や暴行は一向に終息しなかった。

【8】11月1日、A子は、「帰りの会」の終了後、D子、E子とともに、担任教諭から教室内の教諭の机のところに呼ばれた後、3人で帰宅しようとして、教室から廊下へ出て階段に向った。途中、E子がトイレに寄ったため、A子は、D子とともに、廊下のトイレ側の壁際で、立ち話をしながE子を待っていた。そこへ、Bと連れ立って教室を出てきたCが、A子の背後から、A子の足元をめがけて、足から滑り込みをかけ、A子の両足の間に自分の左足をからませるようにしたため、A子は足を取られて前に転倒した。しかし、その際は、滑り込んできたCの身体に折重なるようにして倒れたたため、大事には至らなかった。

たり善処を求めてきたA子の母親から、警告ともいえる強い調子の訴えを受けた。したがって、遅くともその時点③では、男子によるA子への「いじめ」の事態が深刻であることを認識し、事態を解消するため、抽象的、一般的な注意、指導に止まらず、④抜本的には、児童による集団討論、いわゆるいじめっ子、およびA子との個別面接等の方法によって、「いじめ」の真因を解明し、家庭とも協力して原因の除去に努めるべきことはもとより、当面、クラスの男子に、軽度の暴行や悪戯からも生命、身体等の損傷に連なる不測の事故が起こりうることを繰り返し、真剣に説いて、A子に対する暴行を止めるよう、厳重に説諭すべきであった。

・とくに、A子の傷害の原因となった「ズッコケ」という悪戯は、相手の不意を突いて足元付近に勢いよく滑り込みをかけるもので、たとえ本来は相手の足を引っかけて転倒させることを目的としないとしても、そ

体等の安全について万全を期すべき条理上の義務を負うことは、学校教育法その他の教育法令から明らかである。

義務の具体的内容には、集団生活を営んでいくうえに必要な人格教育や予想される児童間の事故を防止するために必要な教育を施す義務も包むもので、とくに児童と日常接触する学級担任の指導義務は、教諭の職責の中でも重要な地位を占めている。したがって、小学校の学級担任としては、児童の生命、身体等の保護のために、単

め、事無きを得た。

【9】起き上ったA子は、Cからの再度の襲撃を避けるため、D子とともに、やや教室寄りに移動し、両手に荷物を下げた状態で、再び立ち話を始めたところ、今度は、Bが、A子の背後から、足から滑り込みをかけ、A子の両足の間に自分の片足をさし込んで、A子の片足を引掛けたため、A子はバランスを失って前向きに転倒し、廊下の床面に激しく顔面を打ちつけた。

【10】A子は、上左右各第一歯破折脱臼、同各第二歯脱臼、下左右第一ないし第三歯知覚過敏症の傷害を受けた。

CとBは事件前から「ズッコケ」を試みていた。

【11】1学期以降、4学年の男子の間で、本

のような事態の発生するおそれがきわめて強いことは明白で、相手が転倒して身体を強く打ち、傷害を受ける可能性のあることも明らかであり、きわめて危険なのだから、担任教諭としては、担任するクラスで頻繁に行われていた悪戯の危険性を男子に説明して、止めるよう厳重な注意をなすべきであった。

・しかるに、担任教諭は、時折、A子らの女子に暴行を加えた男子を教壇の前に呼び出して注意を与え、また、反省会を開いて、暴行被害を受けた児童に報告させ、加害者を軽く戒めたり、話し合いをさせたりするなどの措置に止まり⑤、「いじめ」を根絶するための抜本的、徹底した対策を講じなかったのだから、担任教諭は、その義務⑥を怠った過失がある。

担任教諭の過失と市（学校設置者）の責任

・小学校4年生程度の年齢の男子は、一般に

に一般的・抽象的な注意や指導をするだけでは足りず、学校における教育活動と、これと密接不離な生活関係に関する限りは、児童一人一人の性格や素行、学級における集団生活の状況を日頃から綿密に観察し、特に危害を加えるおそれのある児童、危害を加えられるおそれのある児童には、その行動にきめ細かな注意を払って、児童間の事故で生命、身体等が害される事態の発生を未然に防止するため、万全の措置を講ずべき義務を負う。

件傷害の原因となった「ズッコケ」と称される悪戯（廊下に立っていた人の虚をついて滑り込みをかけるという悪戯）が流行し始め、A子のクラスでは、男子によって頻繁に繰り返されていた。CとBは、本件事故（11月1日）以前にも、クラスの女子に「ズッコケ」を試みたことがある。

人格の統治が十分でなく、他人に対する愛情や思いやりの精神が未成熟で、自己統制力も身についていないから、弱者、とくに女子に対する「いじめ」に走りやすく、適切な教導を欠くと、「いじめ」を増強させる性向があり、しかも、他と付和雷同しやすいから、特定の児童への「いじめ」が集団化することもある。
本件事故も、当時、A子のクラスで、A子をはじめとする特定の女子数名への「いじめ」が恒常化している状況の中で、それに感化されたBによって起こされたものであり、かつ、そのような状況や雰囲気は、担任教諭が義務をつくしていれば、終息し、または改善されたであろうから、教諭の義務違背と本件事故との間には相当因果関係がある。
・担任教諭には職務を行なうにつき過失があったのだから、被告市は国家賠償法1条①により、A子の被った損害を賠償する責任がある。

後遺症　A子は甚大な被害を受けて後遺症が残った。

【12】A子は、本件事故の発生後、歯科医院に行き、上左右各第一歯（門歯）を抜歯し、上左右各第二歯（門歯）は抜髄する応急措置を受け、その後、抜歯した上左右各第一歯の位置に臨時的な義歯を入れた。A子は、粘りのあるものや堅いものを前歯で噛むことができない不自由や、笑った時、義歯がはずれる等の不便を強いられている。

【13】A子は、顎の発育がほぼ完成する15歳の頃に、上左右各第一歯に耐久性のある義歯を入れ、その義歯を固定させるために上左右各第二、第三歯に歯冠を施す治療を行うことが必要だが、義歯は半永久的なものではなく、将来、新たな義歯と交換する必要が生じてくる。また、治療を受けた後も、A子は、堅い食物を前歯で噛むことができないという不自由を甘受しなければならない。

損害

・**義歯補綴費用33万１５００円**

A子は、15歳頃に本格的な義歯を使用する補綴治療を受けなければならない。

・**後遺症に対する慰謝料　２００万円**

A子は、春秋に富む年齢であるにもかかわらず、生涯にわたって後遺症による生活上の不便を強いられる。本件事故発生についてA子に責められるべき点はなく、本件事故が、A子を突然に襲った不幸な事故であることから、後遺症によるA子の精神的苦痛は２００万円をもって慰謝されるべきである。

・**弁護士費用　40万円**

⑦国家賠償法第1条

1国又は公共団体の公権力の行使に当る公務員が、その職務を行うについて、故意又は過失によつて違法に他人に損害を加えたときは、国又は公共団体が、これを賠償する責に任ずる。2前項の場合において、公務員に故意又は重大な過失があつたときは、国又は公共団体は、その公務員に対して求償権を有する。

講座3

小学生眼負傷事件（小4・1999年3月負傷）

甲府地裁平成16年8月31日判決

1999年3月2日、小学校4年生の被害児童（A）は、担任教諭の指導下にある「帰りの会」で、加害児童（B）の投げた鉛筆を目に受けて、左眼球穿孔、角膜裂傷、外傷性白内障術後無水晶体眼、後発性白内障の傷害を負った。Aは、手術、入院、通院加療をしたが、左眼視力0・01（ほとんど見えない状態）となった。（労働者災害補償保険法施行規則別表第一の定める障害〔後遺障害〕等級第8級相当）

> 被告らは、Aに対し、連帯して4383万3566円を支払え。

入院看護料・雑費（19日分・13万8700円）、後遺症による逸失利益（3152万4866円）、後遺症による慰謝料（819万円）、弁護士費用（398万円）

※判決書資料は、甲府地裁平成16年8月31日判決（一部認容、一部棄却〔確定〕）判例時報1878号123頁から引用・抜粋して作成した。事実関係及び判決の趣旨を変えない範囲で個人や地域を特定可能な情報等の削除・修正

を加えている。

眼に関する事故等では、被害児童の一生を左右する程の甚大な障害を残す場合がある。そのこともあって、小、中学校での目に障害を残す事故等の裁判は、少なくない。

次は判例集等で確認可能な判決の概要である。

今回研修資料とした事例に加え、多くの事例・判断を確認・比較して、教師間での共通認識としていただきたい。

①小3　千葉地裁平成18年7月19日判決（一部認容、一部棄却〔控訴〕）→東京高裁平成19年4月11日（一部変更、一部棄却〔上告〕）→最高裁平成20年4月18日（破棄自判、棄却〔確定〕）判例時報2006号74頁。

2002年5月2日、小学3年生の原告は、朝自習の時間中、他の児童が頭上で振り回したベストのファスナー部分を右眼に受け、右外傷性虹彩炎等の傷害を負った。（通院・治療後、後遺症等の兆候はない）原告は、加害児童とその両親、担任教諭の責任について損害賠償を請求。判決は、日ごろから特に加害児童の動静に注意を向けるべき事情も窺われず、突発的な行動であるとして教諭の責任を否定。請求を棄却した。加害児童と両親については、地裁、高裁段階で請求を一部認容。確定した。

②中1　広島地裁平成15年1月29日判決（棄却〔控訴〕）→広島高裁平成15年12月15日判決（控訴棄却）（判例集未搭載）。

1998年8月、中学1年生の原告は、部活の試合前、待機中の公園で部員が投げたドングリを目に受けて、右眼角膜穿孔と外傷性白内障の傷害を負い、視力低下・調節障害等の後遺障害が残った。原告は、加害生徒らと引率教諭の責任について損害賠償を請求。高裁判決は、加害生徒らの共同不法行為を証拠不十分として否定。引率教員についても、安全注意義務違反とまでは認めず、請求を棄却した。

③**4歳**　松山地裁平成9年4月23日判決（棄却、［控訴］［控訴後和解］）判例タイムズ967号203頁。

1989年6月、4歳の原告は、幼稚園の教室で加害園児とぶつかり、右眼瞼挫創、右眼裂傷等の傷害を負い、右視力障害（裸眼0・05、矯正不能）の後遺障害が残った。原告は、幼稚園の責任について損害賠償を請求。地裁判決は、自由時間帯、園児同士が教室内で偶発的・瞬時に衝突した事故で、発生の予見・防止は無理であったとして、請求を棄却した。

④**小6**　浦和地裁平成2年6月29日判決（棄却［確定］）判例時報1370号96頁。

1983年3月。小学6年生の原告は、授業で彫刻板を制作中、他の児童間の彫刻刀のやりとりが勢い余って原告の右目に刺さり、右強角膜裂傷、右外傷性水晶体亜脱臼の傷害を負った。原告は、学校と教諭の責任について損害賠償を請求。地裁判決は、児童は授業を通じて彫刻刀の危険性やその扱い方を十分に理解してきており、事故が前例・前兆なく瞬間的に生じたこと等から、請求を棄却した。

⑤**中2**　広島地裁昭和61年10月24日判決（一部認容［控訴］）→広島高裁昭和63年12月7日（控訴棄却［上告］）判例時報1311号74頁。

1982年5月、中学2年生の原告は、修学旅行先のホテルで就寝中、他の部屋の生徒が乱入し、投げつけた雪駄が右眼部に当たって右眼網膜萎縮の傷害を負い、右眼視力は0・09に低下して固定した。原告は、加害生徒と学校及び引率教諭の責任について損害賠償を請求。地裁判決は、加害生徒の不法行為に対する賠償責任を肯定。教諭についても、事件教時間前に部屋を不法に占拠した生徒らが集団でいるのを発見し、何ら対応をとらなかった点から過失を肯定。1946万6250円の支払いを命じた。

⑥**中3**　東京地裁昭和58年12月12日判決（一部認容〔控訴〕）判例時報1128号71頁。
　1978年7月、中学3年生の原告は、学級活動の時間、他の生徒が投げた下敷片が左眼眼球にあたり、左眼角膜裂傷、外傷性白内障の傷害を受けた。原告は、加害生徒と学校・教諭の責任について損害賠償を請求。地裁判決は、加害生徒の賠償責任を肯定。教諭についても、約15分間下敷片を投げる行為が続く中で漫然と机間巡視を行ったこと等から監視義務の解怠による過失を肯定した。（原告側の過失相殺2割、学校安全会見舞金306万4590円、加害生徒からの見舞金20万円を差し引き）278万5410円の支払いを命じた。

⑦**小4**　大阪地裁昭和58年1月27日（棄却〔控訴〕）判例時報1072号132頁。
　1960年1月、小学4年生の原告は、屋上での授業中、同級生が投げ上げた下敷を右眼に受け、右眼の眼球を切る傷害を受けた。白内障全摘出の手術を受けたが、右眼が0・01、左眼が0・3となった。原告は、加害児童、教諭の責任について損害賠償を請求。地裁判決は、加害児童について、自己の行為の責任を弁識する能力を否定。教諭についても、事前に注意を行い児童たちを監督していたとして過失を否定。請求を棄却した。

⑧**小5**　神戸地裁尼崎支部昭和56年11月27日（棄却〔確定〕）判例時報1044号423頁。
　1976年12月、小学5年生の原告は、自習時間中、同級生に突っかかった際、同級生の右膝が原告の左眼窩《か》部に当たり、左眼窩壁骨折、左眼窩鼻腔内出血、左眼麻痺性外斜視の傷害を受けた。原告は、担任教諭、校長の責任について損害賠償を請求。地裁判決は、5学年の後半は相当程度の自律判断能力を有し、事故発生を予見しうる事情も存在せず、全く偶発的として、校長および担任教諭の注意義務の存在を否定。請求を棄却した。

⑨**小5**　福岡地裁小倉支部昭和56年8月28日判決（一部認容、一部棄却〔控訴〕）判例時報1032号113頁↓最高裁昭和58年6月7日（棄却〔確定〕）。

1977年4月、小学5年生の原告は、担任教諭の許可受けて放課後の教室に居残り、他の児童が教材用画鋲を先端部に固定して飛ばした紙飛行機を左眼に受けた。左外傷性白内障、穿通性角膜創、続発緑内障の傷害が残り、視力は0・01（矯正視力0・7）に低下。原告は、加害児童の両親、教諭の責任について損害賠償を請求。地裁判決は、加害児童の両親に325万6478円の支払いを命じたが、担任教諭については、小学校5年生は相当の自立能力・判断力を有し、危険を予測できる特段の事情のない限り、付ききりで監督する義務はないとして、請求を棄却した。

⑩**小6**　岐阜地裁昭和56年2月4日判決（一部認容、一部棄却［控訴］）判例時報1012号113頁。↓名古屋高裁昭和58年3月29日判決（一部変更［確定］）判例時報1079号58頁。

1978年2月、小学6年生の原告は、正課クラブの時間、加害児童が手製の弓で発射した矢を受けて、右眼角膜穿孔外傷、水晶体損傷の傷害を負い、右眼は失明した。原告は、校長、教諭の責任について損害賠償を請求。高裁判決は、担当教諭が不在となることを知りながら活動の統合や教師の配置調整をするなどの措置をとらなかった点に過失を認め、1692万8514円の支払いを命じた。

⑪**小4**　大阪地裁昭和55年9月29日判決（一部認容［確定］）判例時報1004号91頁。

1974年12月、小学4年生の原告は、授業開始後、担任教諭が教室に来なかったので、静かにテレビを観賞するよう注意したところ、加害児童が突然投げた鋭利なプラスチック片が原告の左眼に当たり、左眼に穿孔性角膜外傷、外傷性白内障、外傷性虹彩炎の傷害を受けた。原告は、校長と担任教諭の責任について損害賠償を請求。地裁判決は、加害児童は問題のある行動が多く、しかも休憩時間や自習時間に多かったにもかかわらず措置がとられず、安全保護監督義務を尽くしたといえないとして、過失を肯定。542万7111円の支払いを命じた。

⑫**中2**　那覇地裁名護支部昭和54年3月13日判決（棄却〔控訴〕）→福岡高裁那覇支部昭和56年3月27日判決（認容、〔被控訴人上告〕）→最高裁昭和58年2月18日判決（一部破棄差戻）判例時報1074号52頁。

１９７７年10月、中学2年の原告は、体育館で運動部員と諍い、左顔面を殴打されて外傷性網膜全剥離となり、左眼が失明状態となった。原告は、加害生徒と教諭の責任について損害賠償を請求。最高裁は、事故の発生を具体的に予見可能な特段の事情がない限り、個々の部活動に常時立会い、監視指導すべき義務までは負わないとして高裁判決を破棄、差し戻した。自治体１５０万円、加害生徒の両親が２００万円を支払う裁判上の和解が成立。（『教育判例百選　第3版』有斐閣、１９９２年、１５６～１５７頁）

⑬**小2**　福岡地裁昭和53年1月12日判決→福岡高裁昭和56年9月29日判決（変更〔確定〕）判例時報１０４３号71頁。

１９７５年11月、小学2年生の原告は、遠足の際、他の小学校と同じ休憩場所となって起きた石の投げ合いで、石が左眼付近にあたり、左眼は明るさを感じるのみとなった。原告は、引率教諭らの責任について損害賠償を請求。高裁判決は、担任教諭が代理監督者としての義務を懈怠したこと、両校の引率教諭については、喧嘩に発展して傷害事故の発生する虞れが十分予測できたにもかかわらず、安全配慮の措置をとらなかったとして過失を肯定。４００万円の支払を命じた。

⑭**小3**　神戸地裁昭和51年9月30日判決（一部認容〔控訴〕）判例時報８５６号73頁。

１９７０年6月、小学3年生の原告は、授業中、右隣の加害児童から鉛筆の尖った先で、突然左眼を突き刺され、穿孔性角膜外傷、外傷性白内障の傷害を受けた。左眼裸眼視力0・01、矯正0・6程度となり、調節力を失い、コンタクト使用時も新聞の字が読めず、教科書も読みにくい状態となる。原告は、加害児童の両親と教諭の責任について損害賠償を請求。地裁判決は、親権者の監督義務は加害行為が授業中に行われたからといって果せないものではないとして両親の責任を肯定。教諭についても、事故前、加害児童が原告のスカートに鉛筆で落書きをしたこと等を知りつつ、事故発生防止のための監督義務を尽さなかったとして過失を肯定。382万5796円の支払を命じた。

⑮**小6** 大阪地裁昭和50年3月3日判決（一部認容〔確定〕）判例時報781号93頁。

1969年5月、小学6年生の原告は、放課後、講堂裏で、加害児童から左眼付近を殴られ、裸眼0・01（矯正視力0・03）の失明状態となった。原告は、加害児童の親権者と校長や教諭の責任について損害賠償を請求。地裁判決は、重大な傷害をもたらす本件喧嘩は社会的に許容された行為ではないとの判断を示し、親権者の責任を肯定。35万円の支払いを命じた。校長や教諭の過失については、放課後の、教職員の目を盗んでの喧嘩に起因し、教育活動と密接に関連する生活関係から生じたものといえないとして否定した。

⑯**3歳** 和歌山地裁昭和48年8月10日判決（一部認容〔確定〕）判例時報721号83頁。

1970年11月、3歳の原告は、保育終了後の自由保育時間中、運動場において、加害園児（6歳）が投げたプリント合板の板切れが右眼にあたり、右眼球打撲・網膜振盪の傷害を受けた。右網膜振盪・外傷性白内障となり、右裸眼視力0・4（矯正視力0・9）となる。原告は、加害園児の両親と幼稚園の責任について損害賠償を請求。判決は、加害園児の平素からの乱暴な振舞いから、本件行為を全く予想できなかったとはいえないとして、代理監督義務者である園の過失を肯定。加害園児の両親に対しても、再三保育園等から指摘を受けて教育上配慮すべき多くの問題があることを知悉しながら適切な措置を講じなかった点をあげて、責任を肯定。50万円の支払いを命じた。

⑰**中3** 宇都宮地裁昭和38年1月12日判決（棄却）下級裁判所民事裁判例集14巻1号1頁。

1960年2月、中学3年生の原告は、授業中、同級生が定規を折った破片を右眼に受けて失明した。原告は、教諭の責任について損害賠償を請求。地裁判決は、それまで定規を二つに折って貸すことは行われず、定規を借りに行き定規を二つに折る動作に移ったことに気付かなかったのは止むを得ないとして、教諭の過失を否定。請求を棄却した。

裁判では、認定した事実をもとに、原告が訴えた対象に限定して、上級審の判例を踏襲し判断が示されている。したがって、一つの判決から安易に結論を抽象化したり、象徴的な教訓を導き出してしまうことには、慎重でありたい。大切なことは、事故発生の危険性を多方面から予測・想定できるように、普段から多くの事例に接し、蓄積しておくことにある。

①②③④⑦⑧は、請求を棄却した判決である。事故・事件の偶発性、予見可能性の否定などが、その根拠とされている。⑤⑥⑨⑭⑮⑯加害者（園児・児童生徒）及び親権者の責任が肯定された判決である。⑭⑯は、事前に子の問題性を知悉していた場合、教室での事故・事件であっても、親権者の責任は阻却されないとの判断が示されている。⑤⑥⑩⑪⑬⑭⑯⑰は、教師の過失を肯定した判決である。

事故・事件が予見可能とされた理由を確認しながら、学校や教師の対応について、意見交換をしていただきたい。

被害の経緯	認定された事実	裁判所の判断
Bに関する把握	【1】被害児童Aと加害児童Bは小学校4年で同級生だった。 【2】Bは明るく活発な児童だったが、すぐにかっとしたり、友達に手を出したりするような性格で、素行上問題のあることが、1、2年生時の担任教諭、理科担当教諭、担任教諭に把握されていた	**担任教諭の安全注意義務** ・担任教諭は、担当クラスの児童の生命身体の安全に配慮し、児童に対する一般的抽象的な注意や指導をするだけでなく、児童一人一人の性格や素行に注目し、特に、ほかの児童に危害を加えるおそれのある児童については、十分な指導と配慮をすべき注意義務が課せられていた。
担任教諭らは認識し指導していた	【3】3年、4年時の担任教諭は、Bの3年生時に担任となってから、Bに情緒不安定で短気なところがあり、かっとすると友達に手を出すこともある、暴力的素行をもった児童と認識していたので、日頃から注意し、指導していた。Bの両親にも、授業態度や友達関係について話をすることがあった。	・担任教諭は、児童に一般的な安全指導を行い、Bについては、前任の担任教諭から引継ぎを受け【2】、担任として接する中で問題点を把握し、暴力をふるわないことや、物を人に向かって投げないなど、日頃から個別に指導をしていた。【3】【4】
担任教諭注意し校長に報告していた	【4】事故のあった3月2日の前にも、Bは、他の児童が隣を通ったときに体をつついたり、頭をたたいたりしたり、消しゴムや丸めたプリントを投げたりといった、暴力的な行動に出ることがあり、担任教諭は、その都度、注意をして、	・事故に至る頃には、Bから、Aが一方的にちょっかいを出され、Aが何らかの悩みを有していたことが認められ、Aの母親は、事故の約半月前に、AがBからいじめられているのではないかとの疑いをもって担任教諭に相

	校長や教頭に報告をしていた。	談をし、担任教諭もBの両親に話をすると述べていた。【5】【6】【7】【8】
2学期の様子 AはBから一方的な攻撃を受けていた Aの母親は担任教諭に相談していた	【5】AとBは、4年生の1学期には非常に仲が良かったが、2学期後半になると、Aは、Bとの友達関係がうまくいかないことで、悩んでいる様子もみられた。しかし、Aが、そのことを担任教諭に、直接、詳しく事情を話すことはなかった。 【6】2学期後半以降、Aは、Bから言葉や態度でちょっかいを出されても、言い返しもやり返しもしないことがみられ、担任教諭が間に入って止め、Bに注意をすることも、しばしばあった。 【7】3学期・2月の雪合戦においては、BがAを集中的に狙い、投げた雪がAの顔面に当たり、ほおを怪我させるといったこともあり、担任教諭がBを注意した。 【8】Aの母親は、2月15日に担任教諭と電話で話をした際、同16日に担任教諭と面談をした際に、「AがBからいじめられているのではな	**学校で起きた事故に対する加害児童親権者の責任** ・自己の行為について責任を弁識する能力を備えていない児童が不法行為を行った場合、親権者が、その全生活について監督義務を負うべきである。Bの親権者である両親は、民法714条1項に基づき、損害を賠償すべき義務を負う。 ・児童が加害行為を行った際、小学校教育のために担任教諭等の指導監督の下に置かれ、代理監督義務者がその責任を負うとしても、そのことによって、親権者の責任が当然のように免除されることにはならない。Bは短気な性格で、友達をたたいたり、物を投げつけたりするといった問題行動が日頃からみられ、担任教諭が個別指導を繰り返し、Bの両親とのやり取りにおいて、授業中の態度や友達関係について話をしていたのだから【3】【4】【6】、事故が学校教育の場において生じたこ

	いか」と相談して、担任教諭がBの両親に連絡をすることになった。しかし担任教諭は、数度電話連絡を試みたものの、連絡をとることができず、結局話をしなかった。	とをもって、Bの両親が監督義務を怠らなかったと認めることは到底できない。
事件・帰りの会 担任教諭がBの席移動を許可した	**事故当時の状況** 【9】3月2日、インフルエンザが流行していたため9人が欠席していた。Aの席は前から2列目の真ん中寄りで、黒板に向かって一つ席を挟んで左側にBの席があった。Aの右隣の席（約1mの通路を隔てていた）の児童は欠席をしていた。 【10】担任教諭は、「帰りの会」の最中、Bが落ち着かない行動をしていたことから、席を移れば落ち着くことをBに約束させて、Aの右隣の欠席者の席に移動することを許可した。 【11】担任教諭は、児童に背を向けて、黒板に連絡事項を板書し、児童の名前を呼び上げながら、教壇の脇に置いた段ボール箱から裁縫道具を取り出し、手渡す作業をしていた。 【12】Bは、鉛筆を持って、Aに向かって投げる	**担任教諭の過失** ・担任教諭は、Bの行動が落ち着かず、席の移動をすることで落ち着くことを約束させて、Bの席の移動を許可した。そのことからも、事件当時、Bの行動には、十分な注意が必要であった。その上で、担任教諭は、空席が他にもあったにもかかわらず、友達関係に何らかの問題を有していたAとBを、通路を隔てていたとはいえ、あえて隣の席に座らせた。【10】 ・「帰りの会」は、通常授業と比べて解放的な気分になりやすい。担任教諭には、児童らの動静について、正規授業と同程度か、それ以上に安全に配慮すべき注意義務が要求されていた。 ・担任教諭は、日頃から問題行動のみられたB

BがAを鉛筆で突く 担任教諭が気付いて保健室に行かせる 左眼失明状態	ふりを数回し、Aは「やめろ」と返答をしていた。担任教諭は、裁縫道具の配布に気を取られ、BとAの状況を把握していなかった。 【13】Aは、Bの投げた鉛筆を左目に受けて、左眼球穿孔、角膜裂傷、外傷性白内障術後無水晶体眼、後発性白内障の傷害を負った。 【14】担任教諭は、すぐには気付かず、裁縫道具を配布するためAを呼んだ際に、はじめて事故の内容を確認し、保健室に行くよう伝えた。 【15】手術、入院、通院加療を受けきが、左目の視力は0・01とほとんど見えない状態となった。	が、「帰りの会」の最中、落ち着かない様子であったことを認識していたのだから、友達関係に問題の生じていたAの近くに座らせれば、何らかの危険を伴う行動に出るかも知れないことは、通常予見し得ることであった。 ・担任教諭は、裁縫道具の配布に注意を奪われ、BとAの動静に対する注意を怠り、Bが鉛筆を持ってAにいたずらをしかけていることや、Aが「やめろ」と声を出して抵抗していた様子に気付かず、事故に至った。担任教諭には、児童の安全について配慮すべき注意義務と、問題行動のみられる児童に対して指導をし、配慮すべき注意義務を怠った過失があった。 ・本件事故は、担任教諭がその職務を行うについて、注意義務を怠った過失による。被告市には国家賠償法1条に基づく損害賠償責任がある。

講座4

中学生いじめ自殺事件（中3・1985年9月自殺）

福島地裁いわき支部平成2年12月26日判決

事件の被害者（A）は、1983年4月に本件中学校に入学して以来、同級生（B）から暴行を受け続け、2年生時に数千円単位の金銭強要や暴行をうけるようになり、3年生に入って苛烈な暴行や強要、恐喝が続き、85年9月24日に自殺した。裁判では、判決前にBと和解（500万円）、判決で学校側の過失が認められ、原告らの設置自治体に対する損害賠償請求権額を1109万5634円（弁護士費用110万円を含む）とした。（逸失利益2031万8780円、保護者への慰藉料1300万円。過失相殺7割）

判決は、自殺までの学校側の予見可能性を否定しながらも、安全保持義務違反の有無は「心身に重大な危害を及ぼすような悪質重大ないじめであることの認識が可能であれば足り、必ずしも自殺することまでの予見可能性があったことを要しない」として自殺を含む損害の賠償責任を認めた。

※判決書資料は、福島地方裁判所いわき支部平成2年12月26日判決（一部認容、一部棄却［確定］）判例タイムズ746号116頁から「1争いのない事実」「第3争点に対する判断」をもとに個人等を特定する情報を削除し、判決の趣旨を変えない範囲で抜粋・要約して作成した。

中学生を被害者とする「いじめ自殺」事件の裁判で、いじめ行為と自殺の因果関係が認められ、なおかつ学校側の過失が認定された判例集登載の主要判決をリストする。

いわき市立中学校事件　1985年9月25日自殺（福島地裁いわき支部平成2年12月26日判決）（講座4）
中野区立中学校事件　1986年2月1日自殺（東京高裁平成6年5月20日判決）（講座5）
津久井町立中学校事件　1994年7月11日自殺（東京高裁平成14年1月31日判決）（講座7）
城島町立中学校事件　1996年1月22日自殺（福岡高裁平成14年8月30日判決）（講座8）
知覧町立中学校事件　1996年9月18日自殺（鹿児島地裁平成14年1月28日判決）（講座9）
鹿沼市立中学校事件　1999年11月26日自殺（東京高裁平成19年3月28日判決）（講座11）

読み直してみると、30年近くを経てはいるものの、第一に、不法行為の形態について際立つ変化は認められず、第二に、学校・教師の対応に対する世論の批判や非難の要点に大きな変化があったわけではない。

第一の、いじめの形態は、パシリや無視・村八分、暴行、恐喝、脅迫、強要、名誉毀損（ネット環境を悪用した誹謗中傷や名誉毀損等を含む）等が多くの判例で確認されてきたし、第二の、学校・教師への批判や非難もまた、判例の争点、①不法行為による被害が予測可能となった時点の有無（予見可能性）、②その時点以降に行われるべき不法行為及び被害を差し止める実効的対応の有無（安全配慮義務）、③対応の欠如（過失）と（自殺等の）被害事実との密接な関係の有無（相当因果関係）等に関わるものであった。また、地裁平成13年1月30日判決（講座10）のように、④事件後に教師側が加害事実を意図的に隠蔽した事実が過失と認定されたケースもある。

「いじめ行為」の是非については、道徳の時間等の学習や生徒指導の場で熱心な教師たちにより積極的に取り組まれてきた。その努力と労を多とすべきであろう。

問題は、学校・教師側の過失責任のポイント（前述①②③④）を意識し、過失のタイミングや場面を確認し予見できるようにする研修、「失敗の実例に学ぶ」教員研修の不足にある。

深刻な事例を多く体験した教師ならば、笑顔に隠された深刻な被害や加害の徴候を予見し対応を開始するだろう。こうした先生に救われる児童生徒は、少なくないはずである。しかし全ての教師が深甚な事例を体験するわけではない。まして教職体験そのものの無い新任教師の場合など、不正、不正義の判別はともかく、微細な事実から深刻な事態を予見し対応するまでを遺漏無く課すことは、容易ならざることである。（だからこそ、自身が未体験の）「失敗の実例に学ぶ」実践的な研修が必要なのである。

事実・実例をもとに過失の発生時点と理由が明示され、しかも公的に確認・公表された資料は、判決書資料をおいてほかに見当たらない。ここに判決書を用いた研修を勧める理由がある。

認定された事実	学校側の対応	裁判所の判断
中学校3年生（1985年） **4月5日・6日**　Bは2回にわたりAに5000円を強要した。	4月8日、生徒指導主事とAの担任教諭は、Aに「理由もないお金を出す必要はない」「Bには指導しておくから心配ない」と話した。Bは「Aにズボンを買うため500円貸せ、持ってなかったら集めろと言った、母さんは買ってくれない」と言ったので、「そんなに必要なら母親に頼んでやるから友達から借金しないように」と指導した。担任教諭が母親に伝えると、「買って欲しいとは言っていない。欲しかったら買ってやる」と言ったので、「金銭関係の大切さを教えて欲しい」と要請した。	・学校側は、2年生時のしかるべき時期、どんなに遅くとも3年生時の4、5月頃の、いじめが相次いで表面化した際に、少なくともBとAから過去の同種行為について詳しく事情を聴取し、必要に応じ他の生徒らから事情を聞くなどして、いじめの全体像の把握に努め、Bのいじめ再発と仕返しを防ぐために、学校の教職員全体による協力体制を作り、学級全体の問題として他の生徒に協力動観察、指導をするなど、実効ある方策をとるべきであった。
4月16日　BとAは金銭貸借について言い争った。	担任教諭は、クラス全員に「金銭の貸借は間違いのもとなので絶対やらないように」と注意し、Bに、「金の貸借を絶対やってはいけない」と注意した。	・4、5月頃には、BのAに対するいじめが継続していることは学校側にとっても周知の事実であり、担任教諭がその都度注意しても同種のいじめが頻繁に繰り返され、Aがいじめを逃れるた

4月17日　AはBから、教室内の生徒や教師の目の前で、顔にマジックインクでいたずら書きをされ、黙ってなされるままになっていた。	担任教諭は、Bに「弱い者いじめは絶対にしないように」と指導し、Aには「勇気をもって拒否するように」と指導した。
4月23日　担任教諭はA宅を訪問し、祖母から、「2年生の時友人にいじめられたことがあるので気をつけて欲しい」と言われた。	担任教諭は、「よく調査して指導する」と話した。
5月11日頃 BはAに1500円を生徒から集めて渡すよう命じた。Aは担任教諭に打ち明けた。	担任教諭はAに、「Bを指導しておくからAは金を集めないように」と指導し、Bに「かわいそうだ、すまないことをしたと思わないか」と説諭した。
5月15日　登校後、Aは教師に医院に行くと嘘の理由を	担任教諭はAに、「悩みごとがあるなら隠さないで正直に話すように」と外

めに早退する等の逃避的行動をなしていた。学校側が把握し得ている事実だけからも、決してこれを軽視したり、放置して済ませられるという状況になかった。

・担任教諭が中心となって対処したが、関与した教師らは学校全体として取り組む程の重大な問題ではないと考え、問題行動が判明した都度、関係生徒に注意指導することで、生徒が繰り返さないことを期待し、一時的な注意指導をほとんど唯一の方法とし、時にAやBの家族に連絡するという程度であった。

・教師らの一時的な注意指導のやり方は、ほとんど、表面化した問題行動である「貸借」「金銭強要」「早退」「盗み」などを個々にとらえ、AやBに「良くないから以後繰り返さないよう」口頭で注意、する程度で終わらせるもので、「BとAとの関係」「事件の動機や原因」

告げて外出し夕方学校に戻った。	出の理由を尋ねた。Aは話さなかったので、反省を求めた。	「Aの心境」等には余り触れられず、問題の全体像を探り、BやAを全人格的に指導し、抜本的な解決を図ろうとする姿勢、行動は全く見られなかった。
5月24日頃　Aは、Bから「2000円を集めろ」と言われたが、集められないので、Bの暴力を怖れ、担任教諭に「医院に行くため」と嘘を言って学校を早退した。	25日、担任教諭は早退の原因を聞き「勇気をもって教師に話すように」と指導し、Aの祖母に事実を知らせた。祖母は「私の手紙を持たない時は早退させないでほしい」と依頼した。教諭は、Bと母親に金銭強要の事実を告げて、「今度やったら施設に送る」と、やや強い調子で注意した。	
※4月～5月にBのいじめがたて続けに明らかになった。Aは、休み時間には必ず職員室前にいるようになった。		・担任教諭も、Aのこのような行動はBらのいじめから逃れるためのものと推測できる状態であった。
7月10日　Bは、清掃時間中、理科室で、試験管に入った水酸化ナトリウムの水溶液	生徒指導主事、担任教諭が駆けつけ、応急手当をして事情を聴取すると、Aは「ぶつかってかかった」と言い張り、	・Aは、2年生の10月6日頃までは教師に事実を告げて、相談したこともあったが、教師らがBの暴力等を根絶する

をAの襟元から背中に流し込み、背中全体が赤くなる火傷を負わせた。 （Aは、転任してきた担任教諭に「被害を受けた場合は相談するように」と指導されたこともあり、4、5月には担任教諭に打ち明けていたが、その後は再び話さなくなり、Bとの間の問題について事情を聞かれてもただ沈黙するばかりで、更にはこれを否定するようにもなった）	Bは「Aがかけても良いと言ったのでかけた」と弁解した。教諭らは、「たとえ相手の了解があっても薬物なのだから慎重に取り扱う必要がある」と注意した。しかしBは反省の態度が見られなかった。教諭らは、Aにも、「事実を隠したり嘘をついてはいけない」と強く指導した。担任教諭はA方に電話して事件を報告して謝った。祖母は「これから気をつけて下さい」と要望した。	有効な措置をとらず、かえって酷い暴力を受けたため、教師らから尋ねられてもBから受けた暴行や金銭強要の事実を話さないようになっていった。 ・Aは、Bの暴力のため、2、3年生時、よく泣いたり、顔を腫らしたり、目に隈をつくったり、腕をみみず腫れにしたり、怪我を負って、家族の知るところだったが、Aは、家族から原因を問われても「転んだ」と言い訳したり、「何でもない」と答えるのが常で、母親などは次第に訳を聞くこともしなくなった。
7月中旬頃 Bは、Aに1000円を集めるよう命じ、その日、Aから1000円を受けて、翌日、先輩に渡すために1万円を持って来るよう命じた。 **7月下旬頃** 休み時間中の教室内で、Bは、竹刀でAの頭、腹、背中等を20回位殴打した。 **9月4日** 授業時間中、BはAに、パンとジュースを買って来るよう命		・Bは、教師らから注意指導を受けても、何ら反省することなく無視し、指導の直後も同様の行為を繰り返していた。生徒らも、教師らの指導について、Bら問題行動のある生徒に対してそれが表面化した都度一応は注意するもの

学校・教師が把握していなかった事実

令したが、Aが断ったため腹を立て、金属の先端を丸めたビニールコードでAを殴打しようとした。Aは床に正座して頭を下げながら、「これでB君と縁が切れるのなら何をしてもいいです」と繰り返し訴えた。Bは更に憤激し、コードの先端でAの頭を1回強く殴り、腕や手の甲あたりを3回位殴り、見かねた同級生が制止したため暴行を中止したが、手の甲に真っ赤なみみず腫れができる程度の怪我を負わせた。

9月14日　AがCとよく遊び、Bのいじめについて相談しているのに腹を立て、Aに立ち会わせ見張りをさせながら、Cに「何でお前はAと遊ぶんだ」と言い、ボール紙製のパイプで強く殴り、「これからは一言もAと話すなよ」と命令した。

9月16日頃　Bは、小遣い銭とするためAに2万円を持って来るよう命じた。

9月19日　朝、学校で、Bは、Aに、先輩から1万6000円を集めて持参するよう命じられたとして、Bの分4千円を加えた2万円を、集める生徒の氏名を指示して翌日までに集めるよう命じた。Bが、前に命じていた2万円を催促すると、Aが「忘れちゃった」と言ったので、休み時間にトイレでAの顔面を手拳で2回位殴った。

9月20日　朝、学校でBが「2万円を持って来たか」と聞いたが、「忘れちゃった」と言ったので、トイレでAの顔面を手拳で2、3回殴り、「今日中に持って来い」と命じた。昼休み、Aは、指示された生徒ら

の、指導が弱く逃げ腰で頼りにならないものと感じていたため、教師らにBのAらに対する加害行為を告げても仕方がないし、かえって告げたことにより、Aらや、更には自分自身までBから暴力を受けることになるのではないかと怖れ、事実を教師らに進んで告げることは殆どなかった。

・教師らのBに対する指導が及び腰であったことは否めない。Bの言い訳が不合理でも追及調査せず、受け入れて指導するのが常で、Bは、注意されても余り反省の態度を示さず、教師らもそのように感じながらも強力な指導をしなかった。学校側がいじめの全体像を把握する努力をしないまま、表面化した問題行動について、形式的で、その場限りの一時的な注意指導を繰り返し、Bに及び腰であったから、Bを更に増長させ、その後もAに対する悪質ないじめを継続することにつな

から金を集めて1万6800円をBに渡した。Bは、Bのために2万円も持参するよう命じた。Aは、午後に5000円をBに渡したが、Bは、残りも持参するよう更に催促した。

7月初頃〜9月上旬頃　Bは、約10回にわたり、Aに雑草を無理に食べさせた。うち1回は、大きな葉で雑草を巻いたものを無理に飲み込ませ、Aは、その直後に気持ちが悪くなり、嘔吐した。

9月中旬頃　下校途中、Bは、Aに煙草約8本をたて続けに吸うことを強制し、気分が悪くなって嘔吐するのを面白がって見ていた。

がった。

9月21日　Aは、生徒会選挙演説会のとき、2年生の教室に入り、他生徒のバッグから飴玉2個を盗み、現金を物色中、生徒指導主事に見つかった。生徒指導主事は、Aから次の事実を聞き出した。

(1) 盗みの事実
(2) 9月19日にも950円を盗んで19日と20日に分けて買い食いして消費したこと。

生徒指導主事は、Aに「Bをよく指導しておくから心配するな」と諭した。また、その日、19日の盗みについて被害者に当たり、被害額を1100円と確認して担任教諭にAの盗みの件を報告し、担任とともに、「二度と盗みをしないように」と説諭した。担任教諭は「自宅に連絡する」と告げ、更に校長が「今後そのようなことをやらないように」説諭してAを帰した。しかし、生徒指導主事は、動機となったBからの金銭強要については他の教師や校長らに告

・「教室荒らし」に対する学校側の態度はいかにも問題である。Aは、教師に頑なに沈黙を守るか、積極的に否定する態度に徹していたが、この時は、Bの金銭強要に端を発して同様の非行を繰り返していたことを告げたのである。しかるに生徒指導主事は、

①「金銭を実際にBに渡したのか否か」という重要な事実確認を怠り
②「何故Bに渡さずに買い食いなどに使ったのか」など、Aの告白の矛盾、明らかな疑問点を解明するのを怠り

（3）Bから弁当を買うよう命じられて500円を預かり、Dからサンドイッチを買うよう命じられて150円を預かっていること。 （4）9月18日朝、学校で、Bから「翌日1万円を持って来い、持って来なければ殴る」と言われ、19日朝に「忘れた」と言ってBに殴られ、20日朝にはトイレで殴られ、「2万円持って来い」と言われたこと。 （5）盗みを繰り返したのはBに金銭を強要されたためであること。	げず、担任教諭と校長は、説諭の際に金銭強要への言及を全くせず、生徒指導主事自身も言及しなかった。 生徒指導主事は、その日、BとDに、Aに金銭を預けたことを確認し、「むやみに友だちに買物を頼まないように」と説諭して返金した。生徒指導主事が、「どうして1万円もってこい、集めろと言ったの」と尋ねたが、Bから「冗談で言った」と弁解されると、「冗談にしろ言ってよいことと悪いことがある、今後このようなことを絶対しないように」と指導してBを帰した。	③「Aに暴行を加えた事が事実か否か」をBに確認せず ④Bの金銭強要という重大な事実を担任教諭や校長にも告げなかった。 ①を確認していれば、Bに合計2万1800円を渡したことを隠し通さず、「冗談で言った」というBの弁解をいれる余地はなかったはずである。③をBに確認しないまま弁解を受け入れること自体大いに疑問である。④のために校長らも単なる教室荒らしと捉え、専らAを説諭し、保護者を呼んで被害金品を弁償させる対応に止まった。生徒指導主事のとった態度としては到底納得し難い。（いじめが明らかになるのを怖れる気持があったのではないかという疑問さえ払拭し難い）。
9月21日　夕方頃、HがAに電話して、「Bが生徒指導主事に注意されたのはAが告げ口したからで、暴力を加えようと考えてAを探し回ったが遂に見つけられなかったため、腹を立て『連休明けの24日に出てきたらヤキを		・3日夜、いよいよBの激しい制裁がさし迫り、担任教諭からの電話もあったことから、Aの心が重くうち沈んでし

いれてやる』ともらしていた」と伝えた。

9月23日　20時頃、担任教諭がAの母親に「24日朝、学校に来て貰いたい」と電話連絡した（9月24日）朝、Aは、学校の門前で同級生に「医者に行くから」と教師への伝言を頼んで姿を消し、夜も帰宅せず、9月25日も帰宅しないまま、19時頃、市内の小屋で首吊り自殺をした。

まったであろうことは容易に想像される。Bのいじめとの自殺との間に因果関係があることは明白である。学校側に、BのAに対するいじめに対処するうえで過失があったことは否定し難い。また、学校側の過失とAの自殺との間に相当因果関係がある。

講座5
中学生いじめ自殺事件（中2・1986年2月自殺）

東京高裁平成6年5月20日判決

自殺した中学校2年生のAは、加害生徒らの中心であるB、Cによる「いじめ」や、B、Cをリーダーとするグループによるいじめに耐え切れず、1986年1月31日に家を出て、2月1日午後9時30頃、駅ビル地下1階男子便所内において遺書を残して縊死した。

家の人、そして友達へ突然姿を消して、申し訳ありません。（原因について）くわしい事についてはBとかCとかにきけばわかると思う。俺だってまだ死にたくない。だけどこのままじゃ『生きジゴク』になっちゃうよ、ただ、俺が死んだからって他のヤツが犠牲になったんじゃいみないじゃないか。だから君達もバカな事をするのはやめてくれ、最後のお願いだ。

原告は自殺したAの父親と母親、被告は学校設置自治体および加害生徒B、Cの保護者らである。判決は、被告らに連帯して1150万円を支払うように命じた。（高裁で確定）

本判決は、対象となる事件が、①「いじめ」による自殺であること、②加害生徒の不法行為が具体的に認定されていること、③教師の安全配慮義務に関する過失が認定され、④加害生徒の保護者にの保護監督義務違反が明確に認定されていること、⑤教師のいじめへの荷担の事実が指摘されていること、⑥対応の遅れや問題点、対応をとるべき時期が判示されていること、などから、現在、研修の際に扱うことに適した事例であると思われる。次は、教師側における過失認定の根拠となる安全配慮義務の説明である。

> 公立中学校の教員には、学校における教育活動とこれに密接に関連する生活関係における生徒の安全の確保に配慮すべき義務があり、特に、他の生徒の行為により生徒の生命身体、精神、財産等に大きな悪影響ないし危害がおよぶおそれが現にあるようなときには、悪影響ないし危害の発生を未然に防止するため、その事態に応じた適切な措置を講ずる義務がある。

※判決書資料は、東京地裁平成3年27日判決（一部容認、一部棄却〔控訴〕）判例タイムズ757号98頁及び東京高裁平成6年5月20日判決（一部変更〔確定〕）判例タイムズ847号69頁から作成した。

2006年10月11日に福岡県筑前町町立中学校2年男子生徒が自宅の納屋で自殺した事件、2005年9月9日に北海道滝川市立小学校6年女子児童が教室で自殺を図り2006年1月6日に死亡した事件、埼玉県北本市立中学校1年生が2004年10月11日にマンションの屋上から飛び降り自殺をした事件など、「いじめ」に耐えかねた児童生徒の自殺、これをめぐる学校、教育委員会の対応等が問題となった。

２００６年10月19日、文部科学省は、児童生徒のいじめ問題に関する都道府県・指定都市生徒指導担当課長緊急連絡会議を開催し、「いじめの問題への取組の徹底について」（初中局長通知18文科初第７１１号）等の資料を示した。

資料では、①いじめの様態や特質、原因、背景について教職員間が共通理解を持つこと、②いじめる児童生徒に対しては、出席停止等の措置も含め毅然として指導すること、③いじめられている児童生徒については、学校が徹底して守り通すという姿勢を日頃から示すこと、④いやしくも教職員自身が児童生徒を傷つけたり他の児童生徒によるいじめを助長したりすることがないようにすること等が指示され、別添の配布資料「学校におけるいじめ問題に関する基本的認識と取組のポイント」でも、「いじめ」のような甚大な被害を招く事態に教師が日常的かつ実効的に対応できるように、⑤実践的な校内研修を実施すること（いじめの問題についての教職員の共通理解と指導力の向上を図るために全教職員の参加により、事例研究やカウンセリング演習など実践的な内容を持った校内研修を積極的に実施する）、⑥行政による効果的な教員研修の支援（事例研究やカウンセリング演習を実施するなど、受講者が目的意識を持って実践的な知識・経験が得られるよう工夫する）が、重ねて指示されている。

被害者を守り抜くという姿勢をゆるがせにせず（前述③）、規範意識の徹底をはかり、毅然とした対応・措置を検討し、判断し、実施すること（同②）が求められているのであるが、②規範意識の徹底をはかる過程において、教師が、実際に毅然とした対応・措置を検討し、判断し、実施することは、必ずしも容易ではない。容易でないから、現下の問題が起きているとも、いえるのである。

対応・措置の象徴ともいえる出席停止措置を一例にあげてみると、校内暴力、いじめの発生件数に比して、出席停止措置の実施件数は、現実には、きわめて少ない。

公立小中高における２００５年度の暴力行為は校内で3万件を超え、その半数が生徒間暴力である。暴力行為は、まぎれもなく不法行為であるが、これに対する小中学校での出席停止措置は45件（前年度は25件）にとどまっている。その大半（34件）が暴力行為に対する措置であるとはいえ、学校において、実際、暴力行為対する毅然とした対応がなされているのかどうか、危惧されるところである。

出席停止措置については、「出席停止制度の運用の在り方について」（2001年11月6日文科省初中局長通知）以来、判断し実施する困難性と、適用後の指導に関わる困難性が指摘され、国立教育政策研究所生徒指導研究センター・文科省児童生徒課の共同研究報告「生徒指導体制の在り方についての調査研究報告書―規範意識の醸成を目指して―」において、段階的指導（プログレッシブディシプリン）としてゼロトレランス方式が紹介され、学校における不法行為としての暴力（身体的・精神的暴力の集積としての「いじめ」等）に毅然とした対応を実施するための施策と位置づけられている。

だが、このような措置を実際に運用するには、目の前の事態がこのような措置に値するものなのかどうかを判断するにあたっての判断の基礎になる教師間の「共通理解」が、まずもって必要となる。⑤⑥に指摘された実践的で効果的な教員研修が重要な課題となるのである。

教師、児童生徒、社会の誰もが「いじめは許されない」と分かっている。しかし必ずしも、それは、共通の事実や被害をもとに、「分かっている」わけではない。

教師側には、目の前の事実の何が、なぜ不法行為段階の「いじめ」と判断されるのか、何を、どの段階で、どのようにすべきなのか、このような実践的・実効的な研修の機会は、ほとんど与えられていない。このような専門的トレーニングを経ていない教師が、目前の現実にとまどい、立ち往生することは、無理のないことである。

前述の文書で文科省が指摘したように、①共通理解を促すための、⑤⑥に例示された事例研究を積み重ね、事例と判断を数多く共有する教師集団（児童生徒・保護者）の形成が必要である。各人が勝手に、各自の「いじめ」像をもとに事態を論じるばかりでは、被害者を守り通すための毅然とした対応は期待できない。

教師には、目の前の事実から、背景にある不法行為、不法行為の集積である「いじめ」を想像し、予見する能力が求められている。そして、被害を想像し予見する力は、継続的な事例研究の積み重ねをもって、はじめて、身に付くのである。

本判決書資料の活用を通して身に付けてもらいたい資質、能力を確認しておきたい。左の三点である。

①不法行為としての「いじめ」を構成する個々の事実を、不法行為として判断する能力。被害者を守り、加害者に毅然とした対応をとるための判断をする能力。

②目の前の事実とその背景にある（かもしれぬ）深刻な被害を予見する資質・能力。

③複数の事例をもとに、学校等の実情に応じて活用することのできる能力。

研修では、表の最下段に示した検討点を参考にして、個々の教師が持つ個別の情報や各校の現状をもとに話し合ってほしい。このような研修を定期的・継続的に実施することが、結果的に、教師集団の共通の理解を深めることにつながるものと思われる。

なお、文科省『人権教育の指導方法等の在り方について第三次取りまとめ』（２００８年3月）は、「人権が擁護され、実現されている状態を感知して、これを望ましいものと感じ、反対に、これが侵害されている状態を感知して、それを許せないとするような、価値志向的な感覚」、すなわち、人権感覚の育成をあげ、生徒指導もまた、このような視点から取り組まれるよう求めている。この点もまた研修において留意していただきたい。

認定された事実	裁判所の判断	検討点
【1】中学校2年生は、全体に遅刻、授業の抜け出し、授業中の私語など、就学態度の乱れや規律違反が目についた。なかでもB、Cをリーダーとするグループは、喫煙、授業の抜け出し、教師への反抗的態度など問題行動が多かった。 【2】自殺したAは、1985年6月頃から、B、Cと行動をともにし、授業の抜け出し、授業妨害等、教師への反抗的態度を示すようになった。Aは、登校・下校時の鞄持ち、学校の授業のノートとり、レンタルCDの返却など、子分的な使い走りとしての役割が定着した。Aは、無理な要求にも嫌な顔をせずに従い、屈辱的で理不尽な仕打ちにも無抵抗で、おどけた振舞いで応じたり、にやにや笑いを浮かべて甘受する態度に終始していた。迎合的な態度は、同年12月にAがグループから離反しようとする態度を示すまで続いていた。	【2】Aは、2学期の中間の時期頃までは、グループにある種の仲間意識を持っていた面もうかがわれるが、Aの立場は、当初からB、C、Eらを中心とする生徒らに一方的に使役されるだけの被支配者的役割が固定しており、互換性はなかった。	・【2】「一方的被害」の認定の在り方について話し合う。いつも攻撃されているとは限らないし、言い返したり、やり返したりすることが、仲間のように見えることもある。総合的な判断が必要とされる。
【3】Aの担任教諭は、授業抜け出し等や欠席、	【3】担任教諭は、7月初めまでにはAが	・【3】被害者発生の

遅刻の多さから、7月頃、Aの親に電話で家庭での監督、指導を求めたが、親は感情的な対応に終始したため、7月7日頃、家庭環境を案じ、Aの遅刻の多さや交遊関係上の問題点を書いた手紙を親に送った。手紙には、Aが「気が弱いということから、イジメラレル傾向があります。僕も気をつけていますが、今の生徒はなかなかずるがしこく、うまく、彼を仲間にひき込もうとします。イジメて、悪いことでもやらせようとするんです。しかしA君は悪いことの出来る子ではありません。だから、イジメラレルのかも知れません」と書かれていた。	【4】5月頃、BとCは他の生徒と、休憩時間中、校内の廊下でAの両手を縛ってロッカーの上に乗せ、Aが降りられないのを面白がった。 【5】音楽教室での授業中、Aの手足や胴を縛って楽器棚の上に乗せた。 【6】Aの親は、一度も保護者会へ出席しないなど、学校との連絡体制は十分でなかった。Aは、親
グループと共に問題行動に出るようになったことを知り、親への手紙からも、子分的な立場にあり、早晩気の弱いAがいじめの対象とされるおそれのあることを予見していた。1学期以降、B、Cらの問題行動は次第に悪質化し、暴力的色彩を強めて校内は異常事態となっていたが、教師らは、Aの使い走りやいじめの被害を知っても、実情を究明しようとせず、加害生徒らにも場当たり的な注意をするにとどめ、保護者にも遠慮がちな連絡、注意をする程度で終始していた。	【4】Aの側からすれば、面白いことと受け取られたとは考えられず、困惑と屈辱感、B、Cらに対する恐怖感を抱かせられるいじめとしか感じられなかった。
危険性は、どの時点で予見することが可能か。また、保護者の全面的支援を求める時点、実効的な対処・措置等を実施する時点について話し合う。	・【4】面白がる雰囲気は強制的に作り上げられていることがある。 ・【6】保護者への対応の在り方を検討する。

に「使い走りをやらされる程度で、大したことはない」と答えていたため、親も特に問題視しなかった。 【7】9月頃から、2年生による授業の抜け出し、授業妨害、学校施設の損壊、教師や生徒への反抗や暴行が一層多発するようになった。Aは、B、Cらに追随、同調して授業妨害や教師への反抗的な態度が多くなった。 【8】教師らは校内の見回り、Aのクラスでは保護者会を開き、問題行動を詳しく報告して注意指導を求め、2学年全体の保護者会を何度も開いた。 【9】グループの問題行動が更に悪化した11月終わりから12月にかけては、2年生の保護者有志が交替で授業中の廊下を巡回し、B、Cの保護者も参加したが、授業の抜け出し、買い出しなどがあまりに多く、発見しても教室に連れ戻すのが精一杯で、個別的な事情調査や指導まで手が回らなかった。	事件当時、生徒間のいじめの問題は公立小中学校における緊急課題とされて重要性が強調されており、本件中学校でも、いじめ問題の理解といじめに対する指導の在り方等に関する各種資料が繰り返し多数配布され、いじめの問題を主題とした教師研修会にも、校長、教頭、教師らが繰り返し参加していた。Aの置かれていた状況はこれらの資料等で扱われていたいじめと同質である。しかも、教師たちは早い時期からいじめの実態を認識できた。	・いじめをめぐる情報について知っておくことが教師の専門性として求められる。

【10】2学期には、Aを使い走りとして使役する際の要求も嗜虐的な色彩を帯び、毎日買い出しをさせられ、1日5、6回にも及んだほか、授業中にも行かされるようになり、マンションの8階ないし10階から再三階段を上がり下りして買物に行かされたり、登校・下校時には多い時には一度に5、6個もの鞄を持たされた。Cは、11月から12月中旬まで、Aに、朝迎えに来させ、鞄を持たせていた。

【11】授業中の買い出しをAが教師に発見されて、B、Cが注意されると、Aはそれを理由にB、Cから殴る蹴るの暴行を受け、11月頃にかけてグループから暴行や仕打ちを繰り返された。

【12】Aは、無理な要求をされても嫌な顔を見せずに唯々諾々と従い、屈辱的な仕打ちをされたり、理不尽なことを強いられても全く抵抗せず、おどけた振る舞い、にやにやした笑いさえ浮かべて甘受する迎合的な態度をとったため、グループは、2学期以降、使い走り役など、一層子分のように使役し、事あるごとに、からかい、悪ふざけ、いじめの対象とするようになった。

【10】【11】【13】9月以降のB、Cらによる使い走り等の使役は、誰しもそのように使役されることに屈辱感及び嫌悪感など心理的苦痛を感じないことはあり得ず、心理的苦痛を感じなかったとは到底考えられない。また、Aは、教師に「C達のグループから抜けたい。使い走りはもう嫌だ」と述べ、B、Cからは、Aが教師に発見されたことで暴力的制裁を加えている。少なくとも9月以降のAに対する使い走り等の使役はいじめの一態様と認めるべきである。

【12】9月以降のAに対する使い走り等の使役を、いじめの一態様と認めることは、11月までAが無理な使役の要求にも嫌な顔をせず、にやにやした笑いを浮かべて応じていたことや、2学期の中間の時期頃まで、Aが一面ではグループにある種の仲間意識を持っていたと見られることと何ら矛盾しない。Aにとって、抵抗したくともできない理不尽な要求を拒

・【10】【11】【13】9月以降の行為を不法行為としてのいじめと判断している。

・【12】鞄持ちや使い走りをさせられている生徒は、いやがっている様子を示さないことがある。

・【12】いじめられている生徒が問題行動を起こす生徒と同一グループとみられる事がある。

【13】9月中旬頃、授業中にB、Cから買い出しを命じられて帰ってきたAを教師が見とがめて事情を聞き出したが、Aが「C達のグループから抜けたい。使い走りはもう嫌だ」と言ったので、A、B、Cを校長室に呼び出し、Aに謝罪させ、厳重に注意し、Aにも、B、Cから同様の依頼を受けたり文句を言われたような場合には直ちに連絡するように諭した。

【14】B、Cは、その直後に、男子便所で、Aが使い走りの事実を教師に告げたことを理由に、Aを殴打し、蹴るなどの暴行を加えた。

否できない以上、表面上迎合的態度で対応することは、自らのプライドを一応維持することでもあり、拒否的態度を示した場合に予想されるより激しいいじめを回避する精一杯の防衛的対応でもあった。Aのような少年がいじめにさらされた時の対応として十分了解し得る。生徒間のいじめが仲間集団の内部においても見られることは、つとに指摘されている。Aが、ある時期までグループにある種の仲間意識を持っていたことは異とするに足りず、9月以降の使い走り等の使役を、いじめの一態様と見る妨げとなるものではない。

【15】Aは、10月頃から11月にかけて、B、Cらからほぼ毎日殴られた。

【16】10月頃、Cは教室でAをエアガンで狙い撃ちし、Aは痛さに顔をしかめた。

【17】10月中旬頃、B、Cは、授業中の教室で、Aの激しくまばたきをする癖をとがめ、Cは

【15】【16】エアガンで狙い撃ちしたこと、Aのまばたきする癖に因縁をつけて殴ったこと、Aを飛び蹴りの標的にしたこと、Aの上着の裾をズボンの中に入れさせ、髪を濡らす等して立たせたこと、連日のように何かにつけて殴ったこ

・【15】【16】【17】【18】【19】【20】【21】は、いずれも不法行為である。事例を確認して、暴力と屈辱感による被

「3秒に一回だけ、おれがよしと言ったらまばたきをしていい」と言い、2人で数回Aを殴打した。

【18】B、Cらは、廊下でAを取り囲み、飛び蹴りの標的にした。Aは1m位飛ばされて廊下に転倒して痛がった。

【19】Aは、授業中の教室で、Bに制服を立ち襟にさせられ、上着の裾をズボンの中に入れさせられ、髪を水で濡らされ、立たされた。

【20】Fは、11月頃、休憩時間中の校内で、Aの顔にフェルトペンで口髭のような模様を描き込み、Cも、Aの顔にあご髭のような模様を描き込んだ。Aは、そのままの格好で、教室前の廊下等を踊るようにして歩いた。

【21】Aは、11月頃、校外で、C、Eから、通りかかった中学1年生とけんかをするようにけしかけられ、殴りあった。

【22】Cは、12月頃、校舎壁面の鉄パイプをよじ登って2階まで登ろうとし、Aに先に登るように告げ、Aは、鉄パイプを登り始めたが途中で断念した。


とは、いずれも、いじめに該当する。

【20】Aに対する嗜虐的ないじめが継続している最中の出来事である上、理由もなく顔に髭状の模様を描かれることは、屈辱的な仕打ちであるから、まぎれもなくいじめの一態様であり、Aがそのままの格好で一見ひょうきんな振舞いをしたことは、使い走り等の使役について述べたと同様の心理的機序に基づくものである。

【21】【22】B、EがAに1年生とのけんかをけしかけた行為も、Aの嫌がることであることを承知するが故に強いたものであり、また、Cが壁面の鉄パイプをよじ登らせようとしたことも、運動を苦手とするAに対する嫌がらせと認められる。いずれもいじめの一環と目すべきである。


害者の心身の「痛み」を想像する。

【23】Bを含むクラスの生徒数名は、11月中旬頃、追悼のまねごと（葬式ごっこ）をして驚かせようと言い出し、中央に「A君へさようならクラスとその他一同より11月14日」と書いた色紙にクラスのほぼ全員が寄せ書きをしたほか、Bら数名の生徒が「ドッキリに使うから書いて」、「レクリエーションの劇に使うためのお別れの言葉を書いてほしい」、「弔いのためです」、「ジョーク、ジョーク」などと言って、担任、英語、音楽、理科の4名の教諭に色紙への寄せ書きを求めた。

【24】4名の教諭と生徒42名は、色紙がAの追悼という悪ふざけに使われることを認識したうえで応じ、教諭らも、「かなしいよ」、「さようなら」、「やすらかに」、「エーッ」、Bは「今までつかってゴメンネ。これは愛のムチだったんだよ」、などと寄せ書きをした。他の生徒らは、「さようなら」、「君はいいやつだったね」、「いい思い出ありがとう」、「つかわれるやつがいなくなってさびしーよ」、「ざまあみろ」、「いなくなって

【23】【24】【25】「葬式ごっこ」は、B、Cらばかりでなく、色紙には2年A組の生徒らのほぼ全員と他の学級の生徒らの一部のほか、担任ら4名の教諭が加わっていた点で、特異なものである。B、Cを初めとする多数の生徒、教師らとしては悪ふざけという意識でも、事前に全く何も知らされず、いきなり教室で、しかも学級の生徒らほとんど全員が参加した形で行われる、自分を死者になぞらえた行為に直面させられた当人からすれば、精神的に大きな衝撃を受けなかったはずはない。「葬式ごっこ」は、いじめの一環と見るべきである。B、Cばかりでなく、多数の生徒、担任教諭らまでが加わって、Aの存在を否定するような行為が行われたことは、大きな衝撃であった。帰宅後にAが母親に述べた言葉はそのことを示している。

・【23】【24】「葬式ごっこ」における教師のとるべき対応について検討する。

よかった」など様々だった。 【25】11月15日の朝、登校したAは、「なんだこれ」と言って周りの生徒の顔を見たが、生徒らは答えず、そのうちの一名が弔辞を読み上げ出したところ、笑いを浮かべただけで、特に抗議もせずに色紙を鞄の中にしまった。色紙を受け取ったAは、その場では格別の反応は示さなかったものの、帰宅後母親に色紙を見せ、しょんぼりと沈んだ様子で「おれ学校でこれを渡されたよ。担任の先生も書いているんだよ」と述べていた。	【23】【24】寄せ書きに加わった教師らは、グループの問題行動が激化し、校内の異常事態の主たる原因をなし、Aがグループ内で使い走り役等に使役され、種々のいじめを受けていることを認識していたにもかかわらず、その軽率な行為によって集団的いじめに加担したに等しい。担任教諭らまでが寄せ書きに加わっていたことは、Aにとって教師らが頼りになる存在ではないことを思い知らされた出来事であった。	
【26】12月になると、Aは、B、C、Eらから使い走りを命じられても拒否したり、呼び出しにも応じなくなった。B、Cらは、その都度、殴る、蹴るなどの暴行を加え、Aがグループから離脱し、重宝な使い走り役がいなくなることを防ぐため、入れ替わり、立ち替わり、脅しの電話を繰り返した。 【27】Aは、親に、「Bらから暴行を受けた」と告げた。親は、Bの親に電話や、出向いて激しく	【26】【27】【28】12月にAが本件グループの生徒らから離反しようとする態度を示すようになった時期以降の、B、Cらを中心とする仕打ちが正に典型的ないじめであり、しかも極めて悪質ないじめであることは明らかである。	・「いじめ」の定義（「①自分より弱い者に対して一方的に、②身体的・心理的な攻撃を継続的に加え、③相手が深刻な苦痛を感じている者。なお、起こった場所は学校の内外を問

抗議したが、Bの親も感情的な対応をして、互いに実のある話し合いをしなかった。Bらは、「親に告げ口をした」としてAに暴行を加えるようになった。 【28】C、Fは、公園で、買ってきた飲物が気に入らないと因縁をつけ、女子同級生の前で、力ずくでAの上半身を裸にして、冷え切ったコンクリート製の滑り台に無理やり仰向けに寝そべらせたり、うつ伏せになって逆さに滑り降りさせ、鳥肌を立てて寒がる裸のAの上半身に、Fが口に含んだ水を吹きかけた。 【29】B、Cらは、クラスの男子生徒ほとんど全員に、Aを「シカトする」ことを指示した。		わない」(文科省「生徒指導上の諸問題の現状について」調査項目)と不法行為との関係を話し合う。
【30】Aは、何度も保健室に行き、体の変調を訴え、養護教諭の手当を受けた。9月13日、20日、10月29日には腹痛があると訴え、11月13日には爪を噛んで爪がぼろぼろになったとして手当を受け、12月10日には前日に3回「吐いた」と訴え、「また吐いた」といって保健室に行っている。	2学期以降のものは、いずれもAに対するいじめである。いじめは10月頃以降急激に悪質化しており、既にAの心身に大きな悪影響の生ずるおそれがあったから、教師らが適切な対処をしていれば、当時、そのような実態を認識し得たはずだが、結局、教師らは適	・教師の過失認定をもとに、どのような対応が求められているのか。

【31】Aは、12月には、Eに「使い走りが嫌だ。殴られるのがつらい」と訴え、「吐いたり、顔が痛い。胃の調子がおかしい」と言うようになり、沈んだ様子で、やせてきたと感じられるようになった。

【32】Aは、グループのいじめから免れるために、学校を欠席することが多くなり、12月に8日（18日から24日まで連続して6日）欠席した。

【33】12月中には、登校しても2週間の間、4時間目の授業の後給食を食べずに休育館の裏に隠れ、校内巡視中の養護教諭に「ここにいさせてほしい」と懇願した。

【34】担任教諭は、Aの親が保護者会や面談等に全く出席しなかったので、Aの欠席状況や問題行動について話し合いが持てず、12月下旬頃、出勤の途中にAの家を訪れたが、実情を話すことを止めてほしいというAの仕草を見て、親に何の説明もせずに家庭訪問を終えた。

切な問題意識をもって対処することを怠り、最後まで、いじめの実態を正しく把握し、教師全体が一体となって適切な指導を行ない、保護者、関係機関との連携、協力の下に、いじめの防止のため適切な措置を講じなかった。かえって、「葬式ごっこ」では、一部の教師らは、いじめ側に加担していると受け取られるような行為に加わり、Aからの助けを求める訴えにも、教師側は、Aの絶望感を軽減させるような対応を全くしなかった。教師は、Aが、10月頃以降も悪質化したいじめに長期間さらされ続け、深刻な肉体的、精神的苦痛を被ることを防止できなかった。教師らには、10月頃以降のいじめを防止できなかった点について過失がある。都と区は、国家賠償法1条により、いじめによりAの被った損害を賠償する責任がある。

【35】授業の抜け出しや妨害、教師に対する反抗は、主として制止する見識や意欲に乏しいと見られた教師に向けられた。B、Cは問題行動の中心であることが多かったため、担任教諭は口頭で注意したが聞き入れられず、再三、B、Cの親に連絡し、指導を求めた。

【36】担任教諭は、B、Cの状況を、他の教師から知らされて十分にわかっており、教師らは、B、Cの親に電話や直接呼び出して、繰り返し状況を説明し、家庭での指導を求めた。

【37】Bの親らは、Aの親からいじめを止めさせるように抗議を受けた。

【38】Bの親は、当時の2年生の状況を特によく知り得る立場にあったが、学校から知らされた行状を一応確かめはしたものの、Bが黙りこくったり、事実を否定すれば、それ以上問いたさず、小言を言う程度で済ませ、Bをかばうような態度で終始し、指導は全く不十分で実効がなかった。

【39】Cの親は、学校から知らされた行状のほか、怠学、喫煙は当然直接知っていて、学校からの

【12】【15】【16】【20】【21】【22】【23】【24】【25】【26】【27】【28】B、CがAに行なったいじめのうち、遅くとも10月頃以降のものは、Aに対する不法行為とすべきである。B、Cは、10月までに14歳となっており、10月頃から1月までのいじめ当時、既に責任能力を有していたが、B、Cの親らは、B、Cが不法行為をすることのないよう監督すべき義務を負っていた。親らは、B、Cが4月の1学期早々から問題行動を繰り返していたことについて、教師から繰り返し知らされ、指導を求められていた。Bの親はBが警察の指導を受けた際も警察から注意を受けていた。B、Cの親が、起居を共にする親権者として、行状について実態を把握するための適切な努力をしていれば、遅くとも10月頃には、いじめの実態が深刻で、Aの心身に大きな悪影響が生ずるおそれのあることを認識し得たはずであるが、

・B、Cの10月頃以降の行為を不法行為と認定している。
・【35】【36】【37】【38】【39】保護者には、学校で起きた事件であっても子女に対する保護監督義務が厳しく求められることを、普段から保護者等に説明しておく。
・【41】暴行の発見者である教頭の行為について検討する。
・加害者・被害者双方が事実を否定した際には、どのような対応が適切か。
・被害者と加害者への対応は教師間で

連絡があればCを叱っていたが、全く実効がなかった。

【40】暴行を加えたことをAが親に告げたと憤慨したB、C、G、Iは、始業式1月8日11時頃Aを呼び出して、屋上階段付近に連行し、Aの腹部を足蹴りにし、顔面殴打などの暴行を加え、左耳後部に出血をみる傷害を与えた。B、Cらは、恐ろしさで震えるAを取り囲んで暴行を加えた。Aは泣いていたが、繰り返し脅して口封じをした。

【41】教頭は、12時頃、校庭で、IがAの顔面を一回殴打するのを目撃して、事情を聞こうとしたが、退散してしまった。教頭は、担任教諭とともに、AとIの自宅に電話して事実を質したが、加害、被害の事実を頑強に否認したので、それ以上追及はしなかった。

【42】Aの親は、Aが暴行を受けた事実を知り、事情を質した。しかしAは、Iらに指示された説明をした。親は、説明を必ずしも信じたわけではなかったが、更に問いただささなかった。

B、Cの親は、そのような努力をせず、適切な指導監督をすることを怠り、ほとんど放任していたため、Aへのいじめ行為を反復させる結果を招いた。B、Cの親には、監督義務を怠った過失があるから、民法709条、719条1項により、B、Cの不法行為でAが被った損害を賠償すべき責任がある。

どのような役割分担をしたらよいか。

【43】Aは、1月14日まで登校したものの、グループとの関係に一層深刻に悩むようになって、21日まで、親には、登校する振りを装って家を出つつ、教頭や担任教諭らには病院へ行くと電話をして、連日欠席した。

【44】Aは、16日頃、使い走りをさせられることなどの苦悩や、親に相談したことが知られると自分が一層窮地に陥ることなど、逃げ場のない気持ちに追い込まれていることを窺わせる親あてのメモを残した。親は、翌日1日の欠席を許しただけで、深く事情を聞いたり、担任教諭や他の教師に連絡したり相談することもなかった。

【45】Aは、1月22日、2校時の体育の授業を見学していた際、授業を抜け出してきたG、F、I、L、Vから歌を歌わされたり、肩車をして校庭のプラタナスの木に登らされ、その木を揺さぶられた。教頭や担任教諭は、口頭で制止したものの、立ち入って事情を聞かなかった。

【46】Aは、1月23日以降、教頭や担任教諭らには「病院へ行く」と電話をして、29日まで連続して欠席した。教頭や担任教諭らは、1月か

【32】【33】【41】【43】【45】【46】【47】1月30日までの間、担任教諭、校長、教頭を含む教師らは、Aが授業中にすら使い走りをさせられ、B、Cらから暴力行使を含むいじめを受けていることを繰り返し目撃し、連絡を受けて知っていたばかりでなく、12月以降、Aが欠席を続け、登校しても隠れていたことも承知していた。

・【43】【44】【45】【46】欠席をめぐる対応の問題点を確認する。

らのAの度重なる欠席について親に全く連絡をせず、Aが欠席を続けている事情も確認しようとしなかった。	【47】Aは、1月30日の朝、親には登校する振りをして時間をつぶし、14時頃自宅付近まで帰ったところ、Eに会い、連れられて登校した。Aは、Eの言動から再び暴行を受ける気配を感じて恐れ、J教諭に、「逃がしてほしい」と助けを求めた。異様に感じたJ教諭は、Aを教育相談室に保護し、担任教諭に連絡した。 【48】担任教諭は、1月13日にCが授業を抜け出したことを注意して逆に胸部を蹴られ、全治3週間の胸部打撲、軟骨不全骨折の傷害を負っていたこともあってグループを恐れており、C、Eに毅然とした態度をとらず、教育相談室で電灯をつけず暖房も入れずに、Aと共に身を潜めていた。 【49】E、Fは、結局Aを発見できず、腹いせに、J教諭に大声で怒鳴って悪態をつき、下駄箱からAの靴を持ち出してトイレの便器内に投げ込
	【47】【48】【49】【50】1月30日には、校内で傍若無人にAを探し回るグループの生徒らに、教師らは制止することもできず、毅然とした対応を示さなかったばかりか、恐怖を訴え、離脱したいと述べるAに、担任教諭は「本件グループから抜けるのは、やくざの足抜けと同じように大変だ」とか「転校という方法もある」と述べるに止まった。 　Aは、2学期以降、いじめが次第に激しくなり、10月、11月頃から急激に悪質化するにつれ、次第にグループから離反、離脱する意思を固め、12月にはそのような態度を示したが、それを理由に更に暴行を受け、親や教師らに助けを求めても効果がないのみか、かえって暴行を加えられるという悪循環

んだ。その間、Aは、教育相談室で担任教諭に「グループの仕打ち等が恐ろしい」、「グループから抜け出したい」、「一人で帰宅すると、途中でどのような仕打ちを受けるかもしれない」と述べるので、親を迎えに来るように電話をした。 【50】担任教諭は、Aの親とAに「グループには14、5人という多数の生徒がいるので、グループから抜けるのはやくざの足抜きと同じように大変だ。今後のやり方としては転校という方法も考えられる。今後も暴力事件が起こるようだったら警察に入ってもらうしかない」と話し、2日後の2月1日に家庭を訪問してよく話し合いたい」と述べ、2人を帰宅させた。	となり、いじめから逃れるため欠席を繰り返すようになり、登校しても校内で隠れている状態となり、3学期が始まってからも、1月30日まで更に状況が悪化し、集団的暴行やいじめを反復され、教師らからも、親からも、実効のある助けの手が得られないという中で、絶望感を抱いて家出をし、自殺の道を選んだ。	
【51】1月30日の夜、Aは親と話し合ったが、「転校はしたくない。おれには何もこわいものなんかない。明日から頑張るから心配いらないよ」と述べたため、親は翌日の家出を全く予測していなかった。ところが、Aは、翌日の、1月31日8時30分頃、制服を着用して登校するかのように家を出たが、通学鞄には普段着、下着、	Aの自殺の動機を直接知ることはできないが、経過とAの残した遺言の内容からすれば、いじめが自殺の原因であることは明らかであり、少なくとも、いじめがAの自殺の主たる原因であることは疑いを入れない。本件いじめとAの自殺との間には因果関係がある	・福島地裁いわき支部平成2年12月26日判決は、甚大な「いじめ」被害があれば自殺についての予見は可能であるとの判断を示した。

友人からの年賀状等と、親に無断で持ち出した現金4万円を持ったまま、登校せず、夜にも帰宅しなかった。 【52】Aの親は深夜までAを探し回り、発見できなかったが、前年秋に2日間無断外泊したこともあったので、自殺することは予想しなかった。 【53】Aは、2月1日22時10分頃、駅ビル地下1階の男子トイレ内で、買い物袋の裏に書いた遺書を遺し、縊死しているのが発見された。死亡推定時刻は、21時40分頃である。	が、教師らに、Aの自殺についての予見可能性があったと認めるに足りる証拠はない。1985年10月以降1986年1月30日までの間のいじめを防止し得なかったためAの受けた肉体的、精神的苦痛に対する損害賠償責任を負うが、Aが本件いじめの結果自殺するに至ったことについての損害賠償の責任は負担しない。Aが10月頃から1月30日までの間、継続的にいじめを受けたことで被った肉体的、精神的苦痛は誠に深刻かつ甚大で、Aの苦痛を慰謝するには1000万円が相当である。	また、東京高裁平成14年1月31日判決は、特定の集団でなく、入れかわりたちかわりの「いじめ」についても、被害者への被害の集積を考慮して、自殺についての予見可能性を認める判断を示している。

講座6

中学生いじめ事件（1991年入学　3年間のいじめ）

東京高裁平成13年12月20日判決

Aは、同学年のBCDEから、中学校入学当初より（Bからは小学校高学年以来）継続的に、集団で、また個別に、「叩く・殴る・蹴るなどの暴力」「冷やかし」「他人の前で羞恥・屈辱を与える」「持物を隠す」などの不法ないじめ行為を、（中学2年の1月まで）繰り返し受けた。地裁判決は、「Aに対するいじめは、それ自体不法行為を構成する違法な行為」として、町と4人の父親に対して、総額760万円の支払を命じた。被害者であるAは、裁判でこう述べている。

> 友だちとも対等につき合えないような感覚になったり、人間不信になって、人生をねじ曲げられたという思いを抱き、それを悔しいと感じている。まだ友だちがいたため学校に行けたし、死なないで済んだものの、友だちも離れていったとすれば、学校へは行けなかったし、自殺していたかもしれない。

本件では、被害者本人による提訴の前提となる時効の成否が争点となり、独自に判断が示されている点も興味深い。

争点（消滅時効の成否）について

精神的苦痛は、侵害行為が存する間、継続・増悪する性質を有する。いじめの発生から終了までを一個の損害として評価するのが相当である。いじめが学校に発覚するなどして、継続的ないじめが休止するとともに、被害を申告できる状況になり、加害者に対する権利行使が可能になったと認められる時点になって、はじめて時効期間は進行する。加害者に対する権利行使が可能になったのは、１９９３年1月25日に学校にいじめが発覚し、本格的な調査が開始された以後の時点である。

各被告の支払い金額は、およそ、つぎのとおりである。

- Ｂの親は、Ａに対し、４４０万円を（単独では１６０万円を）支払え。
- Ｃの親は、Ａに対し、３３０万円を（単独では70万円を）支払え。
- Ｄの親は、Ａに対し、２７５万円を（単独では45万円を）支払え。
- Ｅの親は、Ａに対し、２７５万円を（単独では45万円を）支払え。
- 被告町は、Ａに対し、４４０万円を（ＡＢＣＤの親と連帯して）支払え。

※他の被告と連帯して支払を命じられた総額。被告町の金額と、ＢＣＤＥが単独で支払う限度額を合計した金額が７６０万円となる。

※千葉地裁平成13年1月24日判決（一部容認、一部棄却［控訴］）判例地方自治２１６号62頁↓東京高裁平成13年12月20日（一部変更）。東京高裁判決は一審判決の事実認定を支持し、計６９０万円の賠償金支払いを命じた。町の賠償金は一審より増額して４５５万円とした。資料部分は、判決書中「第３当裁判所の判断」等から判決の趣旨を変えない範囲で、個人等を特定する情報を避けて抜粋・要約している。

不法行為としてのいじめや暴力事件は、萌芽や、兆候の段階で察知（早期発見）し対応することが重要であることは、いうまでもない。しかし、（通知や文書で）萌芽や兆候に関する対応を知悉していても、必ずしも全ての教師が、その知識を、目の前の児童生徒の行為に適用、判断できるわけではない。

いじめの早期発見の重要性を知っていても、目の前の児童生徒の行為を、「萌芽かもしれない」と判断できなければ、早期発見や対応にはつながらない。「もしかしたら」「（目の前の些細と思われる行為が）万一甚大な事態に発展したら」と感じ予見する感性や判断力がなく、また、そのような感性と判断力が同僚に広く共有されていなければ、結果的に、学校は、事態の悪化を傍観してしまうことに、なりかねない。これとは反対に、目の前の行為を、「もしかしたら」と、危機感をもって捉える（予見する）ことのできる想像力が職員集団に共有されていれば、学校としての早期発見・対応の水準は格段に向上する、その様相を変えていく。

学校ごとに行われる個別の事例研究は、残念なことに、①目的をあげて系統的に選択されることは少なく、②事件の兆候、発生、（教師が気づかない事実も含めた）事態悪化の過程等の行為や、④問題とされた教師による対応の場面を確認することが困難であり、⑤①～④の時間的空間的な位置関係について十分に情報を得ることができにくい。しかも⑥守秘義務の関係から、一部の教師、一学校の枠を越えて、広く共有されていくことは難しい。そして、（私学はともかく）公立学校の教師の多くは、数年で構成員が入れ替わる。

判決書による資料は、これらの①から⑥の課題を克服することのできる研修資料の一つである。取り扱う事例を選択し、研修プログラムを設定することで、学校の異動があっても、引き続き一つ一つの事例が積み重ねられ、共有されていく。それは、時代や教育論の趨勢にともなって無に帰す知識ではなく、教育実践・教師生活を通して常に重ねられ、豊かに質を高めていく、実践的で実効的な知識となる。迂遠に思えるかもしれないが、このことが、いじめ問題に対する最も効果的で即効的な、実効的な対応である。

<table>
<tr><th></th><th>認定された事実</th><th>裁判所の判断</th></tr>
<tr><td>小学校</td><td>Aは、BCDEとは小学校が同じで、5年生の頃に、Bから学校内で顔をひざ蹴りされ、鼻血を出したことがあった。6年生からは、Aは、Bと顔を合わせると、殴られたり、蹴られたりしていた。</td><td rowspan="2">不法行為の認定
・Aは、1年生の5月過ぎ頃から、BCに対して、ほとんど反撃しなくなり【3】【5】、2年生進級後は、DEへの反撃もまれとなり、BCDEの行為はほぼ一方的であった【12】。
・Aに対する行為の動機は、いわれのない嫌悪感や成績に対するやっかみ、攻撃しても反撃しないからいじめると面白いといった、極めて自己中心的なものである。
・BCDEの暴行の程度は、相当に執拗かつ悪質で、しかもその動機が単なる「ふざけ半分」や「からかい半分」ではなく、一方的な嫌悪感や、反撃しないことに乗じて攻撃するもので、単なる「ふざけ半分」の域をはるかに超えている。
・脳天かかと落とし事件【4】は極めて悪質で、場合によってはAに重大な傷害が発生する危険性さえ否定し得ない。Bの、暴力傾向とAに対する人格軽視の傾向が容易に看取でき</td></tr>
<tr><td>中学校1年生
（1991年）

Bに抵抗できなくなる

脳天かかと落とし事件</td><td>【1】Aは、中学校に進学した。Aの成績は良く、CEと同じクラスだった。
【2】Bは、Aの、態度や言葉に嫌悪感を抱いて、顔を殴ったり、足を蹴ったりした。4月頃の放課後には、Aの学生服をつかんで裏ボタンを壊した。2学期には、Aに唾を吐き、Aが唾を吐き返したため、Aを殴った。
【3】Aは、最初のうちはBに抵抗したものの、抵抗するとさらに強い暴行を加えられるため、5月の連休明けから、しだいに抵抗する気力をなくし、2学期になると、ほとんど抵抗できない状態になった。
【4】Bは、6月頃、座って靴を履き替えていたAの後方から、かかとを頭頂部に打ち当てた（脳</td></tr>
</table>

殴る蹴る	天かかと落とし事件）。Aは、顔を膝に打ち付け、鼻の下を切り、出血した。Dが、泣き出したAの顔を洗わせていると、Aの担任教諭が通りかかり、AやDから事情を聴取した。教諭は、Bを呼び出し、事情を聴取して注意し、Aに謝らせた。学校は、Aの親に「頭にこぶができた」と連絡したが、Bの親には連絡しなかった。 【5】Cは、Aが反撃せず、人に言いつけなかったので、調子に乗って、1学期には週に2回くらい、面白半分にAを殴ったり蹴ったりした。2学期からは、休み時間や放課後、教室や廊下やトイレで、叩いたり蹴ったりした。	る。 ・行為の態様と程度は、月日を追ってエスカレートしており、顔面から出血する、シャツが破ける、顔に青あざができるなど、相当程度に強い有形力の行使を伴うものであった。 ・少なくともBとCによる1年生の5月すぎ以降の行為、DとEによる2年生の4月以降の行為は、違法ないじめとして不法行為を構成する。
集団的いじめ①	【6】BとCは、休み時間、Eらと格闘技のまねをして遊ぶ際に、Aを引き入れて叩いたり蹴ったりするようになり、1年生の半ば頃からは、休み時間や放課後、日常的に、集団でAを叩いたり蹴ったりして逃げ出すようになった。Eも付和雷同的に参加して、Aを叩いたことがあった。特定できないものの、複数の同級生が参加することもあった。	・BCDEの集団的ないじめ【6】【10】【12】【17】【21】【22】は、共同不法行為の関係に立つ。 ・不法行為の成立は、12歳以上になった中学1年生以降であり、その時点で（BCDEが）是非善悪を識別できる能力を有していたことは明らかである。

2年生1学期
（1992年）

侮蔑・嘲笑・スパイク投

跳び蹴り

学習計画ノートに担任が気づかず

殴る・蹴る

集団的いじめ②

【7】Aは、2年に進級してBDEと同じクラスになった。Bは、Aが授業中に発表した際など、「カッコつけるのはやめろよ」「ばっかみてー」などと冷やかすようになった。また、Bは、放課後、「何でやめんだよ」と言って、陸上用のスパイクをAに投げつけたり、自習時間に、Aに対し、「Tシャツを洗って干してこい」と命令したことがあった。（Bは陸上部員で、Aは2年生の1学期に陸上部から野球部に転部した。）

【8】Bは、2年生の5月頃の休日、Aが小学校で友人たちと遊んでいた時、Aの頭部に跳び蹴りをして転倒させた。Aは、（教師に提出する）その日の学習計画ノートの「生活の記録」欄に、他の生徒に気付かれないように、「Bにけられた」と書いたが、担任教諭は気付かなかった。

【9】Cは、2年生の1学期頃、休み時間や放課後に教室や廊下やトイレなどで、Aを殴ったり蹴ったり、回し蹴りをし、Aの唇が切れて腫れ上がった。

【10】Dは、Aを「ダメな奴だ」と嫌悪して、BCEと一緒にAを殴ったり蹴ったりするように

BCDEの親の責任

・BCDEの親にとっては、2年生の1月26日に学校から連絡がある以前に、いじめの存在を認識し得ただけの具体的な徴憑（ちょうひょう／徴候となるような事実）は見当たらない。法的な注意義務の水準においては、保護者として当然になすべき監督義務を怠っていたとまでは、いえない。

・Aの親と、BCDEの親とは、2月2日、校長の立会いの下、Aに対する損害賠償について話し合い、校長は、加害者は被害者に対して損害を弁償する義務があるが、加害者は未成年で賠償能力がないので、保護者がその責任を負うべきであると伝え、異論は出なかった。BCDEの親は、子らのなした違法ないじめによる損害賠償債務を支払うべき責任を負う。

学校（被告町）の責任

・教育の専門家である教師らには、表面的な判定でいじめは存在しないと決めつけずに、そのような外形の背後にある実態を調査し、実

殴る・蹴る 頭突き	なった。 【11】Eは、Aの成績が良い事を快く思っておらず、また、2年生になってからは、叩かれても反撃せず、かえって笑っているだけになったことから、3日に1回くらいは、（付和雷同的にではなく）自らAを叩いたり蹴ったりするようになり、頭突きをすることもあった。	態に応じた適切な措置を取るべき責務が課されている。 ・BCDEによるAに対する違法な行為は、少なくともBCは1年生の1学期頃から継続的に行われ、その場所も、教室、廊下、体育館など、ほとんどが学校の管理下にある場所において行われ、相当多数が教師の面前あるいは目の届き得る場所で行われていた。それらの一部が「ふざけ」の体裁を取っていたとしても、「脳天かかと落とし事件」【4】のように、教師がAに対する暴行や嫌がらせなどを現認した事件が存在したほか、Bから暴行を受けたことを記載した学習計画ノートを担任教諭に提出した事件【8】も存在した。 ・学校（少なくとも校長、教頭、生徒指導主事と担任教諭）は、遅くとも、Bらの違法ないじめがエスカレートし始め、Aがノートを教師に提出した2年生の5月頃は、Bらが、以後もAに対して違法ないじめに及ぶことを予見でき、その時点で適切な防止措置を講じていれば、いじめの継続あるいは更なる拡大を
クラスでからかいと暴行の対象となる 集団的いじめ③	【12】Aは、2年生の頃から、クラスの男子生徒の間で、からかわれたり殴られたりする対象になった。Cは、休み時間、Aの教室に来て、BDEと集団で、Aを叩いたり蹴ったりした。Aは、作り笑いを浮かべるだけで、ほとんど反撃をしようとはせず、教師にも申告しなかった。	
2年生2学期 蹴る	【13】Aは、9月頃、休み時間、廊下でBとDから足を蹴られて転倒し、さらに蹴られていた。担任教諭に注意されてBDは逃げ去り、教諭が「大丈夫か」と聞くと、Aは「大丈夫です」と答えた。教諭は、BDを叱り、Aの親に電話で、「Aが大分やられているようだが、大丈夫ですか」と連絡した。Aの親は問い質したが、Aは	

いかがわしいマンガを売りつけられる

ペンチで髪の毛を抜く、ガムテープで眉毛をはがす

集団的いじめ④

ズボンを脱がせようとする

「大したことではない」と答えた。

【14】Bは、いかがわしいマンガをAに無理矢理売りつけた。担任教諭が見つけ、Bが、「A君のです」と答えたため、担任教諭に呼び出され、「この雑誌はどうしたのだ」「親に言うぞ」と詰問された。Aが、「Bから買った」と答えた。教諭はBを呼んで注意した。

【15】Bは、休み時間など、頻繁にAを叩いたり蹴ったりした。

【16】Bは、11月頃、教室で、Aの背後からペンチで髪の毛をはさんで抜いたり、休み時間に、Aに「じっとしていろ」と命じ、ガムテープを眉毛に貼って勢いよく引き剥がすなどした。

【17】11月頃、放課後、Aが柔道場に行くと、ふざけ合っていたBDCEの中に引きずり込まれて、殴られたり、背負い投げをされたり、回し蹴りをされた。Cの回し蹴りがAの顔面に当たり、唇が切れて出血した。Eが腕を引っ張り、Aのワイシャツの袖が破れた。

【18】11月頃、昼休み、体育館に行くと、DがAを呼びつけ、Eなどに手足を押さえ付けるよう

高度の蓋然性をもって回避することができた。

・そうであるにもかかわらず、学校側は、Bらの暴行を単に「ふざけ」や「遊び」あるいはその延長線上ととらえ、「暴力行為」や「いじめ」が存在しないか否かを注意深く見極めることなく、漫然と事態を傍観し、何か事件が起きる都度、その場限りの対応をしていたに過ぎず、教師間、教師と生徒間、教師と保護者間における報告、連絡、相談等を密にするとか、校長または教頭自らが、BCDEやその親に厳重な注意を与えたり、教師らが同人らの行動を注意深く見守り、Aやその身近な級友から、時間をかけて個別的に事情を聴取するなどの指導監督措置を講じていなかった。

・中学校の校長、教頭、生活指導主事と担任教諭らは、Bらの違法ないじめを未然に防止し、結果の発生を回避するための適切な措置を講じていない。防止措置を怠った過失がある。

・脳天かかと落とし事件のほか、明らかに教師の面前において行われるか、教師が事件の存在や背景事情等を認識できる暴行、いやがら

	指示し、Aのズボンを脱がせようとした。Aが激しく抵抗したためそれ以上のことはできなかった。	せなどの「いじめ行為」が存在した。それにもかかわらず、校長をはじめとする教頭、教師の間で真剣に検討された形跡は見当たらず、一過性のものとして、適切な事情聴取などを十分になすことなく、放置されていた。中学校において、いじめの問題に関し、予防的な指導などの各措置が適切に行われていたとは認め難い。（担任教諭は、生徒指導部会で、脳天かかと落とし事件について議論された記憶はないと証言している）。 ・被告町は、2年生の5月頃以降の、BらのAに対する暴行につき、国家賠償法1条1項に基づき、BCDEの親とともに、損害を賠償すべき義務がある。
2年生3学期（1993年） いやがらせ	【19】Bは、3学期、班替えで、Aに同じ班になるよう命じ、座席も前後にした。また、休み時間、廊下で、Aの制服のズボンの裾を引っ張り、裂いた。 【20】Bは、1月13日頃の給食で、自分の食器をAに片付けさせたり、グリーンピースをAの皿に乗せたり、授業中に、細かく刻んだニンジンをAの机にばらまいた。	
集団的いじめ⑤	【21】BDEは、1月13日頃の休み時間、音楽室で、音楽担当教諭が制止するのも聞かず、Aを集団で殴ったり、蹴ったり、頭突きをしたりした。教諭は、Aを心配して大丈夫かと尋ね、Aは「大丈夫です」と言うしかないと思い、そう答えた。	
集団的いじめ⑥	【22】BDEは、1月22日の休み時間、教室の後ろで、Aの顔や腕などを殴り付けたり、腕を引っ張って振り回したりした。	**賠償額**　760万円 ・集団的いじめの慰謝料額　200万円 ・BCDEの親は200万円を（被告町は、
殴る蹴る	【23】Cは、1月23日の休み時間、Aの教室に来て、	

誰も制止しなかった	「てめぇー、オオー」と言いながら、Aの、顔、腕、背中、足などを殴ったり蹴った。教室内には他の生徒もいたが、誰もこれを制止しなかった。	60万円を連帯して）支払う義務がある。 ・個別的ないじめの慰謝料額　560万円 Bの責任が突出して大きく、Bは200万円、Cは100万円、DEは各50万円ずつ、計400万円を（被告町は、120万円をBの親と、60万円をCの親と、30万円をDの親と、30万円をEの親と連帯して）支払う義務がある。
叩く	【24】Bは、1月23日、教室で、Aの鼻を、人差し指と中指で力一杯つまんだ。また、Aが校門を出た際、鞄でAの頭と体を2回くらい叩いた。Aの親は、帰宅したAの顔に青あざがあることに気付き、事情を聞いたところ、24日（日曜日）になって、「Bらにいじめられている」と告白した。	**弁護士費用**　160万円 ・Bの親は40万円、Cの親は30万円、DEの親は各25万円ずつ、被告町は40万円とする。
殴る蹴る	【25】Bは、1月25日、給食の時間、Aの皿の上に、食べ残したパンとサラダを載せて、Aの皿の下に自分の皿を入れた。Aが教室の前へ持って行くと、担任教諭から注意されたため、「Bにやられた」と述べた。担任教諭はBを呼び、「自分の食った残飯は自分で捨てろ」と叱った。Bは、体育の授業前、体育館で、「チクッタな」と言って、Aの頬や腕を殴り、腿を蹴り付けた。	
父親からの通報	AはBの顔面を一回殴り返した。Bは、「後で覚えていろ」と言ってAを放した。Aは、帰宅すると「Bに殴られた」と親に話した。Aの親	

	は学校に電話し、担任教諭に「Aがいじめにあっている」と話した。
事情聴取と謝罪	【26】1月26日、担任教諭は校長に報告し、生徒指導主任らとBCDEから事情を聴取し、いじめの事実を認めたため、Aに謝罪させた。担任教諭は4人の親に連絡し、親たちは、27日、謝罪のためにA方を訪れた。
学年集会 アンケート調査	【27】中学校は、1月27日と30日に学年集会を開き、2年生の学年全体でいじめに関するアンケート調査を行い、関係生徒から事情を聴取した。事情聴取の結果、担任教諭、生徒指導主任らが報告書を作成して校長に提出した。校長は教育委員会教育長宛の、いじめに関する事故報告書を提出した。

講座7

中学生いじめ自殺事件（中2・1994年7月自殺）

東京高裁平成14年1月31日判決

公立中学2年生のAは、1994年4月の転入直後から被告生徒らによる「いじめ」を受け続けて自殺した。始業式からわずか3ヵ月半後である。Aの父母（原告）は、加害生徒（共同不法行為　民法第709条、第719条）、町（安全配慮義務違反及び調査・報告義務違反　国家賠償法第1条）、県（国家賠償法第3条）に対し、損害賠償を請求した。(1)

※横浜地裁平成13年1月15日判決（一部認容〔控訴〕）判例時報1772号63頁、判例タイムズ1084号252頁。→東京高裁平成14年1月31日判決（変更〔確定〕）判例時報1773号3頁、判例タイムズ1084号103頁。

担任教諭による自殺の予見可能性と過失をともに認定した高裁判決である。今回は次の二点に絞って資料を作成し、資料最下段「裁判所の判断」に下線を引いている。

第一は「被害集積の視点」である。別個に起きているように見えるトラブルが、視点を変えて見ることで、「ほかにも同様の行為をしている者がいることを認識しながら、繰り返し執拗に行われていた」（下線箇所）共同不法行為が立ち現れてくる。本事件がそうである。しかし、連続した対応のどこかで「これはおかしい」「もしかしたら」と判断することは、容易なことではない。何に着目すればその判断が可能なのだろうか？

第二は「対応を変える時期と対応の在り方」である。担任教諭もその都度の対応・指導はしていたのである（過失相殺の根拠になってもいる）。Aにも規範逸脱行為とみられかねない行動があり、そのために喧嘩両成敗的対応がとられてもいた。それでも判決は担任教諭と中学校の対応に自殺までを含む過失責任を結論づけた。では、どの段階で、どのような指導に踏み切る必要があったのか？

もちろんのこと、普遍的な正答が用意されているわけではない。事実経緯（表中段）と高裁判断（最下段）を読み合わせ、勤務校の事例を重ねあわせながら、地道な事例研究を積み重ねていくことが大切である。

注

（1）判決の全体を詳しく検討したい方は、采女博文「いじめをめぐる法的諸課題」『鹿児島大学法学論集』第37巻第1・2合併号、鹿児島大学法学会、2003年、37～82頁等を参照されたい。

	認定された事実	裁判所の判断
4月5日 転入・始業式 担任への依頼	【1】Aは、1994年4月、2年生に転入した。Aの母は学校への連絡事項として「前の学校で多少『いじめ』られていたので心配です」と記載した。担任教諭はAを「生徒指導上配慮を要する生徒」として全職員に報告し、声かけなどの方針が確認された。 被告B、C、D、E、F、H子、I子、G子はAと同じクラス、Jは隣のクラスの生徒であった。	**被告生徒らの責任能力を認める** ・生徒らは13歳に達した公立中学校2年生【1】であり、他人の身体、精神等に対する加害行為をしてはならず、他人の身体、精神等に危害を加えた場合にはその行為の責任を負わなければならないことについて判断能力を備えていたので、民事上の責任能力が認められる。
5月頃 集中「足かけ」	【2】Aは、集中的に、特に5月頃から、D、B、Fらに「足かけ」をされた。Aは前のめりになったり、相手に「やめろよ」と言ったり、やり返したりしていたが、自分から先に「足かけ」をすることはほとんどなかった。「足かけ」にAがやり返す反応を楽しむために、足のかけあいをしていた。担任教諭は「足かけ」を注意することはなかった。	**不法行為としての「いじめ」と認定された10件の行為** ①机等の持ち出し・投げ出し【3】【4】 ②教科書・ノート・机等への落書き【5】【6】【7】 ③教科書隠し【8】（被告生徒らの一部が関与していたものと推認） ④教科書投げ捨て【9】【16】 ⑤机や椅子へのチョークの粉付け、画びょう置き【11】
机の持出 教科書の投げ出し	【3】H子は、Aから「ばか」「チビ」と言われて腹が立ち、Aの机を教室から廊下へ持ち出し、	

机の持出 教科書の蹴り出し	教科書を窓から外へ投げ出したが、担任教諭から注意を受けて教室へ戻した。 【4】G子は、Aから顔の前で手を叩かれたり、にらまれたり、靴を履いているときに蹴られたりした。G子は、Aと口げんかをしたことがあり、休み時間、Aの言葉に腹を立て、廊下側の席からAの机と椅子を廊下に蹴り出した。この時、中の教科書類がすべて外に飛び出してしまった。担任教諭は注意をし、机や教科書をしまった後、両名に「仲良くするように」と言って握手させた。
5月30日 ノートへの落書	【5】5月30日、Aの母は、Aのノートに「死ね」「おまえはのろわれている」などの落書きを見て担任教諭に電話した。その後、教諭は「いたずら書きをした生徒に謝ってもらった」と伝えた。
6月中旬頃 教科書への落書	【6】Eは、6月中旬頃、Aの教科書に、「サインを書いてあげる」といいながら「ブー」という落書きをした。Aは、笑いながら「やめてくれよ」と言っていた。BもAの教科書に落書きをした。

①②③④⑤の行為は、被告生徒らにより、Aに対してのみ、嫌がらせとして繰り返し、執拗に行われた。Aの身体、精神等に対する加害行為であり、Aが精神的、肉体的苦痛を被ったことは容易に推測し得る。同じクラスの被告生徒らによる「いじめ」というべきである。

⑥「足かけ」【2】はAに対して集中的に行われた。

⑦「ベランダ遊び」【13】ではAに対する暴行も行われ、①~⑤の「いじめ」行為と並行して行われていた。「いじめ」の要素は否定できない。

⑧暴行【12】は、隣のクラスの生徒によるものだが、Aが「いじめ」にあっているのを知りながら暴行に及んでいたと推認されるので、複数の生徒による「いじめ」の一環と認める。

⑨カバンの持ち去り【17】も、教科書等の持ち物に対する嫌がらせ行為と同様の「いじめ」行為と評価できる。

⑩「マーガリン事件」【19】は、Aに対する集団的な「いじめ」行為を繰り返していた生徒らによる極めて悪質、陰湿な嫌がらせであり、「い

机・教科書落書

【7】Aは、机の上に「ばか」、「死ね」と水性ペンなどで落書きされた。教科書には「ブー」の文字が3個、「バカ」の文字が7個落書きされていた。塾の教材には「おばかばかおばか」、「ふざけんなこのタコ」、「バーカ」「バイ2」「さようなら」「てめーぶざけてんじゃねーよ」「みんながきらってるぞー」「うざってー」「きえるんだ」などと落書きされていた。

教科書隠し

【8】担任教諭はAと一緒に教科書を探したことがあった。Aの自殺後、教室のロッカーからAの教科書が発見された。

教科書の投げ出し

【9】G子は、授業が始まる直前、Aの教科書を窓から外へ投げ出した。担任教諭から注意され、Aと握手をして仲直りをした。

【10】Aは、I子に、「ばか」「ブス」などと言って跳び蹴りをした。I子はAの机を黒板消しで叩き、黒板消しで互いの机を叩き合った。I子はAのカバンにチョークの粉をかけたり、H子とAが黒板消しで叩き合っていた際には、H子の味方をした。担任教諭は「お互いにやらないように」と指導した。

じめ」であることが明らかである。

被告生徒らによる共同不法行為の認定

・B、C、D、E、F、H子、I子、G子、Jらによる一連の「いじめ」行為は、主としてAのクラス内で行われており、Aが複数の生徒から「いじめ」行為を受けていたことは、他の生徒も当然に認識できるものが多かった。ときには生徒ら数人または単独で、ときには他の生徒も加わって、ほかにも同様の行為をしている者がいることを認識しながら、繰り返し執拗に行われていたものである（隣のクラスのJについても同様）。Aに対する共同不法行為に当たる。

・複数の生徒から継続的にいたずらされ、からかわれているような状況の下で、ただ堪え忍ぶだけでなく、やり返したり、時には自ら先に手を出したりしていたとしても、それは「いじめ」行為に対する抵抗ともいうべきもので、生徒らによる「いじめ」行為は、対等の立場での単なる「いたずら」や「遊び」の範疇に

6月頃
チョークの粉かけ
画びょう置き

4、5、6月頃
暴行
「じゃんけんゲーム」

【11】E、F、C、Bは、6月頃、毎日のように、Aの机や椅子に黒板消しに付いたチョークの粉をはたき落とした。Aの椅子の上に、画びょうが置かれることもあった。担任教諭は、チョークの粉の件について、怒りながら「もうこのようなことをしないように」と注意して、Aと机や椅子を拭いた。Aは、怒るときもあれば、「またかよ」などと言って、それほど怒らないときもあった。

【12】Jは、4、5月頃、約2回、廊下でAに話しかけて無視されたため、Aの足を蹴ったことがあった。また、6月頃には、Aと「じゃんけんゲーム」を行い、Aの頬を力一杯つねった。目の下には小豆大の黒いあざができ、Aは、かなり痛がっていた。担任教諭が理由を聞いてJの担任教諭に報告し、Jに「ふざけ半分でも相手が傷つくようなことはしないように」と注意した。

担任教諭はAの母に電話で「生徒とゲームをしていて頬にあざができた」と伝え、「親同士がトラブルになると困るので、相手の生徒の名

属するものとはいえない。

「いじめ」行為と自殺との因果関係

・転校して間がないため親しい友人もなく、不安を抱えている生徒が、複数の生徒らから繰り返し執拗な、本件のような「いじめ」行為を受けた場合に自殺に至ることがあり得ることは、新聞報道、官公庁による通達等によって公表された実例等に照らしても肯定される。複数の生徒らから「いじめ」行為を受けたあげく、「マーガリン事件」という極めて悪質、陰湿な「いじめ」行為を受けたことにより、Aが多大な精神的打撃を受けたことは容易に推測できる。自殺は、本件「いじめ」行為の結果によるものと推認され、事実的因果関係が認められる。

被告生徒らに自殺の予見可能性を認めなかった理由と損害賠償額

①「いじめ」行為は同一人が行っていたのではなく、多大な肉体的苦痛を伴うものとはいえ

6月頃

ベランダ遊び

前は答えられない」と伝えた。Jは、注意を受けたあとは、Aと「じゃんけんゲーム」をしなかった。自殺の数日前か否か不明だが、Jは、Aの足を蹴ったり肩を押したりした。

【13】6月頃から、主にB、E、D、Fらは、ベランダで体を押し合う「ベランダ遊び」を週に2、3回位していた。Aも加わり、体を押し合う間に、ぶたれたり蹴られたりすることもあった。

【14】7月7日、キャンプの写真が貼り出され、G子の顔に画びょうが刺さっていた。G子は、「Aが画びょうを刺した」と聞いて、Aの写真の顔に画びょうを刺した。Aは、G子の写真の顔に画びょうを刺し返した。担任教諭は、G子とAに「公共物を大切にすること」「写真であっても顔に画びょうを刺してはならない」と指導し、Aに、G子は勘違いして画びょうを刺したと説明し、学年全体で指導を行った。

【15】6月半ば頃、Eは、Aが電池を投げてきたので、ベランダまで追いかけた。AはEの腹部を殴り、EはAの手を2、3回殴った。担任教

なかった。

②中学校で「いじめ」についての指導、教育が十分に行われていなかった。

本件では、中学2年生の被告生徒らに、Aが自殺することまでの予見可能性があったとは認められない。

Aの精神的苦痛に対して支払う慰謝料　100万円

弁護士費用　20万円

担任教諭・学校の過失を認定した理由

・公立中学校における教師には、学校における教育活動及びこれに密接に関連する生活関係における生徒の安全の確保に配慮すべき義務があり、とくに生徒の生命、身体、精神、財産等に大きな悪影響ないし危害が及ぶおそれがあるようなときには、そのような悪影響ないし危害の現実化を未然に防止するため、その事態に応じた適切な措置を講じる一般的な義務（教員の職務上の義務）がある。

①担任教諭は、Aが転校生で「いじめ」の対象

7月13日 教科書捨て	諭はその場でやめさせた。Eは担任教諭から一方的に「喧嘩はよくない」「お互いに謝るように」と言われ、腹が立ったがAに謝った。Eは、注意された際に泣いたことでAから「泣き虫」「先生の前で泣きやがって」と繰り返し言われて腹を立て、体育館で、Aの手を2、3回叩いた。 【16】7月13日、BらはAの教科書約3冊を教室のゴミ箱に捨てた。Aは非常に立腹し、Bの顔面を、5、6回、拳（こぶし）で殴った。Bは唇の辺りから少し出血したが、教科書を捨てたことが原因だったので殴り返さなかった。家庭科教諭がAとBを呼び出して事情を聞き、Aには「手を出すことはいけない」「もっと穏やかに話し合うように」と指導し、Bには「人の嫌がることはしてはいけない」と指導した。担任教諭は、Aの父母に報告する必要はないと判断した。	になる可能性があることを予め承知し【1】、Aをめぐるトラブルが継続的に多発していたことを把握、認識していた。中には「いじめ」と認識すべきものが少なからず存在し、トラブルが発生した都度、注意、指導したにもかかわらず、「いじめ」を含むトラブルが絶えなかったのだから、指導として十分といえないことが明らかであり、Aが現に複数の生徒から「いじめ」られているものと認識して対応すべきであった。 ②担任教諭は、中学生が時として「いじめ」などを契機として自殺等の衝動的な行動を起こす恐れがあり、トラブル、「いじめ」が継続した場合には、精神的、肉体的負担が累積、増加し、Aに対する重大な傷害、不登校等のほか、場合によっては本件自殺のような重大な結果を招くおそれを予見すべきであり、予見は可能であった。
7月14日 カバン隠し	【17】7月14日、Dは、放課後、Aと口喧嘩してかっとなり、Aのカバンを持って校内を走り回った。Dは校舎内を一周してカバンを戻し、部活動のために美術室に行った。Aは、担任教諭に、D	③担任教諭は、個別的、偶発的でお互い様のような面とのみとらえ、その都度双方に謝罪させたり握手させたりすることで仲直りするこ

黒板消し叩き
マーガリン塗り
画びょう置き

がカバンを持っていったことを伝えた。担任教諭は「もう一度見てから来るように」と伝えた。その後、担任教諭が様子を見に行くと、Aは美術室にいた。カバンの件を訊ねると、Aは「教室にあった」といった。

【18】7月14日、AはI子の頭を、「掃除をさぼるな」と言いながらほうきで叩いた。I子は、放課後、Aが誰かのカバンを蹴ったり隠そうとしていたので注意したところ、「ばか」「ブス」と言われ、I子が追いかけると、I子に跳び蹴りをした。

【19】放課後、B、H子、I子らは、マーガリンをAの机の上に塗ることにした。I子は、Aに腹を立てていたこともあり、チョークで「ばか」「あほ」と落書きされていたAの机の上を、黒板消しで叩いた。Bはマーガリンを机の上に塗り、Bは画びょうを椅子の上に置いた。花瓶の水を机の上にこぼしたものもいた。H子は、机の中の教科書にマーガリンを塗り、黒板消しをはたいて粉を落とした。I子は、担任教諭に怒られるかもしれないと思い、机の上を雑巾で

とができ、十分な指導を尽くしたものと軽信し、より強力な指導監督措置を講じることを怠り、本件自殺を阻止できなかった。

④担任教諭は、「いじめ」行為が継続的に行われていることを前提とした継続的な指導監督措置を何ら講じないまま、「いじめ」の継続を阻止できず、Aは自殺した。Aに対する安全配慮義務を怠った。

⑤マーガリン事件【19】は、極めて悪質、陰湿な「いじめ」行為であり、Aが多大な精神的打撃を受けたもので、担任教諭も当然に知っていたと認められる。それにもかかわらず、担任教諭はAの父母に報告しなかった。家庭への連絡措置を怠ったものとして、安全配慮義務違反を構成する。

⑥Aを「生徒指導上配慮を要する生徒」【1】としながら、担任教諭が把握していた多数のトラブル、「いじめ」の事実ですら、自殺後まで校長らに報告しておらず、校長らは報告を求めることもせず、その後中学校全体としての具体的な施策を、全く行わなかった。こ

ざっと拭いたが、落書きなどは、翌日、うっすらと見える程度には残っていた。

7月15日（自殺当日）

A の落ち込み

【20】7月15日（自殺当日）、登校したAは、机の上にマーガリンが塗ってあることに気付き「誰がやったんだ」と怒ったようにみえた。女子生徒が「画びょうが置いてある」と叫んだ。Aはいったん椅子に座った。周りの生徒は「立ったほうがいいよ」と言った。ある生徒が、Aに、「I子だ」と伝えた。AはI子らに文句を言ったり暴力をふるようなことはなかったが、落ち込んでいたようだった。いつもなら相当怒るのだが、そのときは何か元気がなさそうだった。

アンケート調査

【21】担任教諭はクラスの生徒に紙を配り、やった人物の名前を書くようにとアンケートをした。I子らは、担任教諭がアンケートを確認する前に、「自分たちがマーガリンを塗った」と伝えた。I子らは、昼休みに担任教諭から呼び出され、担任教諭は「何故このようなことをしたのだ。もうやるんじゃない」と注意した。I子らは、Aからされたことに怒って、話し合い

のことから、中学校は、学校内における生徒の言動について教職員が的確かつ十分に把握し、事実関係、実施した教育的指導等を学年会等を通じて校長らに報告し、学校全体として生徒らに関する言動の実態を把握し、担任教諭による指導内容を検討して、より強力な指導を行うというような、本来あるべき学校としての体制が欠けていたことが、うかがわれる。

担任教諭に自殺の予見可能性を認めた理由と損害賠償額

・担任教諭による注意、指導が功を奏しなかった段階で継続的指導監督措置を講じていれば、その後の本件「いじめ」行為の続発を阻止することができ、Aが自殺に至らなかったであろうといえる。担任教諭の安全配慮義務違反とAの自殺との間には因果関係（相当因果関係）がある。町は国家賠償法1条1項により、本件自殺によってAとAの父母が被った損害を賠償する責任がある。

自殺	をしてやったのだと返答した。担任教諭は「双方が悪い」と話して、注意をした。その後、I子らとAは互いに謝った。Aの机と椅子は、I子らによってきれいに清掃された。担任教諭は、朝の会で「こんなことはやめて下さい」と注意し、帰りの会でも「こういうことはやめて下さい」と注意した。 【22】担任教諭は、Aの父母にマーガリン事件を報告しなかった。 【23】16時すぎころAの母がリビングルームに行くと、帰宅したAがテレビゲームをしていた。Aは、17時頃、2階の自室に行った。18時頃、Aの母がドアを開けると、Aが自殺していた。

逸失利益　4164万9714円 慰謝料　A本人分・1500万円 　　　　Aの父母分・600万円 葬儀費用　120万円	**過失相殺7割を認めた理由と減額後の損害賠償額** ①本件のような「いじめ」にあった生徒が必ず自殺に至るものではない。自殺は被害者の意思的行為であり心因的要因が寄与している。 ②Aは、担任教諭にも両親にも打ち明けたことがなく、打開策がとられる機会を自ら閉ざした面がある。 ③本件「いじめ」行為には、Aの言動に触発・誘発されて行われたものがあるなどA自身にも原因に関与している場合があった。 ④担任教諭は、十分とはいい難いが、自分が把握、認識した範囲で個別的な対応、処理をしていたことなどを考慮すると、学校側にすべての責任があるとはいえない。 ⑤Aの父母にも、Aが「いじめ」行為等の渦中にあることを看過し、Aの監護養育に注意監

督を怠った点があり、相当の責任がある。損害を公平に分担させるという損害賠償法の理念に照らし、過失相殺の規定の適用及び類推適用により、7割の減額をする。

7割減額後の損害額合計
1915万4914円
弁護士費用
240万円

講座8

中学生いじめ自殺事件（中3・1996年1月自殺）

福岡高裁平成14年8月30日判決

中学校3年生（15歳）の男子生徒が、入学以来受け続けた、からかい、ひやかし、侮蔑的呼称、殴る蹴る等の暴行、侮辱的な行為の強要、恐喝など、深刻な人権侵害としての「いじめ」を苦にして自殺した。裁判では、自殺した生徒（A）の両親が学校設置者である町と県に対し、損害賠償を求めた（加害行為の中心となったC、Dは示談金を支払っている）。判決は、Aに対するいじめ行為と自殺との間の相当因果関係、教師らがAに対するいじめ等を中止させ防止し得なかったことについて過失として認定し、Aが受けた精神的、肉体的苦痛に対する損害賠償責任を認めた。調査報告義務違反と自殺に関する賠償責任は認めなかった。

主文　被告らは連帯して原告ら各自に500万円を支払え。

※慰謝料1500万円。加害生徒（C、D）による損害の填補（示談金）600万円。弁護士費用100万円。
※福岡地裁平成13年12月18日判決（一部認容、一部棄却［控訴］）判例時報1800号88頁。→福岡高裁平成14年

8月30日（控訴棄却）。

経験の浅い教師にとっては一見して軽微にみえる被害事実が、どのようなプロセスを経て自殺に至らしめるほどの犯罪行為・人権侵害行為としての「いじめ」に至り、どのような人権侵害の全体像を構成する可能性があるのかを、実例を通して学ぶ。

「いじめ」の調査を実効的ならしめようと、解釈の幅が広げられた。だが、件数を多く把握すること自体に意味があるのではない。申告を受け、現認をした教師が、軽微に見えそうな被害が深刻な被害へと悪化するプロセス、起こり得る被害の全体像を推し量る力を持っていなければ、実効的な対応の一歩が踏み出されることなど、ないからである。

推し量る力は、空想や妄想の産物としての想像力ではない。教職専門性としての、実証事例の研究に裏付けられた、高度な専門的能力であり、具体的には、たとえ直面した被害が軽微に見えたとしても、常に被害者の心情に寄り添う共感的想像力と、被害の拡大・悪化のプロセスと全体像を結びつけることのできる合理的洞察力である。

推し量る力すなわち、共感的想像力と合理的洞察力は、教師に求められる人権感覚の中核といえよう。

本事件は、向和典弁護士の招きを受けて、日弁連子どもの権利委員会九州ブロック協議会（２００５年３月５日）で報告の機会をいただいた折り、大谷辰雄弁護士、知名健太郎弁護士ほかの先生方に、判決の重要性について示唆を受けたものである。ご指摘に感謝したい。

	認定された事実	裁判所の判断
1年生（1993年） からかい、暴行 方言への揶揄 担任に相談① 担任に相談②	【1】Aは小学校卒業まで○○県で生活し、福岡県に転居して中学校に入学した。入学式当日、クラスのBに後ろから突かれたり、蹴られたりした。Aは、怒って「いい加減にしろ」と言ったところ、Bから暴行を受けて泣かされた。 【2】5月頃、Aは、後ろの席のBから、シャープペンシルの背中で突かれ、方言について「お前、何ていう言葉か」とからかわれた。担任教諭に相談したところ、教諭は、AとBの言い分を聞いて、仲直りをするよう指導した。 【3】Bの行為は止まず、5月末の家庭訪問の際、Aは、母の前で、担任教諭に、涙ぐみながら、「Bから突かれたり悪口を言われる」と訴えた。教諭は、Aの母に「言葉の違いもあって行き違いがあります。中の一人は、小学生の延長のようなガキ大将のような生徒です。A君にもそのようなところがあります。その生徒には注意していますし、A君にも注意しました。そのうち中学生としての自覚が出てくれば仲良くやってい	・担任教諭は、5月頃、Aから相談を受け【2】、5月末の家庭訪問時【3】、9月頃【5】にも同様の相談を受けていた。担任教諭は、遅くとも9月頃には、Aに対するいじめの存在を疑うべきであった。Aは、教師に3回も訴えたのに、いじめと理解しなかったために、教師への不信からいじめを申告しなくなっている。Aの相談に真摯に取り組み、適切に対応していれば、いじめを早期に解決できた可能性もあり、生徒間の金銭のたかりや暴行等の事実を教師らが見聞していたこと（本欄後述）を併せて考慮すると、現にいじめを受けている生徒の実情把握及び対策としては、不十分であった。 ・担任教諭は、Aから具体的な暴行、嫌がらせの内容、回数、そのきっかけ、相手等について詳しい事情を聞き、相手からも言い分を聞くだけではなく、Aの親しい友人その他からも情報を広く収集して客観的な事実関係を明

からかい行為の拡大

○○人という侮蔑

暴行

担任に相談③

けるでしょう」と話した。

【4】担任教諭は、Bが近くの席にならないようにしたが、Bは、Aの背中を突き飛ばしたり、「何で俺を睨むのか」と言ったり、消しゴムを投げ付けたり、言葉のアクセントの違いをからかったり、殴る蹴る等を続けた。Aは、この頃から、クラスの生徒から、おとなしくて弱い立場にある生徒と認識されるようになり、B以外の生徒からも、言葉のアクセントの違いをからかわれたり、Aの父が経営していた会社で外国人を雇用していたことから、複数の男子生徒から「○○人」と呼ばれたり、殴る蹴る等の暴行を受けた。

【5】Aは、9月頃、給食の準備をしている際、担任教諭に、「Bから、休み時間に、背中を突き飛ばされたり、『俺を何で睨むのか』と言われたりして、意地悪をされて困っている」と相談した。担任教諭は、AとBの言い分を聞き、「単発的」「偶発的」な喧嘩のようなものであると捉え、双方に、「今後このようなことが起こらないように仲良くしていかなければならない」

らかにするよう努め、生徒指導委員会や、職員会議などにおいて積極的に他の教師らに知らせ、Aと接する機会のあるすべての教師に、留意するように要請し、必要に応じて両親にも連絡を取って注意を促し、両親からも実情を詳しく聞き取ってもらい協力関係を築くといった、組織的できめ細やかな対応をすべきだった。

・いじめ等は、B以外の複数の男子からも行われていたのだから、いじめた側の生徒らに行為の「違法性」「非人間性」を厳しく説いて、絶対に繰り返すことのないよう粘り強く指導するほか、直接いじめを行い加担する以外の生徒らに対しても、「いじめを傍観し、見て見ぬふりをすることは、いじめられる側を一層追い詰める行動に他ならない」ことをよく説明して、一切のいじめ行為は決して許されず、放置し得ない問題であることを徹底して認識させ、いじめられた生徒だけでなく、いじめを現認し、あるいは聞き知った生徒らも、積極的に教師らに報告し易くなるような環境作

Aの諦め	と諭し、Bに「自分が、力の強い者からいじわるをされたり、言われたりしたらどうか」と怒ったが、Aにも、「お前も口が悪い」と叱った。 【6】Bからの嫌がらせは2年生に進級するまで続いたが、Aは、担任教諭の喧嘩両成敗的な指導を受けて、「(他の生徒からの）いじめを教師に相談しても何の解決にもならない」という思いを抱くようになった。	りに努めるべきであった。
2年生 （1994年） 部活動における侮蔑・暴行の兆候 顧問教諭による現認①	【7】Aはサッカー部員だったが、通院治療のために練習を休みがちで、週の半分くらいしか練習に出られなかった。練習に出て来た際には、Fから「練習に出てこい」と言われ、殴られたことも数回あった。また、全体の練習に入れてもらうことができず、自ら全体の練習に入ることもできずに、1人で練習をしていたり、練習を見ていたりすることが重なったことから、顧問教諭は、気付いた都度、Aや他の部員に一緒に練習するよう促した。 【8】Aは、練習中、Fや他の部員等から、殴る、蹴る、ボールを蹴り付けられる等の暴行を受け	・顧問教諭は、Aが練習中に部員の1人から尻を蹴られて泣いているところを現認【8】し、下級生に言われてボールの後片付けをしているところを目撃していた【11】。これらは、単なる偶発的な、一過性の出来事とは言い難く、Aや、かかる行為を行った生徒らからよく事情を聞き、いじめ等が行われていないかを慎重に確認、調査することも可能であった。 ・1994年10月から12月、2年生に2度実施された「いじめに関するアンケートの結果」によって、Aは、教師の間でも、中学校内でいじめられ易い立場にある生徒として認識さ

侮蔑的呼称

暴行
画鋲を椅子に置かれる

20回の保健室来室

ていた。顧問教諭も、Aが練習中に部員から尻を蹴られて泣いているのを目撃し、その生徒に注意をしたことがあり、「Aが部員からいじめを受けているのではないか」と感じていた。

【9】Aは、サッカー部以外でも、2年生の男子生徒の大半から「○○人」、「くそA」等のあだ名で呼ばれたり、行動をともにしていた生徒らともに、「ヘボグループ」とばかにされていた。また、Aは、他の生徒がFに「Aが悪口を言っていた」と告げ口をし、腹を立てたFから殴る等の暴行を受けたり、他の生徒からも暴行を受けたり、画鋲を椅子の上に置かれる等の嫌がらせを受けたことがあった。

【10】Aは、2年時に、「頭が痛い」と言って20回くらい保健室に来たことがあり、特に冬頃には、「膝を擦りむいた」と言って保健室に来た。養護教諭は、Aが、どこか態度に不自然なところがあると感じたことがあった。また、Aが足の甲を打撲して保健室に来た際には、他人が踏んだりしなければ生じないものだと思い、Aに尋ねたが、Aは、はっきりした説明をしなかった。

れていた。11月には、愛知県西尾市で中学2年生がいじめを苦に自殺し、12月には文部省より緊急アピールと各種通知が発され、本件中学校でも、1995年1月に「いじめ対策委員会」が新たに設置された。したがって、顧問教諭は、自らが現認した事実が、いかに些細に思われたにしても、せめて「いじめ対策委員会」に報告して判断を仰ぐべきであったし、委員である校長、教頭、教務主任、生徒指導主事、各学年の生指導部教諭、養護教諭も、このような報告事例に接した場合は、まずは他の教師らに、広く情報を求め、当然、同委員会メンバーでもある養護教諭から、Aがしばしば保健室を訪れていたこと【10】が報告され、1年時の担任教諭からは改めて1年時における相談内容【2】【3】【5】が報告される可能性もあった。

・顧問教諭は、A、いじめた側、目撃者など、それぞれの生徒にとって心情的に最も近しい教師に詳しい事情を聴取させ、正確な事実関係の把握に努め、観察し、必要に応じて両親

暴行 下級生の侮り 顧問教諭による現認②	【11】Aは、3年になって、サッカー部の練習にはほとんど参加しなくなったが、たまに参加するサッカー部においても、Fから暴行を受けたり、練習終了後の後片づけは部員全員の当番制で行っていたのに、下級生から、Aが練習を休んだ日の代償などとして、ボールの後片づけをさせられたりしていた。目撃した顧問教諭も、Aは下級生からも侮られていると感じていた。	との協力体制を樹立するといった、組織的対応を取ることが可能であったし、そうすべきであった。
3年生 （1995年） 恐喝行為 教師らの認識 C、Dによる暴行の開始 画鋲を椅子に置かれる パシリ当の強要	【12】Cらは、3年の9月中旬頃には、卒業式に着る刺繍入り学生服を購入するため、CD等を他の生徒に売り付けたり、Dらと、パン売り場で、パン代の釣り銭の一部を取り上げるなどしていた。不良グループが卒業式に刺繍入り学生服を着る慣行、それに数万円の費用が掛かることは、教師らも知っていた。 【13】Aは、3年になって、C、D、その他の生徒から、しばしば殴る蹴る等の暴行を受けたり、画鋲を椅子の上に置かれる等の嫌がらせを受けたりした。Aは、昼食時にパンを購入に行かされるなど、いわゆるパシリや、他の生徒が嫌	・1994年の10月か12月頃、教師らは、①生徒が3年生の不良グループから7000円から8000円の被害にあったこと、②Cから金銭を要求され、断ると弁当のおかずを床に落とされ、生徒が3日間学校を休んだこと、③2年生に実施したアンケートで「50円（100円）をとられた」「足を蹴られた」「金を持ってこいと言われた」等の回答が寄せられ、Cらのグループの生徒の名が挙げられていたこと、④「10円、50円単位で金を要求されている」事実等を知ったが、①には、「今度金を出すよう言われたら申告するように」と

	がる給食後の牛乳瓶の整理、後片づけの仕事をさせられていた。	指導し、②には、「今後かかる行動をしないように」と説諭し、③では追加的な調査、指導はなされず、④には、金銭は返還されたとの返答を受けて、その後は積極的な対応をせず、「いじめ対策委員会」でも報告や検討はされなかった。Cらの金銭のたかり行為等について詳しく調査し、Aに対する「いじめの疑い」「昼食を食べない」【17】「他の生徒のパンまで買いに行く」「牛乳瓶の後片付けをする」【13】といった行動の背景や事情に不審の念を持って事情聴取を行っていれば、A自身、あるいはE【16】から、自殺までの間に十数回にわたって行われたAに対する恐喝行為についても、事実を知り、未然に防止することが可能であった。
ゲーム機の恐喝	【14】Cは、10月18日頃、Aからゲーム機を取り上げるようにDに命じた。Aは渋っていたが、「Cが貸してげな」と言われ、怖くなって応じた。Cは、ゲーム機を返さないまま、26日頃Aから５００円を脅し取り、10月30日頃には、	
５０００円の恐喝	Cに命じられたDが、Aから５０００円を脅し取った。	
６万円の恐喝	【15】Cは、同じ頃、Dに、2度にわたってAから3万円を取るように命じ、DはAから計６万円を脅し取った。	
友人への相談	【16】Eは、Aから相談を受け、「親か教師に相談した方がいい」とアドバイスしたが、Aは、「先生に言うても何も解決してくれんもん」と答えた。Eは、2学期終了までに5回くらい同じような相談を受けた。	
昼食時の行動	【17】Aは、3年時には、給食以外の日には昼食を食べずに、早めに教室を出ていったりすることが何度もあった。	

恐喝と強要・脅迫行為のエスカレート 2万円の恐喝 屈辱的行為の強要・脅迫 4万円の恐喝 3万円の恐喝 成人雑誌の購入の強要	【18】Cは、11月中旬頃、Dに、Aから2万円を取るよう命じた。Dは、放課後、神社でAを脅して2万円を受け取った。同じ頃、Cは、Dに、CDなどをAに売って4万円を取り上げるよう命じた。Dらは、11月21日頃の放課後、神社で、Aを脅して4万円を要求した。Aが渋っていたので、Dはコンドームを示しながら、「これ付けたら金を半分にしてやる」と言ったところ、Aはマスターベーションをしながら自分の性器にコンドームを付けた。DらはAの足を蹴ったり胸を突いて、金を持ってくるように脅した。Aは、自宅に帰って4万円を持ってきた。 【19】Cは、12月上旬頃、Dに、ゲーム機のカセットやCD等をAに売って3万円を取り上げるよう命じた。Dらは、放課後、Aを神社に呼び出し、「Cが3万円げなぜ、持ってこなボコボコするげなぜ」と脅し、自宅に金を取りに帰らせ、怖れたAから3万円を受け取った。Dらは、3万円の中から5000円を出してAに成人雑誌を買わせた。	・Aは、入学式当日のBの暴行に始まり、1年時にはBを中心とした同じクラスの生徒らから殴る蹴る等の暴行を受けたり、「○○人」等のあだ名で呼ばれたり【4】【9】、2年時からは、Fを始めとする同学年の生徒らから殴る蹴る等の暴行や、椅子に画鋲を置かれる、侮蔑的なあだ名で呼ばれる等の嫌がらせ【8】【9】を、部の練習では、ボールを蹴り付けられる【8】、全体の練習から取り残される【7】といった嫌がらせを受けるようになり、3年時には、同学年の生徒らから、しばしば殴る蹴る等の暴行を受けたり、椅子に画鋲を置かれる等の嫌がらせ【13】を受けたほか、部の後輩からも後片づけを手伝わされるなど【11】、同学年の生徒、下級生からもいわれなく侮蔑的あるいは冷笑的な態度で接せられ、3年の2学期後半からは、十数回にわたってC、Dらによる金員等の恐喝被害をも受けるようになり【14】～【25】、1年時の5月【2】、同月末の家庭訪問時【3】及び9月頃【5】に、

3万円の恐喝

【20】12月15日頃、Cは、Dに、Aから金銭を取り上げるように命じた。Dは、学校の自転車置き場で、Aに、「Cが3万円げなぜ」と脅し、自宅から3万円を持って来させ、体育館裏で受け取り、門の外でCに渡した。

度重なる脅しと2万2000円の恐喝

【21】12月21日頃、Cは、Dに、Aから3万円を取り上げるよう命じた。Dらは、翌日、Aと神社へ行き、Aに、「Cが3万って言いよっぜ。何さるっかわからんぜ」と脅したが、Aは拒んだ。Dらは、Aの胸や肩を力一杯突いたりしながら、「いま金やっとかんなら、正月、（金策に）走らやんごとなっぜ。暴走族がお前ば連れに来て引きずり回すぞ」と言ったり、胸ぐらを掴んで体を揺すりながら脅した。怖がったAが「7000円」とあきらめたように言ったが、Dは、Cに少ないと言われ、「もうちょい多い方が、今後、金を出すように言われる回数が減ると思うぜ」と言い、自宅に帰らせ、2万2000円を脅し取った。

脅迫と4万7000円の恐喝

【22】Cは、1月9日、Dに、Aから5万円以上を取り上げることを命じた。Dは、放課後、自

担任教諭にBからの嫌がらせ行為等について相談したものの、教師に相談しても有効な対処はしてもらえないとの諦めを抱くに終わり【6】、その後はこれらの被害事実について教師らに告げることなく、卒業を約2ヵ月後に控えた1月22日に自殺した。

・暴行、乱暴な悪ふざけを含めた様々な嫌がらせ行為は、必ずしも特定の生徒のみによって引き起こされたものではなく、学年が移りクラスが替わっても、止むことなく複数の生徒らによって断続的に実行され続け、事実を現認していた生徒らも、これを止めたり、かばったり、あるいは教師、保護者等に告げたりして、積極的に防止しようとしなかった。

・Aが、暴行、嫌がらせ等を、単なるいたずらや悪ふざけ程度のものとしか教師に認識してもらえず【5】、一方では侮蔑的なあだ名で呼ばれたり【4】【9】、甘んじて使い走りや牛乳瓶の後片づけをさせられる【13】など、多くの生徒から軽んじた扱いを受け続け、他にいじめを打ち明ける気持ちを喪失し、尊厳と

転車置き場で、Aに、「5万、Cが持って来いげな」と言ったところ、Aが、「持っとらん」と答えたため、Dは、右手で左肩を掴みながら、強い口調で、「持って来んなら、Cが何かすって言いよっぜ」と脅し、翌日の放課後、神社で、Aから、4万7000円を受け取った。

3万円の恐喝

【23】Cは、1月16日、Dに、Aから3万円を取り上げるように命じた。Dは、放課後、Aに、「Cが3万円げなぜ」と言って3万円を脅し取った。

4万円の恐喝

アダルトビデオ購入の強要

【24】Cは、1月17日、Dに、Aから4万円を取り上げるように命じた。Dは、18日と19日の放課後、Aに、「4万円持っとるか。Cがダゴするって言いよったぜ」と脅したところ、Aは、当初は渋っていたが、20日、町内の公園内で4万円を渡した。Dはその一部でAにアダルトビデオを購入させた。Cは、このうちの2万円で、ある人から刺繍入り学生服を購入した。

自殺

【25】1月22日の放課後、Dは、Cから命じられて、Aに、「今度は1万5000円ぜ、なるべく早よ持って来いよ」と要求している。Aは、この日、自宅近くの用水路の水門で首つり自殺をした。

プライドを傷つけられ、もともとは明るく、積極的な性格であったにもかかわらず、その自信を失い、次第次第に精神的に追い詰められていったことは、推認するに難くない。

・3年の2学期後半からは、Aの弱者的立場を認識したC、Dらによって、十数回に及ぶ金員等の恐喝行為が行われ【14】～【25】、その挙げ句、Aは自殺するに至ったのであるから、一連の暴行、嫌がらせ及び恐喝行為等は、自分より弱い立場にある者に対して、一方的に身体的・心理的な攻撃を継続的に加え、相手に深刻な苦痛を感じさせる言動として、まさしく「いじめ」に当たる。Aは、3年時までのこのような一連のいじめによって相当程度精神的に追い詰められていたところ、最終的にはC、Dによる金員等の要求に応じきれなくなって自殺した。

・自殺の直接的なきっかけとなったのは、C、Dらによる恐喝行為であったとしても、以前からの一連のいじめ行為も、Aを精神的に追い詰め、C、Dらに対する抵抗心や、教師、

いじめを記した遺書（要約）	15歳であった。いじめや恐喝を苦にした自殺であることを記した遺書が残された。 【26】中1の初めの日にBに後ろからつつかれたり蹴られたりされて、『いいかげんにしろ』と言ったら泣かされ、ずっと1年間泣かされつづけた。何回か先生に言ったらBもおこったが、僕が口が悪いと言われた。2年になって口の悪いやつがいってもないことをFに言いつけ、殴られ続けた。3年の2学期の初めの日に、Dに強い人が「ゲーム機をもってこい」と言ったといってきた。初めは逃げまわっていたが、ゲーム機ぐらいいいと思い渡した。こんどはお金を要求され、はじめは渡さなかったが、「腕を折るぞ」と言われ渡してしまった。ずっとお金をとられつづけている。いま30万円ぐらいとられている。またお金を要求された。しかしそのお金がないので死にます。 【27】Aは、金銭の一部は小遣いから、一部は自宅から持ち出していた。	家族らに対して相談する心のゆとりさえ失わせて、たった2ヵ月後の卒業を待つことすらできず、いじめから永久的に逃れる手段として、自殺という選択を余儀なくさせることとなった。 ・中学校においては、Aに対するいじめがあり、いじめとAの自殺との間には、相当因果関係が存する。

講座9

中学校いじめ自殺事件（中2・1996年9月自殺）

鹿児島地裁平成14年1月28日判決

Aさんは、中学校2年生の2学期頃から、同学年のV、W、X、Y、Zから、教室内で、頻繁に、執拗に暴行を受け、中学3年生の2学期（1996年9月）には、学外での意識を失うほどの壮絶な集団暴行で「半殺し」の目にあい、その後も日常的に暴行等を受け続け、9月18日に自殺した（満14歳）。Aの両親は、被告V、W、X、Y、Zを共同不法行為に基づき、自治体を国家賠償法に基づき、損害賠償を求めて提訴した。

地裁判決（確定）は、被告であるVらの暴行等とAの自殺との間に事実的因果関係を認め、さらに、1996年9月4日と10日の集団暴行の頃には「Aが自殺することを予見することができた」として、加害行為とAの自殺との間に「相当因果関係」も認めた。判決は、V、W、X、Y、Zらの負担すべき損害額として、逸失利益4185万1505円、慰謝料2000万円、葬儀費用120万円、保護者固有の慰謝料250万円を認め、過失相殺を4割として、原告（両親）に各2241万5451円の支払いを命じた。（被告自治体と660万円の限度で不真正連帯債務とし、Vが900万円の担保を供するときは仮執行を免れる）

また、いま一方の被告である自治体に対しては、過失と自殺との間の相当因果関係は否定し、賠償額を660万円

とした。（詳しくは資料下段に説明）

資料は、上段には学校校側の過失に対応する被害事実と、これに、Aの自殺以前には学校側が確認していなかった、いわば水面下の事実、中段には「学校側の対応」を、下段には「裁判所の判断」を、それぞれ整理している。

いじめ被害を防ぐには、まずもって教師が一つ一つの些細な被害事実や被害の徴候を軽視せず、水面下の被害や、甚大で悲惨な結果を想定（予見）できるか否かにかかっている。

「どの時点から過失なのか?」（96年6月頃）、「教師の対応のどこが過失なのか?」（下段①～⑧）、「周囲の生徒はどうしていたのか?」「自分の職場では、どのように対応するだろうか?」など、実際に起きた事実に学び、意見を交換し、洞察力と想像力を向上させて欲しい。

※判決書資料は、鹿児島地裁平成14年1月28日判決（一部認容、一部棄却［確定］）判例時報1800号108頁から「第1請求1争いのない事実」「第3争点に対する判断」をもとに、個人等を特定する情報を削除し、判決の趣旨を変えない範囲で抜粋・要約している。

認定された事実	学校側の対応	裁判所の判断
中学2年生（1995年） **6月17日頃**　Aは、3年生から神社に呼び出され、他の生徒と喧嘩をさせられ、万引きを強要されたため、自分のお金でパンを買い、飴を万引きして渡した。 **6月下旬頃**　3年生から学校の自転車小屋裏の薮の中に呼び出され、ゲームカセットを買うよう強要されたり、木刀でおしりを殴られたり、違反ズボンを買うよう強要されるなど、休み時間や放課後に頻繁に呼び出され、タバコやジュース等を買うよう強要されたり、暴行を受けた。	担任は、1学期末頃、他の教諭からAも被害に遭ったと聞き、家庭訪問して確認した。Aは返答を渋っていたが、涙ながらに話をした。担任は、学年部会と生徒指導主任に報告し、生徒指導部会で全体報告をした。 生徒指導部会は事実関係を照合し、7月20日、加害者である3年生の保護者を学校に呼んで説明し、Aらに謝罪、弁償するよう指導した。 もっとも、Aに対する弁償や謝罪はなされず、担任を含む教師らは、Aが自殺するまで、弁償等がなされていないことを把握していなかった。	・（教師の過失）確かにAは、自殺前夜、Aの母を介して担任に伝えるまで、教師らに対し、被告同級生（V、W、X、Y、Z）から暴行等を受けていることを申告していないが、下記の①～⑧を総合すると、遅くとも3年生の6月頃には暴行等を予見可能だった。しかるに教師らは暴行等の兆候を看過し、速やかに実態を調査し、事実関係の把握に努め、適切な指導を行っていないから、Aの生命や身体等の安全を確保する義務を怠った過失がある。
10月頃　Aは、土曜日の放課後、3年生からトレーナーをたかられそうになり、母親に電話で訴え、担任がAを探し、たかりの現場を発見した。	担任はAを先に帰し、「生徒間の売買はトラブルの元になるのでしないように」と説諭しただけで、生徒指導部を通じての指導等をせず、A	①担任教諭は、Aが2年生の時、3年生から「暴行」や「たかり」にあっていたことを把握していた。

<table>
<tr><th></th><th>学校・教師が把握していなかった事実</th></tr>
<tr><td>2学期の終わりか3学期頃　Aは、3年生の4人から呼び出され、殴られたり、蹴られるなどの暴行（バットでの殴打行為もあった）を受けるなど、暴行等は依然続いていた。</td><td rowspan="2">2学期（85年9月末か10月初旬頃）Aは、Vから、公園で、「最近むかつく」などとして、顔や腹を何度も一方的に殴られたり蹴られた。また、Vから、学校の廊下等で、通りすがりに肩や頭を叩かれるなどの暴行を継続的に受けるようになった。通りすがりの暴行は3学期以降も続いていた。
12月頃から　Aは、被告V、W、X、Y、Z（以下「Vグループ」）らから、昼休みに頻繁に教室に呼び出され、休み時間中、多数回殴られるようになり、殴られた腹部を押さえて座り込んでも更に殴る蹴るの暴行を受け、時には助走をつけた跳び蹴りをされたり、踵落とし（踵を相手の背中等に蹴り落とすもの）や掌底（手の平の付け根付近を相手の腹部や胸部に叩き付けるもの）という危険な技を受けたこともあった。Aは笑ってごまかしたりしていたが、苦痛に耐えかねて泣くときもあった。また、Vグループらから呼び出された際、ジュースやタバコを買いに行かされることもあった。
3学期　Aは、3学期になっても、昼休みに頻繁にWの教室に呼び出され、Vグループを含む10人位に取り囲まれ、殴られたり蹴られたりした。また、AはWから命じられて、同級生とキックボクシングをさせられたこともあった。
3学期終頃　Aは、ある同学年の生徒に、Vグループの暴行を打ち明け、「もう死にたい。これ以上打たれたら死ぬ」と漏らした。
同級生らは、VグループのAに対する暴行等を見ていたが、見て見ぬ振りをし、クラスで話し合いをしたり、教師に申告する動きは全くなかった。</td></tr>
<tr><td>から事情を聴かず、Aの母に「3年生に注意した」と連絡しただけであった。</td></tr>
</table>

3学期頃　Aは、Vから登下校の同行を強要され、遅刻がひどくなった。	2月19日頃、遅刻の真の原因を知らない担任は、Aに起床時間等を記して提出するよう求めた。「一緒に登校した人」の欄にはVの記載が多かった。	②担任は、Aが2年生の3学期頃から遅刻が多くなり、同行者としてVの名前が挙がっていたことを認識していた。 ③WやVらが一緒に行動する傾向にあったと認識していた。
中学3年生（1996年）	担任は、Vらがよく一緒に行動していたことを把握し、喫煙の件で個別に指導したことがあった。	
3年生当初　Vは、給食時間、ベランダで、ある同学年の生徒をホウキで血だらけになるまで殴り、担任に発見された。	担任はVを職員室に連れて行き、Vの担任に引き渡しただけで、特に指導を加えることはなかった。	④担任らは、Vが同学年の生徒に暴行を加えるのを目撃したり、生徒から事情を聴いて把握していた。
4月22日頃　Vは、同じ生徒を武道館付近に呼び出し、肩、足、頭部等を竹刀で少なくとも6回位殴った。 目撃した女子生徒が教師らに訴えた。	教師たちは事情を確認し、Vとその両親、Vの担任が、4月下旬頃、被害にあった生徒宅を訪れて謝罪した。	

3月〜4月　Vは、A宅に頻繁に呼出しの電話をかけた。Aは、電話に出るのを嫌がり、母親に「電話に出ないよう」「不在と対応するよう」懇願し、母親はそのとおり対応した。Aの弟がたまたま電話に出ると、「今から行っていいか、Aともども殺そうか」などと脅迫されたこともあった。 **4月22日**　全校一斉家庭訪問の際、Aの母は、「Vらから頻繁に呼出しの電話がかかって嫌がっている」と相談した。	担任がAに生徒名を確認すると、Vらの名が出た。担任は「Aを近づかせないように」と話すにとどまり、呼出し電話については対応をとらなかった。担任は、家庭訪問後、問題を話し合う場が持たれた職員会議の席上、Aの母から相談があったことを報告し、5月7日頃、生徒指導主任が、全校集会で「いたずら的な電話をしないように」呼びかけたにとどまった。	⑤担任は、家庭訪問した際、Aの母から、「VからA宛に頻繁に電話がかかってくる」と相談を受けていた。 ⑥学校では、毎週、生徒指導部会が開催され、生徒指導上の問題点について連絡や対策を検討する態勢が整っていた。
4月から6月頃　Aの遅刻は、クラスで1、2を争う程多かった。Aは、連絡用紙に、遅刻の原因として主に朝寝坊や登校準備に手間取っていたことなどを記載し両親からは「気を付けさせる」とコメントがあった。	Aは、担任は、改めてAに原因を問い質したりしなかった。	⑦担任は、Aが頻繁に遅刻していたことを把握していたが、Aの申告通り朝寝坊等によるものと軽信していた。

2月頃から5月上旬　Vグループを含む12人程度は、放課後や休み時間、少なくとも2年生12人（延べ人数）に対し10回以上にわたり、部室、校庭、教室等において、3年生をにらんだり生意気だなどとして、1、2名を呼び出し、集団で殴る蹴るなどの暴行を加え、「被害申告するとさらに暴行を加える」などと脅して、口止めした。

教師らは、5月上旬頃、被害生徒の保護者の申告で暴行を知り、集団暴行の事実を把握し、6月6日、加害生徒と保護者、被害生徒の保護者を集めて概要を説明し再発防止について話し合い、加害生徒と保護者が被害生徒の保護者に謝罪した。教師らは、それ以外にもVらによる暴行事案があるかどうか調査等を実施せず、学校全体として暴行事件に取り組む態勢をとらなかった。校長は、教育委員会に対し、暴行事件について、Aが自殺するまで報告しなかった。

⑧教師らは、下級生の訴えにより、遅くとも3年生1学期の6月上旬頃までには調査を終え、悪質かつ重大な問題行動を把握していた。

・校長は、Aの自殺前に判明していた上級生のAに対する暴行やたかり、Gグループの下級生に対する集団暴行事件等について、教育委員会に対する報告（学校管理規則）を怠っていた。

4月25日　Vグループを含む11人は、下校時、畑に集まり、16時30分頃、VがAの腹部を少なくも2～3回位殴打し、Aを防空壕跡（人目に付かない場所）へ連行した。Vは、Aの腹部めがけて殴り、みぞおち付近を殴り始め、Aが殴られる度に「ウウッ」と声を出し腹部を押さえてしゃがみ込んだにもかかわらず、襟首を掴んでAを立たせ、両手を後ろで組ませて手拳でみぞおち付近等を殴った。さらに、Zは、Aの腹部等を手拳で殴ったり、膝で蹴り、足で太股や胸部を蹴り、さらに手拳で腹部を殴り、しゃがみ込んだAのあちこちを膝や足で蹴り回し、脇腹付近を回

学校・教師が把握していなかった事実

し蹴りのように蹴ると、Aは背中から排水路（幅約1・5m、深さ約1m、水が少し流れ泥が溜まっていた）に落下した。Aが30秒位して水に濡れて泥にまみれて這い上がり、頭を痛そうに押さえていたにもかかわらず、Wが、手拳でAの腹部を殴り、Xが、手拳でAの腹部を殴ったり、膝や足で腹部を蹴り、肘でAの腹部を突くと、Aは尻餅をついて苦しそうにしていた。Vは、さらにAの腹部を殴ったり膝蹴りし、仰向けに倒れたAが起きあがろうとした時は、木の枝でAの後頭部を殴りつけた。Aは頭を両手で抱え込み、仰向けに倒れて、ピクピクと痙攣し、意識を失った。Aは、口から泡を吹いていたが、XがAの頬を軽く叩くと30秒位して意識を回復した。

Aは、暴行の間、涙を流して、「すいません、すいません」と謝っていた。無抵抗のAに対する一方的な暴行は、午後5時過ぎから30分過ぎ頃まで断続的に続き、Vは少なくとも数十回以上、Z、W、Xも、少なくとも10回以上も殴る蹴るなどの暴行を加えた。

Aは、ふらつきながら自転車を押して帰宅の途についた。Aは、集団暴行事件以降、元気がなくなった。

5月連休明頃　Aは、朝自習の時間、Yからこづかれたり、腹部を手拳で殴られたり、背中を叩かれたり蹴られるようになり、Xからも暴行を受けるようになった。暴行は、毎日、休み時間にも及ぶようになった。Aは、Vから暴行を受けたり、Wから廊下で頭を小突かれ、Vグループから、昼休みに教室のベランダや部室前で集団的な暴行を受けるようなり、時にはお金をたかられた。Aは、いつも無抵抗で、「すいません」と謝ったり、笑ってごまかしていた。

4月〜5月頃　Aは、Vから、下校時、薮の中に連れ出され、少なくとも5、6回位手拳で腹部を殴られ、7月初め頃には通学用自転車を壊された。

同級生らは、VグループのAに対する暴行を目撃していたが、関わりあいになることを怖れて、暴行を止めるよう注意したり、クラス内で暴行について話し合ったり、教師に申告することはなかった。

7月上旬　生徒会は7月上旬を締め切りとして、全学年を対象とするいじめに関するアンケートを実施した。	アンケート結果は職員全体に報告、配布され、「もっと掘り下げて対応すべき」「いじめについての研修を」との意見が出された。夏休み前に研修を実施したが、実態把握や対策等は話し合わなかった。	・アンケート結果に対する学校側の対応は、Aの頻繁な遅刻に対する認識等も含めて、担任を含む教師らの義務違反として検討したとおりである。

学校・教師が把握していなかった事実
夏休み　V、W、Y、Xらは、A宅に頻繁に呼び出しの電話をかけた。Aは弟にも「電話に出ないよう」指示していたが、弟が誤って電話に出ると、「今からぶっ殺しにいくぞ」などと脅された。Vグループは頻繁にA宅を訪れ、チャイムを鳴らしたり、ドアのノブを回して呼び出した。この間、Aは、ドアを施錠し、カーテンを閉めて息を潜めてやり過ごした。たまたま施錠を忘れてVグループらが自宅内に入ってきたこともあった。Aは渋々応対していた。
8月20日　Aは、自宅に来たVから、少なくとも2000円を脅し取られ、花火大会の際、Vからタバコを買ってくるよう命じられたが、そのまま帰宅した。
2学期　YらのAに対する教室内での暴行は2学期も続き、Aは常にうつむいて暗い感じであった。
9月2日　放課後、Aが母親に、「Vらが待ち伏せしているから迎えに来て欲しい」と訴えたので、父親が学校まで迎えに行った。

9月4日頃　Aは、昼休み、部室に呼び出され、Vグループに取り囲まれ、3、4回足蹴にされ、少なくとも10回以上、腹部を一方的に殴られた。

9月7日(土)~8日(日)　Vグループから頻繁に電話がかかり、Aは電話に出るのを嫌がり、母親にその対応を頼んだ。

9月9日　Aは、通学途上、Vから再び自転車を壊され、腹痛と自転車が壊れたと母親に訴えて自宅に戻り、寝ていた。Aは担任に電話をかけたが授業中であったので伝言を頼んだ。

担任は、授業終了後、A宅に電話して事情を聴くと母親から「自転車の故障と腹痛で欠席させる」との事情を聴いた。

学校・教師が把握していなかった事実

9月10日　Aは、登校したものの、休み時間中、8日（日）にV宅に来なかったとして、Vから教室のベランダに呼び出され、5分間位、少なくとも4、5回位腹部を殴られた。さらに、Aは、Y、Xから、休み時間中、Yから命じられた物を購入していなかったとして、教室のベランダで10回以上腹部を殴られた。

ある同学年の生徒は、Aが全然話し掛けてこず、Y、XのAに対する暴行がエスカレートして目に余るものがあったので、「いつも殴られているけど、嫌じゃないのか」と話しかけた。Aは下を向いて顔を歪め「しかたない、嫌だ」と言った。

9月11日　Aは両親に無断で「腹痛」と記載して同級生に託し、欠席した。

11日から16日まで、担任からAの両親宛に、Aの無断欠席につい

・（相当因果関係の否定）

中学校の教師らが、少なくともV、

12、13日は両親や担任に無断で欠席した。	て何も連絡はなかった。	X、YのAに対する暴行の事実を把握したのは、Aの自殺前日（96年9月17日）の夕方から夜にかけて、担任がAの母から電話を受けたことを契機とするもので、Aの生命や身体に差し迫った危険があったことを窺わせる事情は伝えられておらず、Aの無断欠席を考慮しても、担任を含む教師らが、直ちにAが自殺に至ることを予見できたとまでいうことは困難である。 したがって、Aの自殺と中学校の教師らの過失との間に相当因果関係を認めることはできない。 町は、V、W、X、Y、ZらのAに対する暴行等を防止できなかった限度で、国家賠償法1条1項の責任を負う。 ・（被告自治体の負担すべき損害額） Aが受けた暴行等は執拗で、Aの
9月17日（自殺前日）Aは両親や担任に無断で学校を欠席した。18時頃、Aの母は、担任から「Aが11日から欠席しているが様子はどうか」と電話を受け、Aを叱って理由を尋ねると、「学校で叩かれた」「学校が怖かった」とのことだった。Aは、担任の質問に「はあ」と小さな声で答えるだけで自分から話をしなかった。母親が「誰が怖いか」と尋ねるとVの名前が出た。父母で問い質すと、蚊の鳴くような声で、涙を流しながら、「10日の休み時間に学校のベランダでV、Y、Xに叩かれた」と話した。母親はVの母に「Vから叩かれて学校を休んでいる」と伝えた。Vと両親はA宅を訪れて土下座し、Vは「2回叩いた」と認めた。Vの母と	担任は、A宅に電話をかけ、帰宅していたAの母に対し、「Aが11日から17日まで欠席している」と伝え、様子を尋ねた。担任は、Aに電話を代わってもらい、欠席の理由を尋ねたが、Aは言いたくなさそうで、特に話をせず、Aの母が「Aと話をする」というので、電話を切った。	

Aの父は、仲直りとして握手を促し、Aは下を向いて顔を上げないまま、Vの顔を見ずに、仕方なさそうに握手した。Vの父は一言も発することがなかった。Aは、正座したままガタガタ震えていただけで、一言も口を開かず黙ったままだった。		自殺まで継続していたことを考慮すると、Aが受けた精神的、肉体的苦痛は甚大なもので、Aの慰謝料は1200万円を下らない。弁護士費用はA両親に各60万円。合計、各660万円（被告同級生らと660万円の限度で不真正連帯債務）の支払いを求める限度で理由があるから、これを認容する。
午後9時頃　Aの母は担任の自宅に電話をかけて、「AがV、X、Yから10日の休み時間に学校のベランダで叩かれた」「3人の自宅に電話をかけ、Vと両親がA宅を訪れ、謝罪してもらった」「明日からAを登校させるが欠席した場合には夕方にでも連絡をして欲しい」と伝えた。	担任は電話をもらい、暴行と謝罪、休んだ理由もわかり、仲直りしたことで安心し、翌日、Y、XやAから詳しい事情を聴いて対応しようと考えた。担任は、Vの担任からV宅を訪問するとの話を電話で聞いたが、自分はA宅を訪問することまで考えなかった。	
9月18日（自殺当日）Aは、朝、自宅を出てゆっくり自転車を漕いで学校に向かったが、登校していなかった。13時頃（推定）、Aは、公民館	朝、担任は、昨晩の顛末を校長に報告し、学年の職員朝礼で報告した。Y、Xから事情を聴くと「腹部を5、6回位殴った」とのこと	

の非常用はしごに布製ベルトをかけて縊首し、16時頃発見された。

だった。Aは欠席していたが、母親から「夕方自宅に電話を」と頼まれていたので、職場には電話をかけなかった。

講座10 中学生校内性的暴行事件（中3・1996年12月　学校内で性的暴行をうける）

地裁平成13年1月30日判決

中学校在学中、同学年の男子生徒らから学校の内外で「強制わいせつ行為」「甚大な性的暴力」を受け続け、中学3年生の12月24日、下校時間帯の学校のトイレ内で強姦の被害を受けた女子生徒（A子）の事件である。A子と両親は学校設置者である自治体に慰謝料の支払いを求めて提訴した。

地裁判決は、A子が加害男子生徒11名から性的暴力を受けていた事実を具体的に確認し、A子が、自身が受けた性的被害について、中学2年の冬、中学生3年生の4～5月、6月の合計3回、担任教諭（教員歴約26年の男性教諭）に相談していた事実を重視し、学校側の過失、安全注意義務違反を認定した。また、これとは別に、判決は、学校側が両親に対する事件後の事実報告を故意に偽った点を重視し、別個に違法行為として認定した。

- 被告らは、A子に対し連帯して170万円を支払え。
- 被告らは、連帯して、A子の両親に対し、それぞれ15万円を支払え。

170万円のうち慰謝料は140万である。判決以前に、加害生徒11名との間で示談が成立し慰謝料860万円が支払われていた。判決は、A子の損害を1000万と認定した上で、860万を差し引いた140万円を、自治体に対する請求額とした。なお、家庭裁判所は、加害生徒3名を少年院送致、6名を試験観察処分、1名を保護観察処分とした。

資料上段は、学校側の「過失」に対応させた「被害事実」である。このうち、学校側に知られていなかった被害事実は最上段を区別している。中段は「学校側の対応」、最下段は「裁判所の判断」である。

本判決書資料を読む際のポイントとして、裁判の争点（④と⑤）を含む五点をあげておきたい。

（1）なぜA子の被害申告が教師間で共有されなかったのか。
（2）どの時点から指導を強化すべきだったのか。
（3）なぜ被害生徒の保護者と加害生徒の保護者に通告する必要があったのか。
（4）なぜ、担任教諭への「3回目の相談」（1996年6月）の段階から、安全配慮義務違反の過失が認定されたのか。
（5）なぜ、学校内強姦事件（12月24日）後の対応で、教師らに、保護者に対する報告義務違反の過失が認定されたのか。

二度と悲劇を繰り返さないために、本資料を活用し、事実に基いて、学校としての対応の在り方を検討してほしい。

※本判決書資料は、地裁平成13年1月30日判決（一部認容、一部棄却［確定］）判例時報1749号121頁から「第2事案の概要1（前提事実）」及び「第3当裁判所の判断」をもとに、個人等を特定する情報を削除し、判決の趣旨を

変えない範囲で抜粋・要約して作成している。

※本事件は学校をめぐる顕著な人権侵害事件として著名判例の一つとされてきた。本裁判を紹介・論評した主なものとして、高橋司「旭川市立中学校『性的いじめ』」事件」（『季刊教育法』第126号、2000年、73～74頁）、坂田仰『法律・判例で考える生徒指導』（学事出版、2004年、47～48頁）、小泉広子「判例研究　公立中学校性的いじめ損害賠償請求事件」（『季刊教育法』第130号、2001年、108～114頁）、梅野正信『裁判判決で学ぶ日本の人権』（明石書店、2006年、36～53頁）、市川須美子『学校教育裁判と教育法』（三省堂、2007年、313頁）などがあげられる。なお、本判決の紹介にあたっては、地域名の明示となる地裁名を省略する。また本判例は教員研修資料に限定して活用していただきたい。

※裁判所が認定した被害事実は詳細かつ具体的に記載されているが、本稿では、被害の概要と学校側の責任の有無・程度を確認する限度で「強姦」以外の不法行為を、「甚大な性的暴力」「強制わいせつ行為」のような概括的表記に変えている。研究上の検討が必要な場合は判例全文にあたられたい。

認定された事実

学校・教師が把握していなかった事実

中学2年（1995年）

夏頃（美術準備室での最初の性的被害）A子は、BCから美術準備室に呼び出され、泣き叫んで抵抗したものの頭部を殴打され、怒鳴られ、強制わいせつ行為を受けた。「ちくったらみんなにばらすぞ」と脅され、Bらから仕返しされるのが怖かったほか、「被害を皆に知られて無視される」と恐れ、誰にも相談することができず「早く忘れよう」と思った。しかしA子は、その後もBらから強制わいせつ行為を受けた。また同じく夏頃、BCから美術準備室に呼び出され、強制わいせつ行為を受けた。このとき美術室内に入ってきたM子が声をかけてきたものの、Bから口止めされたため、そのまま立ち去った。

認定された事実	学校側の対応
秋頃 A子は、Cから空き教室に呼び出され、5、6人から強制わいせつ行為を受けた。	目撃した女子生徒が教師に言いつけたため、Cは、教師から説教された。
秋頃 A子は、下校時に教室に連れ込まれ、Bから強制わいせつ行為を受けた。X教諭が通りかかり、慌てたBはA子を掃除箱に閉じ込	X教諭はBに「何してるんだ」と言ったところ、Bは「何でもない」と弁解し、掃除箱から出たA子も取り繕ったため、「変なことするなよ」

裁判所の判断

・強姦事件以前における学校の過失

（1996年6月時点の安全配慮義務違）担任教諭としては、少なくとも中学3年（1996年）6月のスーパーでの被害の相談を受けた段階で、

（1）たとえ担任教諭が理解したように「服の上から身体を触るといった性的行為」にとどまっていたとしても、「放置しておけばいずれ本件学校内強姦事件等のような深刻な性的暴力事件等に発展するかもしれない」と予見することが可能であった。

（2）担任教諭は、A子からわいせつ行為の状況を詳細に聴取し、加害男子生徒や、同様の被害を受けているという他の女子生徒から詳しい事情を聴取し、3学年の担任、

めた。	と注意して立ち去った。
冬頃（1度目の被害相談） A子は、生徒会室において、担任教諭に「BCEより廊下や教室で身体を触られている」と告げた。	担任教諭は、下を向きながら「分かった」と言い、詳しい被害内容を聞かなかった。
中学校3年（1996年） **5月頃〜夏頃** A子は、加害生徒らに鞄を男子トイレ内に入れられたことが2、3回あり、やむなく男子トイレ内に取りに入って加害生徒らから身体を触られた。	担任教諭は、P子とQ子から聞いて男子トイレに駆けつけたが、鞄がなかったためA子に確認しなかった。担任教諭は、翌日、鞄を隠したと聞いたDGを呼び出し、「女子の持ち物を男子トイレに入れるなんて非常識だ。今後同じ事をしたら親に連絡する」と指導した。
4〜5月頃（2度目の被害相談） A子は、特別活動室において、CBDIEGらから、わいせつ行為を受けた。A子が無理やり連れて行かれるのを見ていたP子とQ子が女性の	Y教諭は、加害生徒らに「早く教室から出ていくように」と注意した。逃れたA子はP子やQ子から事情を聞かれ、Y教諭からも「どうしたの」と声をかけられ、P子らが「触られ

教職員全体に報告すると同時に、他の教師からも性的被害に関する情報を収集し、わいせつ行為の実態をできる限り解明すべき義務があった。（しかし）担任教諭は、相談を受けて以降も、A子に被害状況を詳しく聴取せず、加害生徒ら、及び被害を受けている他の女子生徒からも性的被害を全く聴取せず、A子の性的被害の実態を解明すべき義務を怠った。

担任教諭は、「服の上からタッチする程度のものであると理解した」と弁解するが、スーパーであっても人目に付かない場所であれば、深刻な性的被害が潜んでいる可能性もあり、A子が1人でわざわざ職員室に相談しに来た意味や、「性的被害の相談時の女性の笑みは被害の軽微さを示すものではなく、羞恥心の表れにすぎない」と理解

Y教諭を伴って特別活動室に入って来たが、加害生徒らはY教諭に「何でもないです」と取り繕い、逆に「Y子、帰れ、帰れ」とからかった。A子は、P子とQ子に伴われて職員室前まで行き、他の生徒に被害の詳細を知られたくなかったために1人で職員室に入り、担任教諭に「BやCらに身体を触られた」と説明した。

たか嫌がらせを受けたらしい」と説明すると、Y教諭は「担任教諭に言うように」と述べた。

A子は、担任教諭から「またあいつらか。どうもならんな。叱っとくから。よし、分かった」と言われたのみで、詳しい性的被害の内容も確認されなかった。そして後日、A子は、廊下ですれ違った担任教諭から、「紙に書かせて叱っといたから」と告げられた。

学校・教師が把握していなかった事実

5月末頃　A子は、スーパーの身障者用トイレに連れ込まれ、「助けて」と大声で叫ぶとBCから怒鳴られて胸付近をど突かれ、倒され、頭部を殴られ、脅され、無理やり強制わいせつ行為を受けたうえ、初めて甚大な性的暴力を受けて、大声で泣き続けた。A子は、「言ったら殺すぞ」と強く口止めされた。翌日もA子が登校し、教諭らから何の注意も受けなかったため、BとCは「恥ずかしくて性的被害を誰にも相談できない」と安心し、「絶対誰にも言わない。あいつなら俺達の言うことを聞くから」と言いふらし、A子への集団的な性的暴力を激しくさせていった。

6月下旬頃　A子は、泣き叫んで抵抗したが、スーパーの身障者用トイレ

することもできた。

(3) 教師らは、被害生徒の保護者に対し、被害申告を受けた時点で直ちに被害事実を報告すべき義務を負う。なぜなら、保護者は報告を端緒として、子女に性的被害の内容を確認したり、性的被害によっては適切な医療措置を受けさせたり、心理的衝撃から自傷行為等の不幸な事故を起こさすことのないように子女の経過を観察したり、新たな被害を避けるために加害者らへの厳正な捜査を求めたりすることが可能になるからである。(しかし)担任教諭は、A子が性的被害を訴えたことをA子の両親に連絡せず、保護者への報告義務を怠った。

(4) 教師らは、非行の程度によっては、加害生徒の保護者に対しても加害行為を報告し、強力な指導を要請すべきである。なぜなら、子

でBCJKEDGから、怒鳴られて頭部を殴られ、強制わいせつ行為を受けた。また、公園においてLを加えた8名から、無理やり強制わいせつ行為を受け、甚大な性的暴力を受けた。

6月の放課後（3度目の被害相談）

A子は、性的被害を誰にも相談できず、心理的にも限界に達したことから、担任教諭に相談することとした。A子は、意を決して1人で職員室に行き、担任教諭に対し「男子生徒より身体を触られている」と話し、担任教諭の質問に応じて、加害生徒としてBCらの名前を挙げ、被害場所はスーパーであり、「S子やO子らが男子生徒から学校内で胸やお尻を触られている」と話し、「自分が相談したことを内緒にしておいてほしい」と頼んだ。しかし、直接に胸や陰部を触られたことや、甚大な性的暴力を強制されている事実は、恥ずかしさや、他生徒に

担任教諭は、「よし、分かった」と指導を約束したが、「服の上からお尻や胸にタッチする程度」と勝手に理解し、詳細な状況をA子に尋ねなかった。また、名前の出た男子生徒や女子生徒に確認せず、他の教師らに連絡や報告もしなかった。担任教諭は、養護教諭に「男子生徒に体を触られたなどと訴えている生徒がいるか」を尋ねて「いない」との返事を受け、2、3日、名前のあがった男子生徒らを観察したが具体的な事実を確認できなかったことから、数日後、帰りの会で、「女子の体にタッチしている男子がいるようだけど、セクハラと言って社会問題になっていることと同じだ。人の嫌がるこ

どもが他の子どもに加害行為をしないように注意指導することは第一次的に親権者が家庭教育において行うべきもので、学校教諭に全てが委ねられるべきものではない上、自分の子女の非行化傾向を早期に矯正する機会を与えられるべきだからである。（しかし）担任教諭は、加害生徒らの保護者にも加害行為を報告せず、報告・指導要請義務を怠った。

（5）教師らは、実態解明の結果を踏まえて、教職員全体で又は保護者らとも一体となって、被害生徒を報復等から保護しながら加害生徒への教育と指導を徹底すべき義務がある。（しかし）担任教諭は、加害生徒の担任教諭に何ら連絡せず、職員朝会、学年会又は職員会議などにも報告しなかった。最終的には、学級全体に対し、セクハラに

知られるのが怖かったことから、話さなかった。

とは二度とするな」と、学級全体を指導したのみで対応を終わらせてしまい、それ以降A子に対してその後の被害の有無を確認しなかった。

7月末頃　生徒の母親から学校に、「スーパーでもめていたので声をかけたところ男子生徒が逃げていった」と連絡があった。

担任教諭は、3学年の他の担任教諭らと相談するとともに、A子からスーパーでの被害の相談を受けていたことを思い出し、A子を職員室に呼び出して尋ねた。

A子は、（担任による指導が）一般的な注意で終わったため、Bらから「ちくった。覚えてろ」と言われ、かえって激しい性的暴力を受けるようになったことから、教師不信となり、「心当たりはない」と返事した。

学校・教師が把握していなかった事実

8月13日　A子は、14時40分頃、空き家において、GECHBから、平手で頭部を叩かれ、甚大な性的暴力を受けた。A子は、本当に死にたいくらい辛く悲しい思いで一杯となり、一晩中泣いていた。その後も、A子は、空き家において、加害生徒らから、3、4回くらい甚大な性的暴力等を受けた。

10月31日　A子は、放課後に男子トイレで、加害生徒らから甚大な性的暴力を受けた。

なるなど一般的な注意をしただけで終わらせ、その後はA子に新たな被害を受けていないかどうかを確認しなかった。したがって、担任教諭には、安全配慮義務違反の過失がある。

（6）担任教諭の過失がなければ、A子は、96年6月の相談以降、学校内での甚大な性的暴力2回、学校外での甚大な性的暴力2回、友人宅での強姦1回、学校内での甚大な性的暴力と強姦1回といった悲惨な性的暴力を受けなかったであろう。学校には、A子の損害を賠償すべき責任がある。

11月8日　A子は、スーパーの女子トイレで、加害生徒らから甚大な性的暴力を受けた。

11月19日　A子は、BKに連れ込まれた美術室で、CJKから、頭部を殴られ、脅されながら甚大な性的暴力を受けた。

隣の音楽準備室にいたCらが、Y教諭と応援に来た教諭に発見されたが、職員室でひたすら謝って、そのまま帰宅できた。隣の美術室準備室にいたBは、Cらが発見されたことに気付き、A子に帰宅するように命令し、教諭らには気づかれないまま帰宅した。

学校・教師が把握していなかった事実

11月頃　A子は、中学校の廊下等で、わいせつな言葉でからかわれていた。

12月7日　A子は、Bに騙されて男子生徒宅へ行き、Bから頭部を2回位殴られ、泣き叫んで抵抗したものの甚大な性的暴力を受け、強姦され、強く口止めされた。

夏以降　A子は、激しい性的暴力により、夜も眠れなくなっていた。他方で、「相談しても、かえって仕返しが激しくなる」とか、「皆に知られてしまうのでは」と心配し、地獄のような毎日を送っていた。

12月24日　学校内強姦事件

A子が再び生徒用玄関に連れ戻さ

・A子に関する慰謝料額

（1）A子の精神的苦痛は想像を絶するものがあり、相当深刻なものがあろうと推察される。また、A子は担任教諭に羞恥心を抑えて何度も相談をしたのに気付いてもらえず、一層激しい性的暴力を受け続けたのであるから、教師に不信感や恨みを持たざるを得なくなったのも十分に理解でき、現在でも男性との会話を避ける傾向にある。A子の受けた心の傷は誠に深い。A子の精神的苦痛に対する慰謝料は、1000万円が相当である。

（2）被告らは「A子には両親等に被害を訴えていなかったのであるから落ち度がある」と主張するが、①思春期にある女子生徒の性的羞

A子は、下校時、DEGから「担任教諭が呼んでいる」と言われて中学校へ戻った。A子は、騙されたことに気づいて逃げようとしたが、路上に突き飛ばされ、連れ戻された。A子は、廊下にいたY教諭に「助けて」と声を出したが気付かない様子であった。N子に「先生呼んで」と泣きながら助けを求めたが、Cらから「先生に言うなよ」と言われて立ち去った。A子は、泣きながら座り込んで抵抗したが、B男に無理やりトイレ内に連れ込まれ、泣きながら抵抗したが、BCDEFから無理矢理甚大な性的暴力を受け、必死に抵抗したが、強姦された。	れたときには、Y教諭が玄関前の廊下を通りかかり、加害生徒らに取り囲まれていたA子に対し「どうしたの」と声をかけてきた。しかし、A子は、B男から「ちくったら、お前、覚えておけよ」などと脅されたため、咄嗟に「何でもないです」などと答えてしまった。そこで、Y教諭はそのまま職員室の方に歩いて行き、途中の廊下で女子生徒二人に呼び止められ、立ち話を始めた。	恥心、②深刻な性的被害を周囲の人々に知られてしまった場合に生ずるかもしれない学校や家庭内での孤立感・疎外感に対する恐怖、③報復を異常に怖れる心理、④担任教諭に相談しても事態が好転しなかった無力感、⑤年齢からくる判断能力の未熟さ、⑥性的暴力による判断能力の低下等が複雑に絡み合った結果と推察されるから、A子の落ち度を重要視することは相当ではない。
強姦事件直後の学校の対応 **事件直後**　A子は、N子の教室を訪れ、加害生徒らから甚大な性的暴力を強要されたことを打ち明けた。二人で帰る途中、階段の踊場で泣いていたところ、W教諭に声をかけられた。W教諭は、「A子が男子生徒らからいたずらされた		**・強姦事件後における学校側の過失** （12月24日の真実解明報告義務違反） （1）教頭らは、A子を自宅に送り届けた際、甚大な性的暴力の被害を

らしい」と聞いたため、女性である養護教諭から事情聴取をしてもらうことにした。養護教諭は、A子から、「トイレ内で加害生徒らから甚大な性的暴力を受けた」こと、「それ以上のことはされなかった」という内容を聴取した。養護教諭は、A子から「家の人に言うんですか？」と聞かれたが、「両親に話さなければならない」と指導した。担任教諭は、「なんで誰かに言わなかったんだ」と聞くと、他の教諭から「A子は先生に言ったと言っているよ」と聞かされ、初めて6月に相談されていた件を思い出した。

24日18時45分頃　教頭と担任教諭がA子を自宅に送り届けた際、既に甚大な性的暴力の被害を知っていたにもかかわらず、A子の両親に「単に胸やお尻を触られた」と説明し、甚大な性的暴力を報告しなかった。

18時〜23時　教諭らは、加害生徒らから事情聴取し、男子生徒らがA子に甚大な性的暴力を強要していた事実を確認し、「性的暴力一覧表」を作成した。21時30分頃、A子の両親が中学校を訪れ、「五分刈りにし、内申書には事実をすべて記載する」と記載した協定書に署名押印を求めた。Z教諭が内申書への記載について「加害生徒らの将来にかかわる」と述べたが、教頭、担任教諭、WXZの各教諭、加害生徒の保護者全員が署名押印した。教頭らは、A子の両親が甚大な性的暴力知らないまま協定書によって終わらせる様子であることを察知していながら、かつ、複数回にわたる甚大な性的暴力を知っていながら、A子の両親に報告しなかった。

23時30分頃〜25日4時頃　A子の両親は、帰宅して、長男と次男から「それ以上のことがあったのではないか」と言われ、長男らに頼んだところ、強姦さ

隠した。

（2）教頭らは、集団的な甚大な性的暴力が繰り返されていたことを十分に認識し、かつ、協定書で事件を終わらせるつもりであることを察知していたのだから、直ちに甚大な性的暴力の事実を説明し、それでも協定書記載の処分だけで事件を済ませてよいかを確認すべき義務があった。教頭らは甚大な性的暴力を隠したまま協定書に署名押印したものであるから、過失がある。

（3）仮に、A子の兄弟が強姦の被害を聞き出していなければ、A子が羞恥心等から両親らに申告できず、教頭らも教育委員会等へ甚大な性的暴力を報告せず、加害生徒と保護者らも甚大な性的暴力等の事実を秘密にし、結局は、協定書の程度で闇に葬り去られていた危険性

れていた事実が判明した。父親は激怒して各教諭宅に電話をかけ、「強姦の被害が判明したから先の協定書は白紙徹回する」と告げ、「事実調査が不足している」と激しく抗議した。校長からは「内申書には事実を書く」との返事をもらった。

25日昼頃　A子の父親は、弁護士に相談し、警察署に申告した。

26日　教諭らは、新たな「性的暴力一覧表」をA子の両親に提示し、加害生徒とその保護者同席のもとで読み上げげた。A子の父親は、そのときに初めて、複数回にわたって甚大な性的暴力を強要されていた事実を知った。学校は、警察署から「調査を中止して捜査に協力するように」との指示を受け、調査を中止した。

があった。教頭らが12月24日に二度にわたって甚大な性的暴力をA子の父親らへ報告しなかったことは、独自に損害賠償の対象となる重大な違法行為であり、A子の両親の精神的苦痛について慰謝料損害賠償請求権を認めるのが相当である。A子の両親について、それぞれ10万円と認める。

講座11 中学生いじめ自殺事件（中3・1999年11月自殺）

東京高裁平成19年3月28日判決

1997年4月、中学校第3学年に進級したAは、同級生B、Cらのいじめを受けて、級友の助力もないまま孤立感を深め、11月26日早朝、自宅で自死した。

原告は亡Aの両親。被告は学校設置者である市と県、加害者B、C及び両親である。

控訴審（東京高裁）では、2005年7月5日、B、C及び両親と原告の間において、訴訟上の和解が行われた。

和解の際の謝罪文である。

> B、Cが、Aに対して、「肩パン」「プロレスごっこ」などと称して反復して暴力をふるい、教室内でAのズボンとパンツを引き下ろして性器を露出させ、女子生徒を含む他の生徒に晒（さら）し、Bが授業中にAの両目の瞼付近をサインペンで塗りつぶすなど、継続的ないじめを繰り返したことについて、Aが精神的に深く傷ついたことを理解し、B、Cは、Aの両親に深く謝罪するとともに、Aが自殺したことに、心から哀悼の意を表する。

B、C及び両親は、Aの両親に対し、それぞれ和解金（慰謝料）120万円を支払った。このため控訴審は、原告と残された被告（市、県）との間で争われることになった。

次は、東京高裁判決の判決主文（抜粋）である。

> 被告（市・県）らは、各自、原告らそれぞれに対し、430万円を支払え。

判決が認めた損害額の合計は、慰謝料1000万円、弁護士費用100万の、計1100万円である。このうち、市、県と、B、C及び両親は、共同不法行為に対する損害賠償債務について連帯債務の関係にある。このため、損害額のうち、和解金の合計240万円が既に弁済されているものと見なされた。したがって、430万円は、和解金を差し引いた残額860万円を2分した額である。

※東京高裁平成19年3月28日判決（変更、一部認容［上告］）判例時報1963号44頁、判例タイムズ1237号195頁。判決書資料は、引用・抜粋、事実関係と判決の趣旨を違えない範囲で、個人や地域を特定可能な情報等の削除・修正を加えている。

抽象論ではないいじめ行為による赤裸々な被害の実態、赤裸々な個別具体的な不法行為の実体を確認し、この現実に起きた失敗の事例を、目の前の事件・事実を判断するに際して迅速に取り出すことのできる実践的事例とするために、心に強く刻印ほしい。次の①〜⑥は、裁判所が認定した主な事実・判断である。

①「肩パン」「プロレスごっこ」など遊びを装った暴行。↓【3】【10】（次項表中の番号）

②「蹴り上げる」などの暴行。↓【10】

③「パンツ下げ事件」「サインペン事件」など衆目にさらされての屈辱的暴行やからかい。↓【4】【5】【6】【7】【8】

④「リュックサック事件」「スポーツシューズ事件」などのいやがらせ。↓【9】【14】

⑤③④の事件を知る教師が被害事実を軽視し、適切な対応を怠り、安易な謝罪を行わせて事態を悪化させた事実。↓【21】関係の判断（表中の最下段）

⑥傍観者、同調者であった同級生。↓【23】関係の判断（同）

①は、遊びを装って（判決原文では「藉口して」）暴行を繰り返す行為である。これを「遊び」として見過ごすことの無いように注意したい。

③は、判決が、「不安定な心理状態にある思春期の男の誇りを著しく傷つける理不尽なもの」「暴行による苦痛だけでなく、継続的に人間としての尊厳を踏みにじるような辱めを加え」と何度も強調する事件である。

教師らは、この事件を知った後も被害の甚大性を実感できず、被害を推し量る力を働かせず、対応をなおざりにした。教師だけでない。「理不尽な暴行を阻止せず、Aの被害の継続を放置した級友の卑怯な態度」も被害を深刻にしたのだと、判決は、それぞれに、厳しく批判の目を向けている。

個々の批判の程度はともかくとして、いじめが、「学校という共同社会の存立の基盤を脅かすもの」（資料最下段冒頭）であるという指摘は、直截かつ素朴ではあるが、真実をついた言葉である。

③④ともに、Aは、担任教諭に対して、「単なる事故」「必要ない」と、いじめを否定しているのだが、判決は、これについて、「それのみから『いじめが無い』と判断するのは、愚かの極みである」と厳しく指摘している。この点にも、

耳を傾けておきたい。(【6】関係の判断)

④の「サインペン事件」は、1986年に自殺した中学校2年生が受けた被害の一つ、「フェルトペン事件」と全く同じ形の、卑劣で屈辱的ないじめ行為である(講座5)

同じ形態の屈辱的いじめ行為が時を経て繰り返されている事実に慄然とさせられる。過去の失敗は、失敗が甚大であればあるほど、これをタブーとせず、広く教訓として共有され継承されていなければならない。

	認定された事実	裁判所の判断
第2学年3学期 授業崩壊	【1】1997年2月4日、学校は、保護者対象の臨時懇談会で、授業崩壊のようになり、多くの女子生徒が授業を受けず、保健室や図書室にたむろするなど、勉学に集中できない状況にあり、いじめが認められ、3学進級時に、（通常は行わない）クラス替えを実施すると説明された。 【2】Aは、2年の3学期頃から、自転車の荷台、前かご等を曲げられたり、パンクさせられたり、教科書等を隠されたり、前髪を不揃いに切られるなどをされて、登校をいやがるようになり、3学期には11日欠席した。学校は、両親からの通報や教諭の家庭訪問を契機として、Aの不登校に配慮したクラス替えがされた。	**学校、教師の安全配慮義務** 校内における生徒の生命、身体の安全は、保護者の委託を受けて生徒を預かる学校が確保することが必要で、教師も同様である。暴行等犯罪に当たるものはもとより、いじめは、授業だけではなく、学校という共同社会の存立の基盤を脅かすもので、これが生じないようにし、生じた場合も害を小さくすることが不可欠で、教師の果たす役割は大きい。 **いじめの形態　本件いじめ行為の特徴** いじめには三つの形態がある。第一は、暴行等の犯罪行為が一定の期間、継続的に加えられるもので、法律違反、犯罪として法的に排除され、周囲が傍観せず、無法を排除する行動をとる。しかし、閉鎖され、未成熟な者から成る学校においては生じ易い。第二は、いわゆる村八分のように、行為の継続と集団の力によって被害者が疎外され、属する組織や社会から理由なく排除され、生活が困難となるもので、一般社会はもとより、学校においても生じ得るもの。第三は、悪意もなく、内容が相当であっても、指導や叱責が重荷となり、属する組織や社会にお

		ける生活が困難となる原因となり得るもの、である。 本件のいじめは、第一と第二の形態が複合したいじめである。
第3学年1学期 プロレスごっこ 肩パン パンツ下げ事件 性的なからかい	【3】Aは、4月以降、同級生のB、Cから、頻繁に「プロレスごっこ」や「肩パン」（ジャンケンをして相手の肩を強く叩く遊び。限度を超えたり一方的に攻撃を受ける場合は暴行・いじめ行為と変わらない）の相手をさせられ、1学期の間、毎日のように、このような、遊びを装っての、一方的な暴行を加えられた。そしてこの間、他の同級生による制止もなかった。 【4】4月23日、授業終了後、Aは、女子生徒を含む同級生の面前で、Cから羽交い締めにされて倒れ、Bからズボンとパンツを引き下げられて、Cから無理矢理、仰向けにされて、性器を露出させられた。 【5】Aは、「パンツ下げ事件」の後、初	**教師による対応の問題点** 「パンツ下げ事件」【4】が、いまだ人格を確立するに至らず、不安定な心理状態にある思春期の男の誇りを著しく傷つける理不尽なものであることは、Aの数日間の欠席の事実により明らかである。「サインペン事件」【7】は、生徒を学習に集中させる力量を備えた教師の下では、発生すること自体想定し難い。二つの事件は、いずれもBが加害者で、多くの同級生の面前で発生した点で共通し、「サインペン事件」は授業中に発生した点で異常性がきわ立つ。 担任教師は、「パンツ下げ事件」では、Aの説明【6】と事情を知らない同級生の説明のみに依拠して、Bの暴行ではないと速断し、「サインペン事件」でも、Aの意見【8】のみに依拠して、Bに対する指導も、叱責もしなかった。 学年主任と理科教師も、自己の見聞きした事実【11】のみに基づいて、いじめと受け止めず、措置を講じず、

通報
Aの否定
担任教諭は措置せず

理科授業中の「サインペン事件」
理科教諭は叱責せず
Aの否定
担任は叱責せず

「スポーツシュー

めて登校した4月26日、B、Cから性器に関連してからかわれ、27日、28日、30日を欠席した。

【6】担任教諭は、Aの欠席中、他のクラスのDから「パンツ下げ事件」の通報を受けたが、Aから、「単なる事故で、いじめられたのではなく、Bに注意を与える必要もない」と言われたので、格別の措置を講じなかった。

【7】Aは、5月15日頃、理科の授業中、Bから、両眼の瞼付近をサインペンで汚く塗られた。理科教諭は制止したが、Bは、「Aの承諾を得た」と強弁した。理科教諭はBを叱責せず、同級生もBの行動を制止せずに傍観していた。

【8】担任教諭は、理科教諭から「サインペン事件」のことを聞き、Bを注意しようとしたが、「必要ない」というAの意見を受けて、Bに対して指導も叱責もしなかった。

【9】Aは、6月14日、新しいスポーツ

その結果、Aが「プロレスごっこ」等の遊びを装った暴行を受けるのを、阻止できなかった。

　生徒間のいじめは教師に隠れて行われ、被害生徒が通報することがないのが通例で、他の生徒の通報が発見の契機となる。通報を契機として事情聴取しても、被害生徒すら事実を否定する（被害生徒は、教師に期待することができないと判断するとき、通報に基づく不適切な措置による被害の拡大を怖れ、通報を理由とする被害の拡大を避けるためにいじめの事実を否認する）ものであり、それのみから「いじめが無い」と判断するのは、愚かの極みである【6】。

教師の安全配慮義務違反

　教師らは、「パンツ下げ事件」【4】と「サインペン事件」【7】を契機として、①職員会議等における意見・情報の交換をして、②生徒から事情聴取をして、他にも、「プロレスごっこ」「肩パン」【3】、「スポーツシューズ事件」【9】などを知り、③加害生徒を諫めることはもとより、その保護者に対しては加害生徒の指導、監督等、責任を果たすよう求め、④傍観したり、暴行に加担する生徒には、「暴行を受ける生徒の心の痛み」や「傍観もいじめにほかならない」ことを理解させ、いじめを解消

ズ事件」 理科教諭の面前での暴行 担任教諭、学年主任、理科教諭は事件を知って対応をしなかった	シューズをBに取り上げられ、数日間履き続けられ、泥まみれにされた。 【10】Aは、1学期（日時不明）の掃除作業中、理科教諭の面前で、Cから、太股を蹴りつけられた。 【11】理科教諭は、「サインペン事件」をみたほか、Aが授業中にBから繰り返し嫌がらせを受け、Cに突然蹴られたのを目撃していた。また、学年主任は、5月上旬、担任教諭から「パンツ下げ事件」の報告を受けていた。 【12】この間、Aは、級友から、救いの手を差し伸べられることもなく過ごした。	する行動を促し、被害を解消するための指導・監督を講じる注意義務を負っていた。 教師らには、Aに対する安全配慮義務を怠った過失がある。 **教師の安全配慮義務違反と1学期の被害に関して相当因果関係を肯定** 「パンツ下げ事件」から1学期が終わるまでの間、Bらは、暴行による苦痛だけでなく、継続的に人間としての尊厳を踏みにじるような辱めを加え、傍観し加担した同級生の態度も加わって、極めて強い精神的負荷を、Aに加えた。 教師らが安全配慮義務を尽くしていれば、「パンツ下げ事件」以後のいじめを阻止できた高度の蓋然性がある。1学期が終わるまでの間、Aが、ほぼ毎日のように暴行や辱めを受け、肉体的・精神的苦痛を被ったことは、教師らの安全配慮義務違反と相当因果関係のある損害にあたる。
第3学年2学期 「肩パン」の継続	【13】Aは、2学期には、目立つ暴行を受けることが減ったものの、9月中は、6日から8日までのほかは欠席せず、	**不登校やうつ病の誘因としてのいじめ行為** 【13】にみられるAの様子は、Aの被害が軽減されたことを意味するものではなく、級友との接触を避け、い

	9月27日と28日、胸の痛みを訴えて診察を受けた。また、（回数は減ったものの）Bから「肩パン」の相手をさせられ、休み時間中、同級生と話すことが減り、机上にうつ伏せになることが多くなった。同級生と一緒に帰宅することはなく、クラス内で孤立を深めていった。	わば、息を潜めて日々を過ごす途を選び、暴行に晒される機会を減らすように努めた結果にほかならない。Aが、学校生活が針のむしろに座す状態であったことに変わりはなく、嘲弄され、暴行を加えられ、孤立感を深め、学校と級友に対する恐怖すら覚え、勉学だけではなく、生きる意欲をも失いかけるに至ったと推認できる。 うつ病り患【16】は、長期にわたり人格を否定されるいじめを受け、クラスで孤立無援の状況に置かれ、極めて強い精神的負荷を受け続けたことによるものである。 「リュックサック事件」【14】は、客観的には、他愛がなく、取るに足りないものであったが、登校して息を潜めて過ごしていた学校生活について、Aの忍耐の限界を破る「契機」となった。 **級友のすべてが加害者** Aは、Bらの継続的な暴行によるいじめを受け、級友の助力もないまま、次第にクラスの中で救いのない状況に陥り、2学期以降、それでも息を潜めるようにして登校を続けていたが、孤立感を深め、「リュックサック事件」【14】を契機として、生きること自体にも執着しなくなり、登校を止め、遂に自死するに至ったと推認できる。 このような経過は、集団におけるいじめに通有のもの
遠足での「リュックサック事件」	【14】Aは、10月26日、遠足の際の休憩時間中、同級生にリュックサックを奪われ、取り戻そうとして坂の下に向かって押し倒された。Aは、持参した弁当を食べないまま帰宅し、28日、10月に入って初めて欠席した。	
登校拒否	【15】Aは、11月1日、両親に、「今後一生学校に行かない」「勉強に疲れた」などと登校拒否の強い意思を示し、以後、登校も、受験勉強もしなくなり、来訪した学年主任から励ましや学校祭への誘いを受けても登校しなくなった。 【16】Aは、日中もカーテンを閉め切って自室に籠り、食事をほとんど摂らず、	

うつ病罹患

勉学意欲を全く喪失し、母親に「もう俺にお金をかけなくてもいいよ」と将来への希望を全く失っていることを示す発言をし、表情から生気が失われるなど、遅くとも登校しなくなった時点で、うつ病にり患していたと認められる。

担任教諭の訪問

【17】担任教諭は、頻繁にA宅を訪問し、Aや両親と面談して、いじめについて調査し、生徒から詳しい事情を聴取し、他の生徒がいない土曜日の午後に登校を促して作業を手伝わせたり、同級生にA宅の訪問を勧め、Aに登校を促すよう依頼するなどして、登校についてのAの抵抗感を減じようと努めた。

【18】Aは、11月6日頃以降、自室で日中もカーテンを閉めて過ごし、数日間、食事にもほとんど手をつけなかった。

両親が「パンツ下げ事件」を知って抗議・謝罪要請

【19】Aの両親は、11月6日、Dから聞いて、「パンツ下げ事件」を初めて知った。7日夜、Aの父は、担任教諭に、電話でAの様子を伝え、「パンツ下げ事件」への

で、Bらの暴行がAを自死に至らせた重要な契機の一つとなったことは疑いない。しかし、それだけでなく、理不尽な暴行を阻止せず、Aの被害の継続を放置した級友の卑怯な態度も、それ自体がいじめとして、Aが孤立感を深め、自死に至った一つの原因となったと推認できる。

被害者の状態を放置した級友の卑怯な態度も、いじめの大きな要素であり、あえて言えば、被害者以外の級友のすべてが加害者と言ってよい事例である。

安易な謝罪措置の問題性

謝罪の要求を受け【19】、事態を的確に把握しないまま、加害生徒を謝罪させること【20】は、いじめに対する対策の名にも値しない。謝罪をさせた学校側の措置が、かえってAに心理的負荷を与え、自死を誘発した可能性を否定し得ず、措置が妥当であったとはいえない。

しかし、当時、教師らにはAのうつ病り患についての認識がなかった。教師らの安全配慮義務違反ということはできない。

2学期の被害・自殺に関して相当因果関係を否定

Aは、第3学年2学期（10月末まで）にも、Bから暴行を複数回受け、クラス内で孤立無援の状況に置かれ、深刻な疎外感を感じ、中学校生活に強い精神的な苦痛

	対応に抗議し、翌8日には、学校において、校長、教頭、学年主任、担任教諭から「事件の詳細については調査中である」と説明を受けて、学校に強く抗議し、Bらに謝罪させるよう要求した。	を感じて生活していた。しかし、中学校教師らがAに対する安全配慮義務を怠っていた1学期の当時には、2学期にもAに対するいじめが続くことを予見し得たと認めるに足りず、Aが2学期に受けた肉体的・精神的苦痛について、教師らの安全配慮義務違反と相当因果関係を認めることはできない。 教師らの安全配慮義務違反とAのうつ病り患及び自死との相当因果関係を認めることはできない。
謝罪受入を拒否	【20】Aは、11月10日、担任教諭から、Bと両親が謝罪に来たと伝えられたが、「謝罪されることはない」と述べて面会に応じず、Bの持参した謝罪の念書をゴミ箱に捨てた。	
自宅での自殺	【21】Aは、11月17日、父親に学校を怖がる発言をした。 【22】Aは、11月26日早朝、自宅1階にて自死した。	・「パンツ下げ事件」から1学期終了時まで、Aは、毎日のように同級生から暴行を受け、人間としての尊厳を踏みにじるような辱めを受けた。同級生は不当な被害を受けるAの様子を知りながら傍観し、時には嘲笑した。誰にも助けを求めることができず、ひたすら耐え、その苦痛を誰にも訴えることができず、学校に通い続けたAの肉体的・精神的苦痛は甚大であった。 Aが被った苦痛が、うつ病り患と自死に寄与していることは容易に推認される。Aの苦痛を慰謝すべき金額は、1000万円をもって相当とする。
損害額の認定	【23】損害額の認定 慰謝料　1000万円 弁護士費用　100万円	

講座12

中学校いじめ不登校統合失調症発症事件（中3・2002年6月から不登校）

最高裁平成22年1月21日判決

中学校2年から3年にかけて、長期間、学校の内外で、教師が現認する状況にありながら、暴行、脅迫、恐喝、いやがらせ等の不法行為を受けて不登校となり、統合失調症を発症した少年の事件である。被害少年（A）と両親は、中学校卒業後、加害生徒及びその保護者に対しては損害賠償請求訴訟を、学校設置者である市及び県を相手として国家賠償訴訟を起こした。２００７年5月24日広島地裁と２００８年10月15日広島高裁判決は、統合失調症の発症といじめ行為との間の相当因果関係を認めた（毎日新聞 ２００８年10月16日）が、高裁判決が賠償額を原審の約半額に減額したことから原告側が上告した。２０１０年1月21日最高裁判決は高裁判決を破棄・差戻したあと、２０１０年12月20日広島高裁（差戻審）は、いじめ被害と統合失調症の慰謝料を別個に算定して計５０７万円とする判決を言い渡した。（読売新聞 ２０１０年12月20日）。左は地裁判決の主文である。

判決主文（広島地裁）

・ B、Bの父親と母親、C、D、被告市と県は、Aに対し、各自６６０万円を支払え。

・Eは、Aに対し、33万円を支払え。
・B、Bの父親と母親、C、D、被告市と県は、Aの父親に対し、各自6万3299円を支払え。
・B、Bの父親と母親、C、D、被告市と県は、Aの母親に対し、各自132万1662円を支払え

本判決資料に学ぶポイントは三点である。

（1）加害生徒らの個々の行為（①～⑧）について具体的に不法行為を確認することができ、さらにEについて「制止するどころか、それを囲んではやし立てた行為は、それのみでも、違法ないじめ行為に加担した不法行為に当たる」と判示している点。

（2）主たる加害生徒Bの保護者に対する責任を、厳しく指摘している点。

（3）教師に対し、不法行為①（文房具の損壊）の段階で「漫然と事態を傍観していた」点に言及し、「過失」として厳しく指摘している点。

いじめの不法性を疑う教師はいない。しかしいくら理解できていても、目の前の不法行為を「じゃれ合い程度」と捉えるのでは意味が無い。本資料を、目の前の事実を正しく判断し対応する力を向上させるために、活用してほしい。

※判決書資料は、広島地裁平成19年5月24日（一部認容、一部棄却〔控訴〕）判例時報1984号49頁、判例タイムズ1248号271頁から「第2事案の概要1争いのない事実」と「第3当裁判所の判断」をもとに、個人等を特定する情報を削除し、判決の趣旨を変えない範囲で抜粋・要約して作成している。

	事件の経緯	裁判所の判断（判示）
①文房具損壊行為	**2001年4月**（中学2年生）AはCと同じクラス、B、D、Eとは別のクラスになった。 **5月頃**　同じクラスのCは、授業中やホームルームの時間中、訴外Fと共に、Aの文房具を奪う行為を繰り返していた。訴外Fがそれを損壊することもあった。Aは、C、訴外Fに止めるように言い、取り返そうとしたりしていたが、担任教諭をはじめ2年生担当の教師らの多くは、これに気付かず、また、気付いても何の注意もしなかった。 **5月頃**　Aは、C、訴外Fが、またAのシャープペンシルを取ろうとしたので、妨害しようとしたところ、芯がAの手のひらに刺さり芯が残ってしまい、保健室に行った。その日の夜、Aの母親がAの手のひらの痕に気付いたため、Aは経緯について話した。Aの母親は、翌日、担任教諭を訪れ、C、訴外Fが壊した文房具を見せながら伝えた。担任教諭は、放課後、A、C、訴外Fを呼び出し、C、訴外Fに、「今後、授業中にふざけることや鋭利なものでふざけることはやめるよう」に注意するとともに、Cの両親や訴外Fの両親に	**争点　B、C、D、Eの不法行為** **①文房具損壊行為**　器物損壊行為に当たるとともに、C、訴外Fが複数になって、執拗に嫌がらせ行為を行ったものであるから、②③④と相俟って、不法行為に当たる。 **②暴行行為** **③小石を投げ付ける行為** **④水をかける行為** Bは、C、D、E（Eは2002年4月から6月までの間に限る）と共に、Aに対し、2001年5月下旬頃から2002年6月までの間、②③④の行為を行っていた。Bは、その中心となって、専らAに対して一方的に、しかも2001年5月下旬頃からAが不登校になる2002年6月16日まで長期間にわたり、休憩時間において日常的に執拗に実行した。その行為態様も身体

電話し「両親からも注意をして欲しい」と話した。

②暴行行為

5月頃から　Bは、休憩時間中、頻繁にAの教室を訪ね、連れ出し、教室前の廊下や職員室外のテラスで、腕全体をAの首に絡ませて絞めたり、臀部を蹴るなどの暴行を行った。C、Dは、Aを取り囲んだり羽交い締めなどして逃げられないようにして、Bに協力し、回数は少ないものの首絞め行為を行っていた。Aは、1回だけ抵抗して蹴り返したことがあったが、逆にBに強く蹴り返されたことから、拒絶の意思は表明したものの激しく抵抗はしなかった。Bは、Aが「やめえや」と言っても、暴行をすぐに止めることはなかった。Bらの暴行は、2年生の間、休憩時間のたびに執拗に行われた。一度、Cが、Aの首を絞めた際、通りかかったG教諭が、「あぶないだろうが」とCを注意することがあった。しかし、Bらは、暴行行為を、教師には分からないように隠れて行っていたことはなく、教師が横を歩いたりしていても構わずに行っていた。

③小石等を投げ付ける行為

5月下旬頃から　B、C、Dは、休憩時間中、頻繁にAの教室を訪れ、外に連れ出し、職員室の外のテラスに

への危険性があり得るものであり、Aがこれらの行為に対して拒否する意思を表明していたにもかかわらずその訴えを無視して行なわれており、首絞め行為について見れば、被告生徒らは、Aが逃げようとしたにもかかわらず、取り囲んだり羽交い締めにして逃げられないようにした上で行うなど、Aの意思を完全に無視し、その人格を著しく損なうものであった。Bの行為は不法行為に当たる。

・C、Dの行為は、Bの同様の行為（羽交い締めの行為も共同暴行行為）について不法行為に当たる。

争点　Bの両親の損害賠償責任

・Bは、（1年生の時）同級生への陰湿で悪質な嫌がらせ、暴行、器物損壊を行い、（Bの）担任教諭は、Bに注意指導を行い、Bの両親にも逐次知らせて家庭内での指導監督を促した。Bの両

	おいて、Aに対し、約2、3㎝の小石を投げ付ける行為をしていた。AがC、Dに小石を投げ付けることもあったが、基本的には、B、C、Dが一方的にAに石を投げ付けていた。B、C、Dの行為は、2年生の間、断続的に行われた。Aは、寝たふりをしたことがあるが、Bに無理矢理起こされて、外に連れて行かれ、小石等を投げ付けられた。小石をよける様子を見て、Cが、「きちがい踊り」と言ったのをきっかけに、B、C、Dは、Aに、「きちがい踊り」と言ってからかった。Bは、事あるごとにAを「障害児」「浮浪児」などと呼んでいた。
④水をかける行為	**5月下旬頃から** B、C、Dは、休憩時間中頻繁にAの教室を訪れ、グラウンドに連れだし、手洗い場などで、Aが水を飲もうとしたとき後ろからAの身体を押す、水を手ですくってAにかける、蛇口を指で押さえてAに水を飛ばすなどの行為を行っていた。
遅刻	・Aは、中学2年生のときは1年間を通じて14回と、遅刻が多くなっていった。
⑤教科書や文房具を隠匿する	**2002年4月**（中学3年生）、Aの担任は2年の時と同じで、Dと同じクラスになった。

親は、遅くとも2002年秋頃には、Bが違法ないじめ行為に及ぶことを予見可能であった。Bの両親は、折に触れて、「いじめ行為が決してしてはならない行為であること」をたびたび言い聞かせ、担任教諭等と連絡を密にとってBの学校内での生活ぶりを聴取し、問題行動を制止すべく説得する義務を負っていた。ところが、Bの母親は、担任教諭から連絡を受けても深刻に受け止めず、Bが違法ないじめ行為に及ぶ危険性があることを理解せず、教育・監督の措置を講じることなく漫然と過ごしていた。Bの両親には、子に対する教育、監督義務の違反、懈怠があった。Bの両親は、本件各不法行為によって発生した原告らの損害について賠償責任を負う。

⑤教科書や文房具を隠匿する行為 Aは、教科書や文房具がない状態で授業

行為	**4月から5月頃**　Bは、頻繁に、休憩時間中にAのいる教室を訪ねては、Aの教科書や文房具を無断で持ち出し、これを隠匿していた。Aは、そのたびに、隠された物をBのいる教室にまで行って探さざるを得なかった。休憩時間中に探すことができないときは、教科書や文房具がないまま授業を受けなければならないこともあった。当時の生徒会長は、Bに対し、「やめてやれ」と言ったが、Bがやめることはなかった。	を受けなければならなかったこともあるなど、学生にとって大きな不利益と精神的苦痛を被ったこと、Bの行為は、一方的に、かつ執拗に行なわれていたことからすれば、②③④と相俟って、ふざけ合いの範囲を超えた不法行為に当たる。
⑥不登校をからかう行為	**4月または5月頃**　Aは、中学3年生になってから、学校を休んだり、遅刻することが多くなった。B、C及びDは、Aとともに図書室に行ったとき、数回にわたり、Aに対し、不登校に関する本を見せ、笑いながら「お前じゃないんか」と言い、Aが不登校になりかかっているのをからかった。Aが、怒ってその本を床に叩き落としたところ、それを見ていたH教諭は、Aのみを注意し、Bらの言動については注意しなかった。	**⑥不登校をからかう行為**　Bの行為は、いじめ行為により不登校ぎみになっていたAに、その心情を踏みにじり、さらなる精神的苦痛を与えるもので、②③④と相俟って、不法行為に当たる。C、Dは、Bとともに、からかったことが認められ、（②③④と相俟って）不法行為に当たる。
⑦万引きに端を発した恐喝行為等	**5月頃**　Bは、Aに万引きを煽る発言をし、「自分も万引きするから、先に「○○」（ゲームソフト）を盗ってきてくれ」と誘った。Aは、その日、Bとゲーム店に	**⑦万引きに端を発した恐喝行為等**　Bの行為は恐喝行為に当たり、②③④と相俟って、不法行為に当たる。首絞

行き、万引きした。翌日、BはA宅を訪ね、ソフトで遊び、数日後、Aから借りてそのまま所持を続けた。さらに、Aは、Bに誘われ、ゲームソフトを万引きした。

5月13日頃　Bは、Aに、「店員にAが万引きしたことを知らせた。代金を代わりに払った」と、立替代金の支払を求めるようになった。Aが拒むと、首絞め行為をしたり、Aの目の前で、教室の黒板や図書室のホワイトボードに、「Aが万引き少年である」と書いた。C、Dも、Bと、「Aが万引き少年である」と書いたり、「万引き少年」とはやし立てた。Bは、休憩時間のたびにAの教室に行って、万引きのことを責め、代金を求めたり、Aの首を絞めた。

6月14日　Aが登校したところ、Bは代金を支払うよう要求し「支払わなければ警察に告げる」「利子がどんどん増えていく」と言い、Aが断ると首を絞め、C、Dも加勢した。その際、Aの眼鏡が歪みネジが折れた。Aは弁償を求めたが、Bは、「そんな安物の眼鏡くらいで。その眼鏡100円か」と言った。Eは、2002年5月から6月17日頃まで、首絞め行為の際、Aを逃がさないように羽交い締めにして、加勢した。

6月17日以降　Aは登校しなくなった。

め行為がふざけ合いの範囲を超えたものであるし、頻繁に黒板等に「万引き少年」と書いたり、警察官にばらすなどと脅すことも、Aを精神的に追い詰めるもので、恐喝行為に当たる。C、Dは、Bと、教室の黒板や図書室のホワイトボードに「万引き少年」と頻繁に書くなどの嫌がらせ行為をしたことが認められるところ、これがいじめ行為に当たり、不法行為を構成する。（首絞め行為に協力したり、黒板等に「万引き少年」と書くなどの行為も、恐喝行為に加担するものであり、②③④と相俟って、不法行為に当たる。）Eの行為は、Bの同様の行為について不法行為に当たる。E自身、2人を囲んではやし立てたり、逃げないように取り囲んだり、羽交い締めにしていた。Bの行為を現認しているにもかかわらず、制止するどころか囲んではやし立てた行為は、それのみでも違法ないじめ行

6月24日　Bは、D、Eほか1名とA宅を訪ね、「お前が来ないと俺らが疑われる。学校に出て来い」と言い、「俺らのせいじゃないよね」と何度も確認した。

為に加担した不法行為に当たる。

統合失調症の発症

7月4日　Aは、期末テストで登校したが、同5日、Eと同室で試験を受け、休憩時間には、Bが覗きに来た。Aは、まばたきがひどくなったのを感じた。

7月7日　Aは「ショベルカーの男が自分を殺しに来る」という妄想を覚えるようになり、家から出られなくなった。

7月8日　Aの母親が病院で薬剤の処方を受け、Aは服用した。しかし、7月12日「家の中のそこらじゅうに敵が潜んでいる」と妄想に襲われ、母親に話した。そこでAの母親は勤務を辞めた。

7月16日　Aは、妄想がひどく、病院に行くことを拒否したため、母親が病院を訪ね薬剤の処方を受けた。これの服用により、不眠状態は解消し、妄想も減少した。

夏休み明け　Aは、登校したが、2日目、被告生徒ら（Eを除く）が揃っているのを見て、現実感を失い、幻を見ているような異常な感覚に襲われ、登校するのを止

争点　いじめ行為とAの統合失調症の相当因果関係

・事実的因果関係　長期間にわたるいじめ行為も統合失調症発症の誘因となる。Bの両親の教育・監督義務違反及び担任教諭の違法行為とAの統合失調症の発症との間の事実的因果関係の存在も認められる。

・相当因果関係　各不法行為は、長期間にわたり執拗にほぼ毎日何回も行われ、Aの自尊心を大きく傷つけ、不安感を煽り、多大な精神的打撃を与えるものであった。このような精神的打撃に基づくストレスは精神疾患発症の誘因となり、時には自殺という結果を招来するもので、新聞等によって社会一般に報道されている（公知の事実であ

	めた。それ以降、Aは、登校せず家にいて、母親に、自分がいかに虚しいかを語り、11月6日病院を受診した。その後、親に中学校の生徒がひどいこと、見て見ぬ振りの教師が多いこと等を話すようにもなったが、被告生徒らのことを話すことはしなかった。 **2月1日**　Bが電話でサイクリングに誘ってきて、万引きのことを親に言われるのを心配し、結局参加することとした。サイクリングに行った際、Bは、「学校に出て来い。卒業式だけでも出て来い」、「ゲームソフトの代金はもう払わなくてもいい」、「俺らはもう高校に行くんで、お前をいじめているような暇はない」などと言った。Aはその後まばたきがひどくなり、しばらく自然な表情ができなくなった。	る）点を総合勘案すると、一般人からみて、Aの統合失調症の発症は予見可能な結果である。本件各不法行為（Eは除く）、Bの両親の教育・監督義務違反及び担任教諭の違法行為と統合失調症の発症には、相当因果関係がある。（Eは除く） **・素因による減額**　統合失調症の発症は、身体的素因や家庭環境等の事情も原因となったものと推認され、統合失調症発症による損害については、その7割を減額する。
⑧2003年3月以降の行為	**3月7日**　CはA宅を訪ね、「万引き少年と言ってやろうか」と言い、ほぼ毎日のようにA宅を訪ね、テレビゲームをした。 **3月25日**　CはDとA宅に来て外に連れ出し、小石を投げ付けたりした。 **4月**　CはA宅をたびたび訪ね、家の前で「Aは万引きをしましたー」と大声で言ってAが嫌がるのを楽	**⑧2003年3月以降の行為**　Cがした、3月7日以降の訪問、卒業後の「Aは万引きをしましたー」などと大声で言った行為、5月31日の行為、6月6日の行為は、いずれも、それまでのいじめ行為の延長と評価されるべきものであり、これらは全体として不法行為に当たる。

しんだ。

5月下旬頃　Dとともに、Aにボールをぶつけた。Aは再度不眠状態となった。

5月31日　C、Dが、「家でテレビゲームをやろう」と誘った。Aは万引きの弱みを握られていることから嫌々ながら承諾し、雨の中を濡れたままで歩いたところ、Cが「雨の味はどうだ」と言ったので、Cを蹴った。Aの母親から「友達同士とは思えない」と言われたものの、Aは、被告生徒らのいじめについて話すことはできなかった。

6月6日　Cは、Aとデパートで「母親に頼るA」などと繰り返し言った。立腹したAが言い返したところ、Cは屋上で、入口の扉を閉めて押さえ付け、Aが出られないようにした。Aが扉を叩いたので警備員が来て、Cも手を離した。Aは自宅に帰ったが、Cもついてきて、蛾のとまっている壁にAを押し付けてげらげら笑い、怒ったAは「やめろ」と大声で叫び、Cの自転車を蹴るなどした。後日、Aの両親は、Cの両親にCの嫌がらせを伝え、止めるよう要求した。

争点

教師の過失

・各不法行為は、中学2年生の5月頃から中学3年生の6月頃まで継続的に行われており、しかも教室前の廊下、職員室の外のテラス等、教師の目の届き得る場所で行われていたこと、被告生徒らは教師の目を盗んで行っていたわけではなく、教師が横を通っても首絞め行為等を行っていたこと（現にG教諭は、被告生徒らの行為を現認し、注意している）からすれば、担任教諭をはじめ、教師らは、遅くとも中学2年の夏休前、2001年7月頃には、被告生徒ら（Eを除く）の各不法行為を認識していたか、少なくとも認識することが可能であった。また、担任教諭は、2001年5月頃、母親から聞き、①文房具損壊行為を認識したことが認められる。このような文房具の損壊は、いじめの存在を疑わせるに足りる十分な端緒であったといえる。さらに、Aは、中学2年生になって遅刻が多くなったこと、担任教諭は保護者面談の際、Aの父親から、Aの遅刻が増えた原因について、学校で何かあったのか、注意して見て欲しい旨告げられていたことが認められる。このように、生徒に遅刻が急に増えた場合、いじめもその原因の一つとして考えるべきであった。教師、少なくとも担任教諭は、遅くとも2001年7月頃には、被告生徒ら（Eを除く）がAに対して各不法行為を行っていることを認識し得た。とすれば、担任教諭は、遅くとも同月頃には、被告生徒ら（Eを除く）や他の同級生から事情を聴取して、事実関係を調査し、被告生徒ら（Eを除く）に厳しく指導したり、その保護者らに連絡して教育・監督を促すなどの適切な防止措置を講じるべきであった。ところが担任教諭は、「被告生徒らとAが友達の関係にある」と思い、しかも「友達の関係の場合はいじめ行為は存在しない」と思い込み、各不法行為を「じゃれ合い程度」と捉え、いじめが存在しないかを注意深く観察することなく、漫然と事態を傍観していたため、担任教諭が、教師同士や、教師と生徒、教師と保護者との間で報告や連絡、相談をしたり、被告生徒らやその保護者に注意したり、Aから個別に事情を聴いたりするなどの指導監督を行うことはなかった。担任教諭は、中学校教師としてなすべき義務を怠った過失がある。担任教諭が措置を講じていたならば、各不法行為は遅くとも2001年7月頃には学校や保護者らに発覚し、被告生徒らが不法行為に及ばなかった可能性は高い。被告市（県）は、国家賠償法1条1項（3項）に基づき、賠償責任を負う。

・担任教諭は、①文房具損壊行為を認識しながら、子供同士の戯れ程度のことと認識し、その後のAの動向に何ら注意を払わなかった。このことは、担任教諭のいじめ問題に対する配慮の足りなさを露呈したものといえる。また、担任教諭は「Aと被告生徒らがじゃれ合っているところは見ていた」と供述している。被告生徒らは、休憩時間中頻繁に、Aに暴行を加えていたことからすれば、「じゃれ合っている状況」はまさしく首絞め行為等のいじめ行為であったことが推認される。その状況を見ながらそれをじゃれ合い程度のものであり、およそいじめとは認識せず漫然と放置すること自体が、学校教師としての義務を怠ったものといえる。上記のような教師の姿勢について何ら疑問を抱かない被告市や県にも大きな問題がある。

原告の損害

Aの損害　Aに対する慰謝料は３００万円と認める。（ただし、被告Eの不法行為による精神的苦痛に対する慰謝料は30万円と認める）。Aが統合失調症発症によって被った精神的苦痛に対する慰謝料は１０００万円と認め、賠償責任額はその７割を減じた３００万円となる。

Aの父親の損害　Aの治療費17万７６６５円の７割を減じた５万３２９９円となる。

Aの母親の損害　Aの母親は少なくとも22か月間の収入（４００万５５４０円）を失った。賠償責任額は、７割を減じた１２０万１６６２円となる。

弁護士費用　A　60万円（ただしEの関係では３万円）、Aの父親　１万円、Aの母親　12万円

講座13

中学生いじめ神経症事件（2004年9月から通院）

横浜地裁平成21年6月5日判決

中学生の女子生徒（A）は、在学中、「死ね、うざい、きもい（気持ちが悪い）」などの言葉の暴力、カバンを刃物で切られ（1年生の7月、2年生の10月）、セーターを切られる（3年生の10月）などの被害を、受け続けた。

Aは、卒業後、学校側が適切な措置をとらなかったこと、安全配慮義務に違反していたこと等を理由に、国家賠償法1条1項に基づき、損害賠償を請求する訴訟を提起した。

判決は、「いじめ」「犯罪行為」の存在を確認したうえで、学校側が「正鵠を射た問題解決のための努力に欠けたため、いじめの繰り返しに耐えざるを得なかった」と過失を認定。設置自治体に対し、124万5042円の支払いを命じた。

※横浜地裁平成21年6月5日判決（一部認容、一部棄却〔確定〕）判例時報2068号124頁。判決書資料は、判決書中「前提となる事実」「争点に対する判断」等から判決の趣旨を変えない範囲で、個人等を特定する情報を避けて抜粋・要約している。

「適切な措置」「正鵠を得た問題解決のための努力」とは何を指すのか?判決理由のポイントは、次の四点にある。

（以下罫線内は判決書の一部要約）

（1）言葉の暴力を過小評価しない

・「死ね、うざい、きもい」等の言葉の暴力も、傷つきやすい心に深く傷を残すもので、「いじめ」に当たる。

悪意ある言葉は自身で自制できなくなる。エスカレートし、直接的暴力を誘発する素地ともなりかねない。初期の段階での強い警告、指導は、被害者の安全を確保するためというだけでない。（自身や仲間同志で）暴走する悪意を制御できないでいる加害者を早期に救済する意味で、重要である。ほかにも、同級生から言葉の暴力を受け続けて自殺した女子高校生の事例がある。（講座15）

（2）すみやかに事態を把握し、対応を判断する

判決は、「被害は継続的か」「Aは弱者か」などを判断できなかったという学校側の主張を、「詭弁」と退けている。

・（各事件は）1年の間隔をおくものの、Aのみを標的として繰り返されている。継続性の要件を十分に満たす。
・強弱の比較ができないというのは詭弁に過ぎず、被害を受けていること自体が弱者であることを推認させる。
・「いじめではない」とする認識自体、事の重大性に対する認識の甘さを指摘されてもやむを得ない。

本件では、カバンを切られた第1事件の後、Aから被害申告を受けた後も、校長に報告されていない。校長が事件を知ったのは10ヵ月後、である。これでは事態の正確な把握・判断など、できるはずがない。指導的教員による事態

の正確な把握、対応についての判断には、まずは即座の情報伝達、共有が、最優先の課題となる。

（3）不法行為・犯罪行為に対して強い姿勢で望む

- カバンや着衣を刃物で切り付けられるという、誠に穏やかならぬ攻撃であり、Aの心胆を寒からしめるに十分な脅迫的効果をも意図したもので、単なる悪戯や嫌がらせの域を超えた明らかな犯罪行為である。

「明らかな犯罪行為」にもかかわらず、加害者を特定できないような事態は、学校では、めずらしくない。教育機関としての限界もある。しかしだからといって、対応を曖昧にして良いことには、ならない。判決は、学校・教師側の曖昧な対応、一般的な注意が、かえって事態を悪化させ、「学校全体としてのいじめ防止対策を遅らせ、発覚しなければ何をしても良いとの安易な考えを加害生徒に生じさせた」と指摘した。

ではどうすべきであったのか。判決は、こう述べている。

- 加害生徒と目される生徒に対して厳しく指導し、加害行為が犯罪行為であることを認識させ、再度の類似行為が発覚した場合には加害生徒自身にも大きな不利益をもたらすことを自覚させる。
- 加害生徒と目される生徒に対する、強制に及ばない限度で必要な監視・監督を怠らない措置も必要であった。

ほかにも、曖昧な対応が事態を悪化させた事例として、3回にわたる担任教諭への相談にもかかわらず被害を悪化させた、公立中学校における性的暴力事件がある。（講座10）

（4）被害申告者や保護者に対しては特に丁寧に対応する

教師側は、被害者側から、主張、要請を受け続ける。ともすれば、被害者が「無理」「我儘」を迫る者であるかのように錯覚に陥ることも、稀ではない。

・両親は父兄への情報公開を要請したが、校長は拒否した。情報収集や各家庭における一般的な教育指導効果を期待し得ないではない。検討に値する措置であった。

教師側が第三者的な立場をとる場面もみられる。

・（Aに謝らせて練習に参加させようとした）顧問教諭の指導は、状況を把握しないままAに謝罪さようとした点で、相当だったとは思えない。

被害申告者本人や保護者の訴え、対応を忌避、軽視することは、結局は、解決の機会を失うことにもなりかねない。被害者やその保護者の申告には、常に丁寧な対応を心がけたい。

	認定された事実（事件の経緯）	裁判所の判断
中学1年生 入学・音楽部に入る 同級生から陰口をきかれる 仲間はずれにされる **第1事件** 通学カバンを42カ所切られ、17カ所いたずらがきをされた	【1】2003年、Aは中学校に入学し、音楽部に入部した。 【2】音楽部でのAのパートには、他の1年生として、B、Cがいた。 同じパートの3年生に親友の姉がいたことから、Aは、この3年生と気易く話をしていた。 【3】Bは、Aが親友の姉と親しく話していることをあげて、「先輩に対する口の利き方が悪い」「態度が悪い」と上級生に話し、Aを「仲間はずれ」にした。上級生は、（Bが訴えるようには）Aをみなかった。 【4】事実を知ったAは3年生に相談した。相談を受けた3年生が顧問教諭に相談した直後、7月3日の放課後の部活中、（音楽室外の廊下に並べて置かれていた）Aの通学用背負いカバンが刃物で42カ所切られ、17カ所にいたずら書きされた。（第1事件） 【5】Aは、翌日の7月4日、事件を顧問教諭と担任教諭に話した。	**第1事件の回避義務は認められないが、直後の対応に問題があった** ・第1事件は、【2】の噂との関連性も不明で、事件は唐突に起きている。予見することは不可能であった。 ・加害生徒は特定できなかったが、調査【6】【7】【8】それ自体は、情報を得る可能性のある学生から聞き取りを行うことによって、出来る限りの情報を得ようとしたものとして評価できないではない。 ・しかし顧問教諭は、第1事件について、校長や教頭、学年主任などに全く報告していない。【8】カバンを47カ所も切られるという事態の悪質性、重大性からしても、これをいじめ行為の端緒であるとともに、重大な犯罪行為として捉え、その対策を校長その他の教員に相談し対策を諮るべきであった。このことが第2事件、第3事件の発生防止につながらなかった大きな原因であると評価される。（この点は

顧問教諭は校長に報告しなかった

【6】顧問教諭は、報告を受けた当日、部員全員を集めて事件の話をして、2週間かけてAと同じパートの部員を中心に個別に聞き取りをし、事件当日同じ階で活動していた他の部活の部員にも話を聞き、調査したが、加害生徒は特定できなかった。

【7】担任教諭は、クラスでも生徒たちにカバンを見せて情報提供を求めたが、情報は得られなかった。

【8】顧問教諭は、部員を集めて調査をしたが、カバンを切った者の特定はできなかった。顧問教諭は、この事件について、学年主任及び校長に報告しなかった。

2年生

【9】4月16日、Aの母親は担任教諭と面談し、第1事件のこと、部活でいじわるをされていることを話した。4月19日、担任教諭は、これを受けて、校長に第1事件の報告をした。

【10】4月17日、Aは、部活の先輩らに対し、「Bさん達が自分を非難している理由を聞いてくれ」と頼んだところ、4月20日、Aは、顧問

学校側も反省すべき点であると認めている。）

・第1事件後の措置が不十分であり、学校全体としてのいじめ防止対策を遅らせ、発覚しなければ何をしても良いとの安易な考えを加害生徒に生じさせた点で、第1事件後の不十分な措置が第2事件の遠因であるといえるが、具体的に第2事件の発生を予見することまでは不可能であった。結果回避義務までを学校に認めることはできない。

・顧問教諭による【10】の指導は、状況を把握しないまま、Aに謝罪させようとした点で、相当（妥当）だったとは思えない。

・Aの母による【11】の申し入れは、保護者として極めて妥当なもので、この申入れが実現していれば、以後の事件は防ぎ得たかもしれない。しかし、その後校長からも、顧問教諭からも回答がなかった。

・「死ね、うざい、きもい」等の言葉の暴力【13】も、この年代の少女の傷つきやすい心に深く傷を残すもので、これらが「いじめ」に当たることは明らかである。

謝って練習に参加するよう指導を受ける

校長に状況説明を求めたが回答は無かった。

校長が全校生徒に一般的な注意を行う

教諭に呼び出され、「Bさん、Cさんに謝り、パート練習に参するように」と言われた。Aは、「謝らなければならないようなことはしていません」と言った。

【11】Aの両親は、校長に対し、電話（4月26日）や面談（5月25日）を通して、「BやCからどのような話を聞いてるのか」「顧問教諭はAに謝るように指導したのか」など回答を求め、「Aが悪い」というBたちの発言に対し、「実際にクラブ内でどのような事が起きているのか教えて欲しい」「謝らなければならないことがあれば謝らせる必要があるから」と校長に申し入れた。しかし、校長からも、顧問教諭からも回答はなかった。

【12】6月2日、校長は、全校集会で、第1事件を前提として、「いじめは許されない」といった趣旨の話をし、7月20日の終業式でも、第1事件に触れて、「思いやりの気持ちを忘れないように」などと話をした。

【13】Aは、6月頃も、先生や他の生徒に認識されない場所で、B、Cから「死ね、うざい、

・Aに再び生じた第2事件は、校長はじめ関係教諭は、明確ないじめと捉え、適切な対策をとるべきであった。

・校長は、2年時の担任から第1事件の事後報告【9】を受け、講話などによる生徒に対する啓蒙、教育的指導【12】を行っているが、これのみでは再度の事件の防止ができなかったことを踏まえ、より強力、適切な指導監督措置を講じるべき義務があった。

・第1事件発生後の学校側の対応は、初動段階で問題の重要性が認識されず、学校全体で連携して対処すべき貴重な契機を失わせた点で、以後の第2事件、第3事件など、事件全体に与える影響は大きかった。初期の段階で、いじめの原因がどこにあるのかの解明の機会を失した点で、以後の安全配慮義務違反に影響を与える。

ファイルや生徒手帳が不明になる	きもい（気持ちが悪い）、お前が悪い、辞めろ……」など言葉の暴力を浴びせ続けられていた。 【14】Aの両親は、Aが精神的に不安定な状態に追い込まれていることに気付き、7月と8月、教育センターへ相談に行き、9月には、教育委員会へ事実過程を報告し、指導を要請した。 【15】9月28日、Aのファイルが行方不明となった。また、9月30日、カバンに入れていたAの生徒手帳も不明となった。Aは、これらを学校側に申し出た。	
第2事件 カバンが刃物で切られる	【16】9月29日、Aは、耳が聞こえにくいことを保健室の先生に訴え、その後10月7日と21日、精神科を受診したところ、Aは適応障害で、心因性聴力障害と診断された。 【17】10月12日、Aの両親がAの【16】の障害のことで校長と面談中、Aは体調不良で保健室に在室していたが、この間に、教室内に置かれたAの通学用ビニール製カバンが刃物で切られるという事件が発生した。（第2事件）	**第2事件の後は、より強力な指導が必要だった** ・父兄への情報公開【18】は、情報収集や各家庭における一般的な教育指導効果を期待し得ないではない。検討に値する措置であった。 ・【19】【20】は、（安全配慮義務違反は認められないが）学校全体として、第1事件、第2事件を契機としたいじめ行為の撲滅、防止を目的とした措置とはいい難く、他に事態に応じた適切な措置が採られたことを認めること

意見交換の設定

【18】両親は学校に対し、父兄への情報公開や、学年集会で被害のカバンを実際に生徒に見せるよう要請したが、校長は拒否した。

【19】学校側は5校時に各クラスにおいて呼びかけをし、放課後も学年集会を開いて情報提供を求めたが、カバンを切った者の特定はできなかった。

【20】12月24日、学校側は、Aの両親の求めに応じて、BとCを各別にして、顧問教諭、担任教諭同席のもとに学年主任を中心にして、Aとの意見交換の場を設定した。しかしB、Cらは「何もない」と答え、意見交換は成果なく終わった。

【21】Aの両親は、原告とBらを別のクラスに在籍させるように要望し、学校側はこれを受け入れた。

【22】Aは、2005年1月17日から19日までの3日間と、2月は断続的に7日間、学校を欠席し、登校しても保健室で自習するような状態だった。

はできない。

・第2事件の発生後、漫然と情報の提供を生徒に呼びかけるだけ【19】では、加害生徒の特定はおよそ無理であることは、第1事件後の対応結果より明らかであったはずである。

・確かに、学校は「犯人捜し」の場所でない。無辜の生徒をむやみに疑ったり、行為の糾弾が行き過ぎたり、警察による取調べのような手段を用いるべきでない。いじめの根絶を考えた場合、加害生徒を探し出すことのみが唯一の対策ではない。しかしながら、加害生徒、または、それと目される生徒に対して、厳しく指導し、第1事件、第2事件の加害行為が犯罪行為であることを認識させ、再度の類似行為が発覚した場合には、加害生徒自身にも大きな不利益をもたらすことを自覚させることも、いじめ行為が二度に亘り、その内容・態様が悪質である本件では重要であり、そのための措置や、これを達成するための努力、工夫が求められるべきだった。加害生徒と目される生徒に対する介入や強制に及ばない限

		度で、必要な監視・監督を怠らないなどの措置も必要であった。学校の対応には、そのような加害者特定のための努力、工夫が見られず、貴重な手がかりとなる情報や、対策の機会を無為に終わらせている点で、裁量の範囲を逸脱した。 ・第2事件発生後の学校の対策は、適切な指導監督措置を講じたとはいえず、安全配慮義務違反の責任が認められる。
3年生 **第3事件** セーターが切られる	【23】3年生になって、2005年10月28日、Aが保健室に在室中、体育の時間にAのセーターの袖口が2ヵ所切られるという事件が発生した。（第3事件） 【24】Aは、これをBの行為であると主張し、学校は、事件発生後各クラスに情報提供を求め、授業に遅れて出ていなかった生徒を含め、全員について調べたが、セーターを切った者の特定はできなかった。	**第3事件に対する学校の対応は安全配慮義務違反が認められる** ・カバンが刃物で42ヵ所切られ、17ヵ所にいたずら書きされた第1事件、カバンが刃物で切られた第2事件、セーターの袖口が2ヵ所切られた第3事件のほか、B、Cによる「死ね、うざい、きもい」など言葉の暴力、ファイル、生徒手帳の隠蔽など、Aが中学校に在学中、その所有物に対する意図的な攻撃、意図的な隠蔽をされ、言葉の暴力を受けていた事実は明らかである。

中学校を卒業する

【25】2006年3月、Aは中学校を卒業した

【26】Aは、いじめ行為によって精神的打撃を受け、適応障害と心因性聴力障害の症状があり、2004年10月から精神科医師の診断を受けていて、神経症・心因性難聴と診断された。また、解離症状も現れ、医師は、2006年4月現在で、「中学校での度重なるいじめなど

・第1事件、第3事件は、カバンや着衣を刃物で切り付けられるという、誠に穏やかならぬ攻撃であり、単に器物の損壊に止まらず、その手法や結果の無惨さから、Aの心胆を寒からしめるに十分な脅迫的効果をも意図したもので、単なる悪戯や嫌がらせの域を超えた明らかな犯罪行為である。

・第3事件は、第1事件、第2事件の発生後、適切な措置が採られなかったことが遠因となっている。その発生が具体的に予見できたとはいえないものの、安全配慮義務違反が認められる。

Aの損害

合計124万5042円

・病気治療費13万2042円（災害給付金3万5768円を含む）

・慰謝料100万円　Aの3年間は、陰湿ないじめ行為に遭い、その葛藤に終始した。学校側のAに対する協力や励ましを否定するものではないものの、正鵠を射た問題解決のため

が心理的ストレスとなって発症の要因となっていたと考えられる」としている。Aは、現在でも3ヵ月おきに通院中である。
の努力に欠けたため、第3事件まで、いじめの繰り返しに耐えざるを得なかった。Aの精神的・肉体的苦痛は筆舌に尽し難い。 ・弁護士費用…11万3000円

講座14

高校生寮いじめ・飛込強要死亡事件（高1・1995年5月水死）

最高裁平成14年9月26日判決

1995年5月13日、高校の寄宿生だった1年生のABCDは、上級生に堤防から荒れた外海への飛び込みを強要され、死亡した。原告はABCDの両親、被告は飛び込みを強要した3年生EFGと学校・寄宿舎の設置自治体である。堤防は海面から約10mに位置し、天候は晴れ、南西の風4・7メートル、波、うねりは2・5メートルと予防され、波浪注意報が発令されていた。

判決は、ABCDを強制的に海に飛び込ませた過失について3年生EFGの共同不法行為責任を認め、舎監と教職員の安全配慮義務違反をもとに寄宿舎設置自治体の責任を認めた。

※東京地裁平成12年12月22日判決（一部認容、一部棄却［控訴］）判例時報1773号62頁→東京高裁平成13年9月26日判決（原判決変更［上告］）判例集未登載→最高裁平成14年9月26日判決（上告棄却、上告不受理［確定］）判例集未登載。

「いじめ」による自殺事件の判決を読んでいると、閉鎖的な人間関係が、いつでも、どこにでも形成されるものであることに気付かされる。「寄宿舎だから」ではないだろう。交友関係においても、サークルでも、教室でも、社会でも、いたるところで形成されている。力のある者がいったん支配的な力を持ってしまうと、常識（良識）を逸脱した人権侵害行為を行使され易くなる。行使されることが正当化され易くなる、ということだろう。

本資料では、①閉鎖的人間関係の下で行使された行為が常識を逸脱するものとなり、②これを是正するための周囲の判断が麻痺し、③事故の背景とされた上下関係が、学校・寄宿舎によって権威付けられた制度の下で醸成され、④教職員が知り得る状況のもとで放置されていたという事実を、具体的に確認することができる。「常識を逸脱した上下関係が放置された理由と原因」「教職員の適切な介在のありかた」である。できれば、「教職員はなぜ逸脱を矯正できなかったか?」について意見交換をしてほしい。

閉鎖的な集団内部で人権侵害行為が推測されても、上下関係によって表面的秩序が保たれていた場合、集団管理上（生徒指導上）の「教育」的効果や、「自由」や「自治」の大義の下に、人権侵害行為が見過ごされてしまう危険性もある。

教職員には、人権侵害の実態を被害者の立場から見極め、たとえ些細な事実であっても、そこから甚大な被害の可能性や危険性を推測する力、「推し量る力」が、専門的能力・資質として期待される。このような能力・資質の向上を目的とした研修資料として活用していただきたい。

	認定された事実	裁判所の判断
寄宿舎の上下関係 「1年生が3年生につく」制度 外出は3年生と同行 外出中の私語禁止 寮歌の間違いで暴行	【1】死亡した1年生ABCDと、飛び込みを強いた3年生EFGは、寄宿生だった。寄宿舎には、舎監長のほか、教諭の中から14名が舎監として寄宿舎の管理、運営、寄宿生の指導に当たっていた。 【2】高校と高校の寄宿舎は島にあり、1995年度、海洋科1年生の寄宿生の保護者はいずれも島外に住所があった。したがって、事故当日のような学期間の学校休業日に、直接ABCDを監督することはできなかった。寄宿生の監護は、舎監らに依存せざるをえなかった。 【3】寄宿舎では、指導の指針として、3年生の下に数名の1年生を配置し、1年生に寮生活全般について指導させる制度（「1年生が3年生につく制度」）がとられていた。寄宿舎の1年生は単独では外出できず、必ず3年生と同行することとされ、外出中、1年生同士の会話は禁止されていた。また、1年生は、寄宿舎への入舎当初から3年生の指導で寮歌の練習がほぼ毎日行われ、間違えると頭をたたかれる等の暴行を受けていた。	・寄宿舎の1年生は、自由に行動できる範囲、時間は極めて限定され、寄宿舎で過ごす時間のほとんどは3年生の監視下にあった【3】。 ・寄宿舎を船舶に見立てて上下関係を明確にして下級生が上級生に服従することが規律として確立され、3年生に複数の1年生の指導をさせる指導方針がとられ、このような指導方針によって、3年生が1年生を対象として種々の「いじめ」や「しごき」【3】【4】【6】が常態として行われることになった。 ・「1年生が3年生につく制度」【3】の下でいじめが行われ、このような制度が3年生に無用の特権意識を生む素地【3】【4】【7】となった。 ・海岸が寄宿舎から近く日常の生活圏内にあったことからすると、寄宿舎外で発生したものとはいえ、本件事故は、寄宿舎

日記コメントへの懇願 消灯後の呼出筋トレ	【4】寄宿舎の1年生は毎日日記をつけて3年生にコメントをもらうことになっていたが、Aは、5月、3年生Eのコメントが数日なかったことを心配して、「コメントを書いてください」と懇願した。また、消灯時刻後に3年生が就寝した1年生を起こして「筋トレ」をさせることもあった。	における生徒の生活関係と密接な関係を有していた。
3年生の1年生に対する問題行動 数年の間「いじめ・暴力」等が続いていた 生の餃子を食べさせる 格闘技の強要	【5】寄宿舎での「いじめ・暴力は、教職員が把握したものだけでも、1993年度は「いじめ・暴力」が6件、「飲酒・喫煙」が8件、1994年度は10件と12件であった。1995年度も、寄宿舎運営の指針として「暴力・いじめの根絶」「盗難、喫煙の一掃」が寄宿舎部で取り決められていたが、6月20日時点で4件と6件があった。 【6】事故発生までのわずか約1カ月半の間、寄宿舎生活で、次のような事実が生じていた。 ①Aは、Fに水、ウーロン茶、卵、キャベツの入った飲み物を飲まされ、餃子を生で食べさせられた。 ②ある1年生は、3年生に命じられて、1年生同士や3年生と格闘技をさせられた。本気でやるように命じられたが、上級生には真剣に手を出すこ	・寄宿舎では、内部的な制度【3】によって3年生の特権意識が醸成されていた。職員の側でも有効な改善策をとりえないまま、3年生の問題行動、3年生の1年生に対する「しごき」や「いじめ」が依然としてあった【6①②③④】。 ・寄宿舎では、1995年度も、「寮の伝統」が過度に強調され、「しごき」に当たる行為【4】【6】があった。それらの行為は、上級生が「悪ふざけ」や「うっぷん晴らし」であると認識していたとしても、下級生には「いじめ」と受けとめられる行為【6②】であり、下級生に礼節等を指導したり、寄宿舎での集団生活を維持するた

筋トレ 破門 チョウチョウ 腕パン	とができず、されるままになっていた。また、夜に「筋トレ」と称して倒れるまで腕立伏せをさせられたり、余興をやれといわれ、何をしてよいかわからずしないでいたところ、「ついていた3年生」から無視され、外出等もできなくなる「破門」の扱いを約2日間受けた。この生徒は、4月中旬頃、家族宛の手紙で、寄宿舎は「言葉に表すと地獄に思える生活」、「すでに室員の中には、この高校をやめるといい、今2年生が説得してやめないようにといわれている人もいます」と報告していた。 ③Cは、「チョウチョウ」と称する、風呂場で、4人が1人の四肢を持って浴槽に漬けたり上げたりする行為の対象となった。他の1年生も「チョウチョウ」をされそうになった。 ④1年生は、3年生から、上腕部を手拳で殴打する「腕パン」という暴行を日常的に受けていた。 【7】舎監も、3年生が1年生の面倒をよくみていたものの、逆に1年生が3年生に過度に従順な姿勢をとる面があると感じていた。	めの指導として通常許される限度を逸脱したものだった。 ・卵やキャベツの入った物を飲み、生の餃子を食べさせられる行為【6①】、「格闘技」の強要【6②】、「チョウチョウ」【6③】などは、強いる側には「楽しみ」「遊び」でも、強いられる側には「いじめ」以外のなにものでもなく、寄宿生同士の対等な間柄における遊びと見ることは到底できない。これらの行為は、1年生が自発的にしたことではなく、3年生の指示によるもので、これらを体験した1年生は「いじめ」「しごき」と受け止めていた。 ・高校教職員はこのような事実を把握し、有効な改善策をとりえないままであった【5】【7】。 ・飛び込みが寄宿舎外で行われたとしても、寄宿舎内で行われてきたいじめと同様に、寄宿舎の指導方針が原因となって生じたもので、たまたま事故が寄宿舎外で発生したものにすぎない。

伝統行事としての「バンジー」

通過儀礼「バンジージャンプ」の強要

脅迫・強要の念押し

しなければ格好がつかない

【8】寄宿舎では、少なくとも本件事故以前の数年間、3年生の一部に、入学後間もない1年生を堤防、岩場等の高所から海中に飛び込ませる「バンジージャンプ」という通過儀礼的な行事の慣行があった。

【9】本件事故のあった1995年も、寄宿舎の1年生は、3年生から、4月中に、バンジージャンプをさせられると告げられており、BCらは、いずれも連休に帰省した際、高い堤防から海に飛び込ませる行事が連休明けころにあることを両親に話していた。ある1年生は、連休明けはじめころ、3年生のEから「今度の週末バンジー行くぞ」と申し渡されていたし、他の1年生も、事故前日にも3年生のFから「明日、伝統のバンジージャンプをやる」「おまえやると言ったよな」と宣告されていた。

【10】Fは、事故後、「バンジーは伝統であった」「飛び込む前は自分も危ないと思ったが、格好をつけなければとの思いであった」と原告Cの父に話している。また、Gも「1年生のときにバンジージャンプをやったことがあり、少数の3年生がこれを受け継いできた」と話している。

舎監の責任

・舎監らは、①寄宿舎で3年生による1年生に対するいじめの横行を十分認識し【5】、対策を講じたがなくすことができなかった。②「外出ノート」などから多くの寄宿生が堤防のある地区に外出して遊泳等をしていたことを知っていた。③他の港で、生徒間で海に落とす遊びが行われたことを知っていた【11】。④事故当日の「外出ノート」に「○○バンジー場」との明確な届出記載【13】があり、事故前、「○○バンジー」という言葉が、寄宿舎内で日常的に使用されて舎監の耳にまで達していた【13】。

・寄宿舎内では「しごき」や「いじめ」に類する行為が半ば日常化し、舎監もこれを知っていた。また、舎監は、寄宿生との日常的な不断の接触のなかで、「○○バンジー」がどのような内容の遊びで、1年生に対する「いじめ」や生命身体に対

	【11】校長は、以前、生徒から海岸で落としたり落とされたりして泳がされたとの訴えがあったことから、遊びであってもそのようなことがないようにと指導した経験もあった。
	【12】3年生のEFは、5月13日に1年生を度胸試しのために飛び込ませ、潜水、釣り等で遊ぶ計画をたて、Gも賛同して同行することになった。
「○○バンジー」という記録	【13】5月13日当日、寄宿舎の「外出ノート」には、行先として「○○バンジー場」(○○は漁港の名前)と記入されていた。また、本件事故前にも、「○○バンジー」という呼称を聞いた舎監もいた。
波浪注意報 実習助手の確認	【14】魚業気象情報では、事故当日、外海は波浪注意報が発令中だった。19名が漁港に向かって寄宿舎を出発しようとした際、高校の実習助手は、数名に対して「海が荒れているから気をつけるように」と伝えていた。
19名が堤防に向った	【15】13時ころ、3年生EFGの3名、2年生4名、ABCDを含む1年生12名が漁港に向けて出発し、13時30分ころ到着した。(誘いに応じないで寮にとどまった1年生が3名いた。)

する危険を伴うものかどうか、容易に知ることができる状況にあった。本件では、教職員において事故の発生について予見が可能とされる特段の事情が認められる。

3年生EFGの責任

・ABCDを含む1年生は、3年生EFGの言動に心理的に追いつめられ、強制的に飛び込まされた。

・飛び込む者が自らの自由意思による判断で飛び込んだのであれば、どのような結果が発生しようとも、無謀な挑戦として自己責任を負う。しかしながら、3年生EFGが主体となって実行し、1年生と2年生に強制的に飛び込みをさせたのだから【18】【19】【20】、EFGは1年生らの生命の安全を図るべき注意義務を負うが、注意義務に配慮した形跡はほとんどない。EFGには、注意義務を怠った過失がある。EFGの過失とABCDの死亡等との因果関係は明白である。

1年生2人が堤防下にとどまり、17名が堤防上にのぼった 堤防の下10mは波しぶきのあがる外海 「気合いを入れろ」と言われる 「死んじゃいます」「入りたくない」と訴えた	【16】Fは、ワイヤーロープを伝って率先して堤防最上部に上り、1、2年生が後に続いた。1年生の2人は泳げなかったので、上級生の指示に従わずに堤防下に残った。13時50分頃には、この2名を除く17名が堤防の最上部に上った。 【17】堤防最上部は台地状の平坦な場所になっていて、南側端から下を見下ろすと、約10m下に外海の海面があり、荒れ模様の波がうねり、防波堤に打ち寄せ、波しぶきが上がっていた。 【18】堤防上では、Fが主導して飛び込むように指示し、飛び込みを決意した1、2年生は着替えて準備した。Eは「飛び込むときは気合いを入れて行け」等と1年生に指示していた。「寮生の気合いを見せろ」と声をかけた者もいた。 【19】ある1年生は、Fに「今日はやめませんか、死んじゃいますよ」と言ったが、聞き入れてもらえなかった。他の1年生も「サメがいる」と言ったが、「大丈夫だ」と言われた。別の1年生は、Eに「海、大丈夫ですか、入りたくないんです」と言ったが、「なに言ってんだおまえ、後でどうなるか分かってるんだろうな」と言われ、「飛び込まなければ寮で	・1年生は海洋での水泳指導を経ておらず、海洋で泳ぐ十分な技能を修得していない。自分の技能を正確に把握していない者もいた。3年生EFGも、「ついていた」1年生が泳げるかどうかを知る程度で、どのような条件下でもある程度泳ぐ技能を身につけていたかについては全く分からず、「ついていない」1年生が、泳げるかどうかの知識はもたなかった。 ・安全を確保するには、堤防前の外海の海況、海底地形の状況、飛び込みを敢行する者が陸に帰り着くだけの泳力を有していたかどうか、一般に約10mの高さから飛び込むことで人体が受ける影響、緊急時の対応（救命具等の用意、沿岸で待機すべき人員、緊急連絡手段の確保等）等を明確に把握して安全策をとっておくべきである。 ・Fは、安全に対する配慮を欠いたまま1年生らを外海に飛び込ませ、EGは、安全に対する配慮を欠いたまま1年生らの飛び込みを奨励し、Fが1年生を飛び込ま

	自分の立場がどうなるか分からない」と考えるほかはなかった。	せるに任せた。3年生EFGは、死亡した1年生ABCDを強制的に海に飛び込ませた過失があり、共同不法行為責任を負う。
溺死の経緯 14時頃12人が飛び込んだ Dが溺れ始めた	【20】14時頃、Fは、まず2年生2人とBに指示して外海に飛び込ませた。以下、1年生のA、C、他の1年生5名、最後にFとDが飛び込んだ。こうして、堤防に上った17名のうち、1年生9名、2年生2名、3年生Fの12名が、堤防から荒れた外海に向かって飛び込んだ。1年生の1人、2年生の2人は飛び込まなかった。 【21】Fは、飛び込む際に足から入水すること、鼻をつまんでおいた方がよいことを告げたが、入水時における注意事項や緊急時への対応等について何ら指示しなかった。Eも、高所から飛び込むに際し身を守る方法や、飛び込むポイントの海底の深さについての知識をもっていなかった。 【22】12名は、Fを先頭として西方（湾内入口の方向）に泳ぎ始めたが、最後尾のDが「やばい」と声を出して溺れ始めた。Fは、堤防上のGたちからマスク、フィン、シュノーケルを受け取り、Dに装	**寄宿舎設置自治体の責任** ・飛び込みは、3年生EFGらによって計画、実行されたもので、寄宿舎の「いじめ」等の実態に照らすと、1年生がいやがるのを承知で強制・服従させることが目的であり、少なくとも一部の寄宿生の間で、数年間、バンジージャンプが伝統行事のように行われるようになったのも、このような生徒間の「いじめ」や「しごき」の延長上にある。 ・飛び込み事故は突発的に起きたものではなく、寄宿舎における生徒の生活関係や舎監らの生活指導と密接な関係のもとで起きたもので、教職員が事故の発生を予見することが可能とされる特段の事情があった。 ・上級生の下級生に対するあり方について

全員が溺れる危険に陥った ABCDが死亡した	着しようとしたがうまくいかず、Dの背後から腕をまわして岸に連れて行くことにした。しかし、そのとき、いわゆる一発波が襲来して海が荒れ始めて、Fや他の生徒も波に呑まれ、全員がおぼれる危険にさらされ、危機的状況に陥った。 【23】緊急時に対応するためのライフジャケット、浮き輪、ロープ等は現場には全く用意されていなかったため、かばんやペットボトルを投げ入れるしかなかった。寄宿舎には、潮汐表が表示されていたにとどまり、必要な数の救命胴衣等の当然備えべき備品がほとんどなかった。 【24】後で飛び込んだEを含む計13名のうち、2名は自力で陸にたどりつき、7名は漁船等に救助され、Cは15時20分に死亡が確認され、A、Bは当日遺体で発見された。Dは行方不明のままであったが、1997年3月29日死亡とみなす審判が確定した。	十分に指導し改善するとともに、寄宿舎付近の海岸における飛び込み、遊泳に関して安全教育を行い、具体的にどのような安全配慮が必要であるかについて十分な知識が得られるように徹底していれば、バンジージャンプのような危険な行事は行われないか、又は適切な判断のもとに飛び込みが中止され、本件事故を回避することが可能であった。 ・教職員には、本件事故を防止するため安全配慮義務があった。教職員らが注意義務を尽くしたものとは認められず、過失があったといわざるをえない。寄宿舎を設置していた自治体は、国家賠償法に基づき、他の被告と共同して不法行為責任を負う。
判決主文	**【25】判決主文** （1）被告らは、各自、Aの父と母、Cの父と母に、それぞれ2750万円、Bの父と母に、それぞれ2830万円を支払え。	・ABCDは、寄宿舎で3年生の命令や意向に逆らえない状況を背景とし、3年生EFGの言動から心理的強制を受けた結果、伝統行事の飛び込みを拒否すれば寄

（2）被告らは、各自、Dの父と母に、それぞれ
　2700万円を支払え。
弁護士費用を除く損害額
【26】〔損害内容〕
①逸失利益
　A、C、D（事故当時15歳）
　　4122万3702円
　B（同16歳）の逸失利益
　　4328万5544円
②慰謝料
　　2000万円
③葬儀費用　Dを除く1名当たりの葬儀費用
　　120万円
④過失相殺
　　2割

宿舎に戻ってからEFGからいかなる扱いを受けるか知れないと考え、拒否できず、堤防から飛び込む危険性について冷静に判断する機会のないままに飛び込んだ。死亡、失踪宣告という重大な結果を招いた飛び込みは、これを強いたEFGが第一次的に責任を負うべきで、ABCDの落ち度を理由とする過失相殺は相当ではない。しかし、ABCDは、高校1年生という、相応に是非弁別をわきまえた年齢に達してもいる。飛び込みを回避した者もおり、最終的には自己の決断によって飛び込むことを選択した。ABCDの落ち度を理由とした過失相殺は適切を欠くとしても、直接的には自己の行動が招いた死亡等による損害について、過失相殺の法理を類推適用して、約2割の限度で、応分の負担又は責任を負うべきである。

講座15

高校生いじめ自殺事件
（アトピー性皮膚炎に関する悪口等・高1・1998年7月自殺）

横浜地裁平成18年3月28日判決

Ａ子は、高校に進学して音楽系部活動に入部し、その後、同じクラス、同じ部活動のＢ子、Ｃ子、Ｄ子から、主に言葉によるいじめを受けて、１９９８年７月25日に自宅で自殺をはかり、同27日に死亡した。Ａ子の両親は、Ｂ子、Ｃ子、Ｄ子に対しては不法行為を理由に、高校設置者である県に対してはＡ子に対するいじめを放置して自殺を防止できなかった安全配慮義務違反を理由に、それぞれ損害賠償を求めた。（県に対しては自殺の原因を調査・報告すべき義務に違反したことを理由に重ねて損害賠償を求めた。）

地裁判決はＢ子の言動を違法と判断し、高校教諭の安全配慮義務違反を認めたが、いずれに対しても、Ａ子の自殺に至るまでの予見可能性と責任は認めなかった。また、Ｃ子、Ｄ子の行為の違法性、県の調査・報告義務違反も認めなかった。

横浜地裁判決の判決主文（抜粋）である。

・B子は、A子の父親と母親に各28万円を支払え。
・県は、A子の父親と母親に各165万円を支払え。

※横浜地裁平成18年3月28日判決（一部認容、一部棄却〔控訴〕）判例時報1938号107頁、判例タイムズ1235号243頁。資料部分では、事実関係と判決の趣旨を変えない範囲で引用・抜粋・要約等を加えている。とりわけ個別（または個人）に関する情報、部活等の名称、校名・地名等の明示は極力避け、一般的・抽象的な名称に変えている。

今回取り上げる横浜地裁判決は、地裁段階の、控訴された判決であるが、次の二点において、判決書を用いた研修資料とする条件を備えている。

（1）いじめによる自殺事件の判決中、学校と加害生徒に対する自殺までの予見可能性の必要性を厳しく判断した典型的判決の一つである。

（2）専門誌・学術誌で複数の言及や批評が見られ、教育法学・法学上重要な判決の一つとみなされている。

専門誌・学術誌の論考は、判決を批評の対象として扱う。前記（1）についても、「裁判官の世間ずれ、現実認識のずれも甚だしい判決」（橋本恭宏『「いじめ」「自殺」と学校関係者の安全指針』（『季刊教育法』第151号、2006年9頁）、「賠償範囲を画定する概念としての『予見可能性』は法的価値判断を含むという今日の法学の到達点との緊張関係を欠いているのではないか」（采女博文「いじめによる女子高生の自殺について教諭に自殺についての予見可能性がないとして、精神的苦痛の範囲で損害賠償が認容された事例」（『鹿児島大学法学論集』第41巻2号、2007年56頁）等の指摘がなされている。ほかにも『判例時報』第1965号、『判例タイムズ』第1235号に批評・解説が掲載されている。

こうした教育法学・法学上の批評をふまえた上で、本判決は、次の③④において、教員研修資料として大切な内容を含む判決であると考えている。

（3）精神的苦痛を与えたB子による発言の違法性が、具体的に明示、分類され、違法行為であることの判断が加えられている。

（4）精神的苦痛の中に、アトピー性皮膚炎が顔等で悪化した状態を捉えての、言葉によるいじめ行為が含まれている。

本判決書を用いた研修の目的は、第一に、判決書資料・事実経緯部分の読みあわせを通して、言葉の暴力による被害の甚大性を確認し、これを軽視せず、鋭敏な共感的想像力（人権感覚）を持つようになること、第二に、裁判所の判断部分を確認し、意見交換をすることで、教師（教師集団）として対応を本格化させる契機やその条件等、教師個々の合理的洞察力の水準を高めることである。また、意見交換の際には、次の二点に留意してほしい。

（1）A子の受けた精神的被害の痛みについて、共感的想像力をもって理解すること、である。（B子による違法な発言の分類）

誰しも多かれ少なかれ顔や身体に対するコンプレックスをもっている。それだけに些細な契機から相手を傷つける対象ともなりやすい。アトピー性皮膚炎については、思春期や成人性の重症な段階にあって、深刻に悩み、いじめの対象になっていることが生徒指導関係者や医療関係者の間で（非公式に）話題とされてきた。そして今回、本判決をとりあげた理由の一つに、このことがある。アトピー性皮膚炎に限らない。自身では如何ともし難い疾患や症状、ハンディキャップをもって、「このような苦しみがいつまで続くのか」と悩み、絶望の淵にある児童生徒は、（必ずや）教師のまわりに、いるはずである。

（2）教師の対応の問題は、（1）の認識が十分でなく、被害の深刻さを共感的に想像できなかったこと、にある。判決は、「5月中旬から6月中旬までには」と指摘している。この時期の事実経緯を確認し、意見交換をしてほしい。（教諭の安全配慮義務違反は5月中旬から6月中旬以降）

教師は、どの時点で、個別に相談を受ける段階から具体的で実効的な対応の段階へ、教師個人の段階から教師集団としての取組の段階へ、対応を変えてゆくことが期待されるのか。どの時点で、どのようにして、A子をめぐる断片的情報、断片的対応に区切りをつけ、改めて事実を総合的に捉え直し、対応を練り直すべきだったのか、である。

※判決書で指摘されているA子の両親がA子に対してストレスを加えていた事実経緯は、本判決書資料では割愛している。また結果的に賠償責任が否定されたC子、D子の行為は簡単な事実経緯や結論にとどめている。同じく判決で責任を否定された高校側の調査報告義務違反は割愛した。詳しくは判決書本文を確認されたい。

	認定された事実	裁判所の判断
4月（入学）	【1】1998年4月、A子は高校に進学し、B子、C子、D子と同じクラスになり、同じ音楽系の部活動に入部した。練習ではC子、D子と同じパートに所属した。	**安全配慮義務** 公立高校の教師には、学校における教育活動及びこれに密接に関連する生活関係における生徒の安全の確保に配慮すべき義務があり、特に、生徒の生命、身体、精神、財産等に大きな悪影響ないし危害が及ぶおそれがあるようなときには、そのような悪影響ないし危害の現実化を未然に防止するため、その事態に応じた適切な措置を講じる一般的な義務がある。
欠席・早退・遅刻	【2】4月下旬頃から、A子は、「お腹が痛い」「足が痛い」と登校しないこともあった。23日早退、24日欠席、5月6日~8日欠席、12日早退、13日、15日を欠席した。部活動の練習は、休んだり、遅刻することもあった。その頃、A子は母親に、「同じパートの子が、すごくしゃべり方がきつい」と話していた。	
5月	【3】5月の連休前後、部活の指導者（指揮者）は、3年生から、「A子が他の1年生に厳しいことを言われて落ち込んでいる」と相談された。また、同級生からも、「A子がB子にきついことを言われている」と聞いた。部活指導者は、練習の時、A子が廊下で泣いているのを目撃し、本人に確認したが、「大丈夫」と明るく答えた。部活指導者は、2	**B子による違法な発言の分類** B子の発言は、①「アトピーが汚い」【6】「顔が醜い」（「早く治せ」「かゆいぐらいで大げさだ」【17】）などA子の身体的特徴を取上げていわれない中傷を加えるもの、②「部活に邪魔」【6】（「みんなの足を引っ張っている」【8】「無責任」「怠け者」【17】）

	人は仲が良いとの印象を持っていた。
保健室行きが増える	【4】5月の連休明け、A子は、養護教諭に、「アトピー性皮膚炎で顔がかゆい」と訴えたり、頭痛、腹痛等を訴えて、しばしば保健室を訪れた。
担任教諭に相談（母親）	【5】5月16日、A子の母親（以下「母親」）は、A子が学校に行くのが辛そうだと強く感じ、担任教諭に、A子の悩みや、C子、D子からきつく言われたことを話した。母親は、担任教諭が話を丁寧に聞き、親身になって考えてくれるものと思い、学校側の対応を期待した。
「アトピーが汚い」「なぜ学校に来られないのか」	【6】5月16日、A子は、級友に、B子から「アトピーが汚い」「なぜ学校に来られないのか」「部活に邪魔」と言われたことを話した。また、「B子が毎朝迎えに来ることが嫌だ」とも話した。この頃から、部活の練習中、A子が話しかけてもB子が無視することがあった。
「部活に邪魔」	【7】下校中のB子がA子を蹴るところを級友が目撃した。B子は空手の経験者で、蹴り方は強いものだった。
6月	【8】6月頃、級友が、A子から「B子に『練習に来ないから、みんなの足を引っ張っている』と言わ

など部活動内におけるA子の存在価値を否定するもの、③病気養療中のA子に対して「もう仮病は治ったの」【17】（「中ビケした方が正当じゃんよ」「具合はよくなりましたか」【12】）と言うなど、当時のA子の心情を顧みずにされたものがあり、発言内容自体、A子に大きな精神的苦痛を与えるものである。A子は、5月頃から7月までの間、複数の友人【6】【8】、精神科医【12】【22】、母親【15】【25】、教師【23】などに相談し、B子に対する強い被害感情を周囲に示していた。B子の発言は、機会あるごとに執拗に繰り返されていたと認められる。B子による発言は、A子を精神的に追い詰め、耐え難い精神的苦痛を与え、人格的な利益を侵害した。B子の言動は違法というほかはない。

B子の責任は精神的苦痛の慰謝料にとどまる

A子に苦痛を与えた期間は2カ月程度であり、B子にはA子が自殺を決意すると予見することは不可能であった。B子は、死亡

養護教諭に相談（母親）

部活指導者に相談（母親）

担任教諭に相談（母親）

「中ビケした方が正当じゃんよ」

れているので注意して欲しい」と相談を受けて、B子に確認した。B子は「そのような発言はしていない」と述べた。その頃、D子とC子は、A子に「D子とC子のせいで悩んでいるのか」と尋ねたが、A子は否定した。

【9】6月上旬、母親は、養護教諭に、A子が学校に行きたがらないこと、精神的に不安定になっていることを相談した。

【10】6月7日、母親は、部活指導者に「C子、D子、B子のことで、A子にストレスがある」と相談した。その後も、母親は、部活指導者に3、4回相談した。

【11】6月16日の保護者面談の際、担任教諭は、母親に、C子、D子については「先輩に付いて練習をしたらどうか」、B子の毎朝の迎えには「別々に登校したらどうか」と助言した。担任教諭は、母親の話を他の顧問教諭に報告した。

【12】6月23日、A子は、メンタルクリニックの医師に、授業中苦しくて保健室で休んでいるとサボりと思われ「中ビケした方が正当じゃんよ」と言われたこと、4時間目に行くと「具合はよくなりましたか」と嫌味を言われたこと、学校の往復もクラスも一

による損害については賠償義務を負わず、A子に精神的苦痛を与えたことに関して損害賠償義務を負う。加害行為の内容、程度、加害の期間等本件に顕れた一切の事情を斟酌すると、A子がB子から受けた精神的苦痛の慰謝料は50万円とする。（弁護士費用は6万円）

C子とD子の行為を違法行為と断じるには足りない

A子が、C子、D子に溶け込むことができず、両者がきついものの言い方をしたことは十分に認めることができる。7月頃には、A子が、母親に両名のことを訴え、母親が何らかの動きをしていることが両名の耳に入り、A子に対して、いよいよ攻撃的な言動をしてきたことも、認めることができる【25】。しかし、C子、D子の言動がどのようなものであったか、具体的な証拠はなく、意図的にA子を無視したり、両名の中に入

「うつ病」の診断

緒で常に嫌な事を言われることを訴えた。A子が訴えた嫌味はB子からのものだった。医師は「心因反応（うつ状態）」と診断した。

担任・顧問教諭に相談（母親）

【13】母親は、担任教諭と顧問教諭に診断書を見せ、A子のアトピー性皮膚炎が悪化したこと、学校へ行けず悩んでいることを説明した。両教諭は、しばらく部活動を休むこと、学校を休んで体調を直すことなどを提案した。母親は、「進級する際には（B子、C子、D子と）別のクラスにしてもらえないか」と相談したが、両教諭は「約束はできない」と回答した。担任教諭は、部活指導者に、「注意して見てあげて欲しい」と依頼した。部活動では複数の生徒が体調を崩し、顧問会議などでは、A子の名前も挙げられていた。

養護教諭に相談（母親）

【14】母親は、養護教諭へ相談に行き、B子がつらい口調で話したり、ときには叩いたりすることを伝えた。養護教諭は、A子とB子の普段の様子から、母親の話がにわかに信じがたいと思い、もう少し2人の様子を見ていくことを決めた。

部活指導者に相談（母親）

【15】6月26日、担任教諭は、D子に事情を聞こうとしたが、「A子の母親が悪く言っているのでしょう」

ろうとするA子をことさら拒絶し、排除してきたことまでは、認めることはできない。C子、D子との関係が大きな精神的苦痛をもたらしたことは、認定事実から明らかであるが、その行為を違法と断ずるには足りない。

教諭の安全配慮義務違反は5月中旬から6月中旬以降

A子は4月下旬頃から、急速に精神的に疲弊し、7月には頂点に達した。部活動内の人間関係や、C子、D子、B子の言動等、「学校における教育活動及びこれに密接に関連する生活関係」（前述）における出来事が精神的疲弊の大きな原因となっていたことは明らかであり、かつ、A子のさまざまな訴え、行動、医師の診断、自殺企図からすると、A子の精神的苦悩は非常に大きなものであった。しがって、高校の教師としては、A子のこのような状態を認識することが可能であれば、A子の苦悩を取り除くた

と言われて話ができなかった。C子とD子は、公園で、A子に対し、「仲間はずれにしている」と言っていることを強くなじった。母親は、部活指導者に、A子が公園に呼び出され、きついことを言われたと伝えた。部活指導者は、このことを担任教諭と顧問教諭に知らせた。

【16】6月26日、母親は、B子の自宅を訪れて、B子に、「A子が学校に行けない原因について知っていることを教えてほしい」「いじめの実態について報告して欲しい」「A子が学校に行けない状態なので毎朝迎えに来ないで欲しい」と話した。この日以降、B子が迎えに来ることはなくなった。

7月

「顔が醜い」
「早く治せ」
「かゆいぐらいで大げさだ」
「もう仮病は治ったの」
養護教諭・部活

【17】7月6日、A子は、母親に、目に涙を浮かべて、B子から「顔が醜い」「早く治せ」「かゆいぐらいで大げさだ」と言われたこと、遅刻した時「もう仮病は治ったの」「無責任」「怠け者」と言われたこと、B子が冗談の振りをしてぶつのが痛いこと、などを打ち明けた。母親がこのような話を聴いたのは初めてだった。

【18】7月7日、母親は、A子が打ち明けた内容を養

めの適切な措置を講ずる義務があった。

A子は、4月下旬から欠席、遅刻、早退が増えた【2】。

母親は、5月16日、担任教諭にA子の悩みを打ち明け【5】、6月上旬には養護教諭にも相談し【9】、6月7日には部活指導者に相談し【10】、6月16日の保護者面談の際、担任教諭にメンタルクリニックを受診した内容を伝え【11】、6月23日には担任教諭に、医師の診断書を示して、アトピー性皮膚炎の悪化や学校に行けないことでA子が悩んでいることを説明し【13】、養護教諭にも伝えた【14】。また、7月7日と10日にも養護教諭に相談している【18】【20】。

A子本人は、5月16日、級友に、B子から言われていることを話し【6】、6月には、別の級友に、B子に関して同様の話をしている。また、5月の連休の頃には、吹奏楽部の3年生が、部活指導者に、A子がD子、C子から厳しいことを言われて落ち込んで

指導者に相談（母親）

護教諭に伝え、保健室でB子を近づけないようにと要望し、部活指導者に、A子の診断書のコピーを渡した。

【19】7月9日、担任教諭は、A子のアトピー性皮膚炎が悪化していたので、「無理はしないように」と伝えた。

副担任教諭・養護教諭に相談（母親）

【20】7月10日、母親は、担任教諭が不在のため、副担任教諭に、「出欠の確認はA子のプレッシャーになるから連絡しないで済ませることができないか」と相談した。教諭は「一応連絡するように」と答えた。母親は、養護教諭とも会って、副担任教諭の対応を伝え、授業を欠席しても部活動だけでも出席させることができないかと相談した。養護教諭は、A子がそうしたいなら構わないのではないかと答えた。養護教諭は顧問教諭に話の内容を伝え、今度A子が来たときに両教諭で話を聴くことを決めた。

顧問教諭に要請（母親）

【21】7月15日の朝、A子の母親は、B子が毎朝迎えに来ることでA子が悩んでいると顧問教諭に話し、B子、C子、D子らに対する適切な対応を求めた。顧問教諭は、母親の相談内容を校長に報告しなかっ

いると相談された【3】。したがって、クラス担任である担任教諭、養護教諭は、遅くとも、A子の母の訴えを聞いた5月中旬から6月中旬までには、A子の前記のような状態を十分認識し得た。

教諭らがとるべきであった対応

担任教諭と養護教諭は、高校のしかるべき担当者にA子の問題を伝達し、高校は、①組織としてA子の問題を取り上げ、②A子の話を受容的に聞いたり助言する、あるいは、③B子、C子、D子らの言い分を聞いて助言する、あるいは、④生徒全体を相手に注意を喚起する等、A子の苦悩を軽減させるべき措置を講ずる必要があった。しかし、両教諭とも、母親の訴えを聞いても、A子や母親に積極的な働きかけはせず、単に母親から訴えがあった都度、話を聞く程度に終始し、学校当局には報告せず、したがって高校全体としても何ら組織的な対応をすることなく終始した。そして、A子が

たが、他の顧問教諭には報告し、部活指導者には、A子のことを注意して見るように依頼し、養護教諭にも知らせて、A子が登校したときは一緒に話を聴くことを話し合った。

「醜い」
「汚い」

【22】7月17日、A子と両親は、メンタルクリニックで、医師に対し、空手有段者の友人から暴力的なことがあったこと、「醜い」「汚い」など、ひどい言葉を浴びせられていたことを話した。

養護教諭・顧問教諭と面談（A子）

【23】7月18日、A子は、養護教諭、顧問教諭と面談した。両教諭はA子の言い分を聴くことに専念し、掘り下げては聴かなかった。顧問教諭は、A子が気持ちの整理ができたと感じ、「話したいことがあればいつでも来るように」と伝えた。顧問教諭は母親に「いろいろ話してくれたのでもう大丈夫だと思う」と伝えた。両教諭は、引き続きA子の様子を見ていくことを決めた。

【24】7月21日、A子は登校できず、7月22日はアトピー性皮膚炎が悪化したので、皮膚科を受診した後、16時、練習に参加した。

「怖くて学校に行けない」（A

【25】7月24日、A子は「怖くて学校に行けない」と言い、家から出られないでいたが、母親に、C子、

母親に体調不良やB子、C子、D子らの不快な言動を訴えてから自殺に至るまで約3ヵ月が経過し、A子の状態は徐々に悪化していったと見られること、A子の年齢、問題の性質等から、高校の教師が、5月中旬あるいは6月中旬までにA子に適切な措置を講じていたら、それにより、A子の苦悩は相当程度軽減されたものと認める。高校の教師にはA子の問題に関し、注意義務違反がある。

県の責任範囲は精神的苦痛に関する損害賠償に限られる

高校の教師には、A子の自殺につき予見可能性があったと認めることはできない。県の責任は、生前のA子に精神的苦痛を与えたことに関する損害賠償に限られる。A子の受けた苦悩の内容・程度、期間、県が高等学校を設置運営し生徒の生命、身体、心の平穏に関し大きな責任を負う立場にあること等一切の事情を斟酌すると、精神的苦

子） 部活指導者に相談（A子・母親）	D子に呼び出されて、「文句があったら話し合いの最中に言え、後で思い出して文句言われてもこっちもキレる」「仲間はずれにしているように見られて迷惑」と言われたことを話した。18時過ぎ、携帯電話にC子から電話があり、髪型や鞄のかざりについて非難された。A子は、内容を携帯電話に録音した。19時30分過ぎ、母親は、部活指導者に録音内容を聞かせてA子が述べたことを話した。部活指導者は、A子に「絶対死ぬなよ」と励ました。	痛の慰謝料は３００万円とする。（弁護士費用は30万円）
7月25日（自殺当日）	【26】7月25日、15時頃、A子は、父に付き添われて学校に向かったが、その途中、友人との電話で、「自分が今いじめられている」と話していた。A子が「怖い」と言って立ちつくしたため、父親はA子をおぶって帰宅した。 【27】帰宅したA子は、母親と会話を交わした後、首を吊って自殺を図った。病院へ搬送されたが、同27日に死亡した。	

講座16

いじめ行為不認事件（小2担任・1995年3月の暴行被害を虚偽報告）

大阪高裁平成12年11月30日判決

傷害事件の虚偽報告（中学担任・2000年10月の暴行を虚偽報告）

札幌高裁平成19年11月9日判決

いじめや暴力、または体罰などに関する判決の中には、事件・事故の直接的責任とは別に、事件後における学校側の対応をめぐる過失・違法性について、独自に（または含める形）で賠償額の示される事例がみえる。今回は、この、事件後の対応の問題が賠償の対象とされた事例を、取り上げてみたい。

事件・事故後の学校側の対応に問題があり、被害者が重ねて被害を受け、学校側の責任が認定される。これは、学校側だけでなく、被害者側にとっても、大変不幸なことである。

今回とりあげるのは、事件後の対応を賠償の対象とした三例の概要（事例①②③）と二例の判決書資料（事例④⑤）

である。まず、三つの事例を、概要で確認しておきたい。

事例①　いじめ事件後の対応に対する責任（小学校）

金沢地裁平成8年10月25日判決（一部認容、一部棄却〔控訴〕）判例時報1629号113頁。→名古屋高裁平成9年10月29日判決（一部変更〔確定〕）。

小学校5年生の児童が、担任の不在中に教室内外でいじめ・暴行を受けて傷害を負い、不登校となった事件である。判決は、学校側の安全配慮義務について過失を認めた上で、事件後の学校側の対応についても、独自に賠償の対象とした。

- 事件の2日後、校長の斡旋で関与児童の保護者が被害児童の保護者と会ったが、校長が会見の趣旨を十分に説明していなかったこともあって、冒頭から双方の間が険悪な様子となり、謝罪に至らなかった。他日、校長の勧めで保護者等が学校に集まったが、謝罪の方式をめぐって対立し、謝罪に至らなかった。感情的な対立が深まり、被害児童に謝罪する雰囲気が途絶してしまった。
- 不登校が6ヵ月に及んだ原因は、暴行行為で精神的苦痛を受けたほか、その後の双方の保護者及び学校関係者らの対応もその一因となっている。このような事情も含めた諸事情を総合勘案すると、Aの受けた精神的苦痛を慰謝するには40万円が相当である。（名古屋高裁平成9年10月29日は、事件後の学校側の対応の問題点を重視し、賠償額を60万円に変更・増額している。〔確定〕）

事例②　性的暴力事件後の虚偽報告に対する違法性の認定（中学校）

地裁平成13年1月30日判決（一部認容、一部棄却〔確定〕）判例時報1749号121頁。

中学3年生の生徒が、学校の内外で男子生徒に性的被害を受け続け、校内で甚大な性的暴力を受けた事件である。判決は、性的被害に関する慰謝料（1000万円）、学校側の安全配慮義務違反を認めた上で、事件発覚当日、教諭らが被害生徒の保護者に被害を過小に報告した点を「重大な違法行為」と判断し、保護者に固有の慰謝料（各10万円）を認めた。

- 教諭らは、事件当日、集団的な性的暴力行為を認識し、被害生徒の保護者が被害を知らないまま協定書記載の五分刈りで事件を終わらせようとしていると察知していたのに、報告義務を怠った。長期間の集団的な性的暴力事件が、協定書に従って加害生徒らを五分刈りにした程度で闇に葬り去られていた危険性があった。
- 教頭らが、事件発覚当日、二度にわたって性的暴力行為の被害を保護者らへ報告しなかったことは、独自に損害賠償の対象となるような重大な違法行為であり、これによって受けた保護者らの精神的苦痛について慰謝料損害賠償権を認める。

事例③　体罰後の学校側の対応を賠償対象として認定（高校）

鹿児島地裁平成2年12月25日判決（一部認容、一部棄却〔確定〕）判例時報1395号124頁。

高校2年生の生徒が、虚偽の理由で学校を休み、学校に無許可で原動機付自転車の免許を取得したことについて、生徒指導室で説諭を受けた際、教諭から側頭部等を殴打された事件である。判決は、違法な体罰として教諭の過失を認め、県（学校設置者）に賠償金（30万円）支払いを命じた上で、体罰後の教諭と学校長の態度や対応に対し、独自に問題性を確認し、精神的損害の一部を構成するものと認定した。

- 教諭は、真摯な反省の態度を示すことがなかった。訴訟においても、自らのなした行為を体罰とは思っていないと供述している。
- 校長は、違法な体罰と判断しながら、「教諭には将来がある」と言って治療費や見舞金でことを済まそうとし、報告を避け続けた。母親が直接報告したため、已むをえず報告するに至ったもので、違法行為をした教諭を庇おうとした。体罰がなされ、被害者の保護者から教育委員会への報告を求められている以上、報告を懈怠してよいはずがない。また、校長は、被害者から直接事情を聴取せず、教諭の言い分のみを報告するという偏頗な処理をした。
- 体罰と傷害、体罰に及んだ事情と体罰後の態度、校長の教育的配慮を欠いた言動等によって、生徒は相当に大きな精神的打撃を受けた。体罰を受け、その後も心底から謝罪されなかったことは重視されるべきである。当裁判所は、右原告の精神的損害を慰藉するには、30万円が相当と考える。

被害者側は、子どもが（最悪の場合は死亡という）甚大な被害を受け、家族としても人生の危機に直面し、教師・学校と対面する。教師側との意識の差は少なくないし、被害者側と教師側に齟齬が生じることも稀ではない。事件後の、学校や教師の対応について、独自に賠償の対象とされた事例を検討し、教訓を導き出しておくことも、大切である。

次頁の事例④、事例⑤は、いじめをめぐる教師側の判断や説明の不備が独自に賠償対象として認定された判決である。前者は、傷害事件の後に、いじめの存在を拒み続けた担任教諭の対応が、後者は、逆に、事件の後、被害生徒の保護者に、「いじめ」の存在を認める虚偽の発言をした教諭の対応が、それぞれ過失、違法行為とされた事例①、事例②、事例③とあわせて、事故後の対応の在り方を検討していただきたい。

事例④　事件後に担任教諭がいじめ行為を認めなかった点を過失と認定

大阪高裁平成12年11月30日判決（変更〔確定〕）判例タイムズ1118号225頁。

原告　A及び右法定代理人親権者（Aの保護者）

被告　Bの保護者ほか合計12名

判決　Bの保護者及び市は、Aに対し、26万9500円を支払え。

事件前の状況	認定された事実（事件の経緯）	裁判所の判断
	【1】小学校2年生のAは、同級生のBらにより「いじめ」行為等を受けて泣き出し、担任教諭が教室に来て授業が始まってからも泣いていたことがあった。教諭は、「どうして泣いているの」と尋ね、Bらを注意したが、それ以上の対策は講じなかった。	**Bの保護者の責任** ・Bは、Aに対し、遅くとも2年生の6月ないし2学期頃以降、Bが強い立場に立ち、Aを弱い立場の者として、継続的かつ集中的に、身体的、精神的な攻撃を一方的に違法に加えていた。Bの両親は、BがAに対してなした行為【2】【5】につき、民法709条、714条に基づき、不法行為による損害賠償責任を負う。
固定的な関係の成立	【2】2年生の6月ないし2学期頃以降から、BのAに対する各行為が集中し、BがAに対し「ちょうだい」といって要求すると、Aがお金をくれるという関係になってきていた。	**担任教諭の責任**（安全配慮義務と予見可能性） ・担任教諭は、遅くとも2年生の後半に至った段階【2】では、Bの父母と共に、より具体的な事実関係を調べ、原因及びその改善策を協議・検討する、あるいは校長をはじめとする学校の他の教師とともに、
加害児童の保護者の相談	【3】担任教諭は、Bが、いわゆる手の	

3月3日（事件の発生）

机の角でのけが

早い子であり、蹴ったりする程度のことが常々あり、自分勝手な言動をする等、種々の問題があると把握し、他の子に暴力を加えることがあると認識していた。

【4】担任教諭は、Bの保護者が、Bの問題行動を心配して相談してきた際は、「手が早い」と告げていたが、学校生活におけるBの問題点の内容を具体的に説明し、積極的に右問題点を指摘して、その改善策等を双方で協議し、検討しなかった。

【5】3月3日（金）。Bを含む男児がAに手を出し、Aを追いかけたため、Aは、机の角で頭を打って5日間のけがをした。（高裁判決の「当裁判所の判断」では判例集においても本件当日の経緯が省略されており、地裁判決は判例集未搭載のため、【5】に限り朝日新聞1998年12月3日及び2000年

有効な改善策を検討し、学校全体で問題解決に当たるべきであった。

・担任教諭は、Bが、いわゆる手が早い、あるいは蹴るというような態様の暴行を繰り返すにすぎないと把握【3】していたが、年齢が上がるにつれて、Bの素行が、いつまでもその程度でおさまるわけではない場合も可能性としては考え、AがBらによる暴行等を内容とする「いじめ」行為を受けているのではないか、それにより、場合によっては、けがをするかも知れないという限度で、暴行・傷害が発生することについて、予見可能性があった。

・担任教諭は、BらによるAに対する違法行為が継続していた点につき、遅くとも2年生の後半以降の違法行為の発生を防止するため、小学校低学年の担任に要求される義務を尽くしていたということはできず、右義務違反による過失があった。

・「いじめ」行為等を受けていても、児童が直ちに、保護者に詳細を伝えることを期待することはできない。Aの保護者から担任教諭に、Aが「いじめ」行為等を受けて困っているという趣旨の連絡がなかったといって、これを重要視することは相当ではない。

連絡帳に「ふざけて」と記載される	12月1日において補足している） 【6】事故発生後、担任教諭は、Aから事情、経緯等を聴取せず、連絡帳に、「今日、休み時間、友達に押されて、机の角で額を打ちました。ふざけて押した子ども二人には、厳しく注意しておきました」と記載し、Aに持ち帰らせた。 【7】Aは、帰宅後、頭がふらっとする感じになり、痛みも感じるようになった。（連絡帳を見た）母から、担任教諭が、事故を「ふざけによるもの」と判断していると聞かされて、「それは本当のことではない」という思いを抱いた。	**担任教諭の責任（事後の対応）** ・Aは、担任教諭の判断を聞かされて、「それは本当のことではない」と思ったが、担任教諭は、事故当日、A自身からその経過等を聴取したことはなく、Bらを含むクラスの児童（Aを除く）から聴取した事実だけに基づき、「ふざけである」と判断【6】し、その判断を3月7日まで維持していた【9】。Aにとっては、担任教諭にも、肩を揉んだり、誕生日に自ら積極的に花をプレゼントするという面もあったのであり、Aと担任教諭の間で形成されていた一定の信頼関係を前提とすると、「ふざけによるものである」という担任教諭の判断を聞かされ【7】、Aとしては、少なからず精神的苦痛を受けたものと推察できる。 ・担任教諭による「ふざけによるものである」とする判断内容につき、Aがそれを聞かされた際に被った精神的苦痛は大きいと考えられ、Aが本件事故の後、登校したくないという気持ちになった大きな要素といわざるを得ず、3月9日までの時点で、担任教諭が本件事故（の発生原因・経緯）につき十分調査しないで、事故が「ふざけによるものである」と判断
3月4日 母親の抗議・不登校	【8】Aは、3月4日以降、頭痛等で欠席し、登校しなくなった。Aの母は、連絡帳に「ふざけたうえでの事か疑問です」と記載し、近所の女子に学校へ届けてもらった。担任教諭は、電話で、「ふざけによるものであると判断している」と告げた。Aの母は、もう一度、調べるよう要請した。	

3月6日 担任は「ふざけによるもの」と伝える。	【9】Aの母は、3月6日の朝、連絡帳に診断書を貼付し、「これが先生のおっしゃる、ふざけたうえの結果です」と記載して届けてもらった。担任教諭は、電話で、診断書を取ったことを問題視し、「ふざけによるものである」という判断を伝えた。	していた点についても、担任教諭に過失があったといわざるを得ない。市は、国家賠償法1条により、Aの被った損害を賠償する責任がある。
3月7日 母親は校長に相談	【10】Aの母は、3月7日、学校を訪れ、担任教諭・校長等とAに対する「いじめ」行為等について話し合った。	
3月9日 担任が母親に謝罪	【11】担任教諭は、3月9日、A宅を訪れ、これまでの自らの言動・姿勢等につき謝罪し、Aに早く登校してもらいたいと伝えた。 【12】3月中旬、担任教諭と校長は、Aの母宛にそれまでの言動・態度につき反省し、詫びる書面をそれぞれ提出した。	

事例⑤　校内における傷害事件後の虚偽報告を不法行為として認定

札幌高裁平成19年11月9日（主位的請求について控訴棄却、予備的請求について一部認容、一部棄却）判例集未搭載。

原告　A、Aの親権者

被告　市（学校設置者）

判決　被告は、原告らに対し、それぞれ5万円を支払え。

	認定された事実（事実の経緯）	裁判所の判断
暴行事件の発生	【1】Aは、同級生との関係において、同級生から一方的・集団的に継続的な暴力・暴言を受けるといったAの生命、身体、精神等に危害ないし重大な悪影響が及ぶおそれがあったといえるような状況はなかった。 【2】2000年10月21日、2時限目終了後、Aは、教室の窓際の自分の席で休憩していたBにもたれかかり、Bがこれを振り払い、その後、互いにじゃれ合うように叩き合っていたが、その叩き方がだんだんと強くなり始めたと	**傷害事件について担任教諭の過失は認められない** ・本件傷害事件は、休憩時間に、担任教諭が他の教室で次の授業の準備をしている際に、些細なことからAとCの間で喧嘩が始まり、その過程で偶発的に発生し、同級生の殴打によりAが左眼を負傷し、その結果重篤な後遺障害が残ったという事件である。本件傷害事件について、担任教諭に過失があるということはできない。 **保護者に対する虚偽報告について学校関係者に過失があった** ・公立中学校の学校側関係者には、在学関係における信義則上の義務として、学校教育中に生徒が傷害等の被害を受けた場合には、被害者である生徒及びその保護者に対して、被害発生の経緯等について調査

Aが顔面を殴打されて傷害をおう

ころ、教室に戻ってきたCが、けんかと思い、二人を止めに入った。

【3】Aは、自分が止められたことを怒ってCを蹴り、CもAを蹴り返した。Aは、Cの胸元をつかんで、腹部を3、4発膝蹴りし、Cは、腹部を押さえて屈んだ。

【4】Bは、Aの暴行が激しかったので、Aを開いていたカーテンでくるんで止めたところ、Dは、カーテンでくるまれたAを蹴った。Cは、カーテンを振りほどいて向かってくるAの顔面を手拳で殴ったところ、Aはその場で痛みを訴えてうずくまった（本件傷害事件）。（Bは、Aの供述によっても、Aに対していじめを行ったことのない生徒の一人であった）

し、正確に報告する義務がある。学校関係者が、これに反して、故意又は過失により誤った報告を行った場合には、上記報告義務違反が生徒又は保護者との関係で不法行為を構成する。

・家庭訪問の際、担任教諭は、いじめの実態や本件傷害事件に至った事実関係を明確にし、再発防止に努める事の記載された書面まで手渡している【5】。このことは、担任教諭が、傷害事件は以前からAになされていた同級生によるいじめの一環であると認めたと理解するほかなく、Aらも、そのような趣旨として担任教諭の発言を受け止めた。

・報告は、Aに対する集団的継続的な暴行等のいじめは存在せず、本件傷害事件は偶発的な事故であったとの前記認定に明らかに反しており、また、当時、学校関係者の認識も前記認定のとおりであったのであるから、虚偽報告というほかない。かかる発言は、Aらに対する報告義務違反として、不法行為を構成する。

【6】に対する判断

・かかる説明によって一時的に被害生徒や保護者の気持ちが収まったとしても、学校側説明からすれば、本来学校側が防止すべきいじめによりAが重大なけがを負った

事件後の説明

担任教諭が「いじめの延長線上の事件」と説明

【5】11月2日。校長と担任教諭はA宅を訪れ、担任教諭は、傷害事件が偶発的な事故であると考えていたにもかかわらず、「Aの親権者の振り上げた拳を下ろしてもらう」という学校関係者による事前の協議の結果に基づいて、「事故はいじめの延長線上の事故と言って差し障りがない」と発言した。

【6】裁判において被告となった市側は、傷害事件がいじめに基づくと考えて学校側に対する不信感を露わにしていたAの保護者の感情を沈静化させるため、学校側とAらとの信頼関係を維持するための発言であるから、違法性はないと主張した。

といわざるを得なくなる以上、当然そのことを前提とする責任問題がAらとの間で発生することが予想され、実際、本件傷害事件がいじめによるものかどうかを巡って訴訟が提起されていること、Aらにとっては、本件傷害事件が本来あってはならないいじめにより起こったと学校側が認識していることこそが重大であったといえることからすれば、学校側は、調査結果に基づく本件傷害事件に対する認識を正確にAの側に伝えた上で、その認識がAの側と異なるならば、学校側が前記認識に至った経緯を丁寧に説明し、理解を得るよう努め、それでもAの側の理解が得られないようであれば、紛争解決機関に問題を委ねるという態度をとるべきだった。

・担任教諭の発言は、Aらに対する不法行為となり、市は、Aらが被った精神的苦痛に基づく損害を、国家賠償法1条1項に基づいて賠償すべき責任を負う。(いじめの事実が判明しなかったこと、Aの親権者の学校側への抗議が非常に強硬で、授業や他の生徒への影響を慮って学校側がかかる対応に出たことにつき、やむを得ない一面も認められること等から、Aら各自につき5万円が相当である。)

講座17 教師の暴力誘発による暴行事件（小４担任・１９９９年９月暴行）

千葉地裁平成16年4月28日判決

小学校の担任教諭が、児童に対する暴力行為を容認する指導や発言をしたことで、集団暴行等が誘発されてしまった事件である。被害児童の保護者は、担任教諭の不法行為、校長、市教委、県教委の対応の不法性を問い、損害賠償を請求した。

判決は、担任教諭の発言や行為を不法行為と認定。市と県に対して、連帯して１２０万円を被害児童に、31万８６８０円を被害児童の保護者に、それぞれ支払うよう命じた。他方、校長の指導監督義務、調査報告義務、市教委と県教委の事後措置については、不法行為の成立を認めなかった。（被害児童におけるＰＴＳＤの発症は認定せず）

※千葉地裁平成16年4月28日判決（一部認容、一部棄却〔確定〕）判例時報１８６０号92頁。判決書資料部分は、「裁判所の判断」から事実関係と判決の趣旨を変えない範囲で作成し、個人に関する情報等の明示は極力避けて引用・抜粋・要約している。

今回は、一つの判決書から、資料１と資料２を作成している。

担任教諭の「発言」や「行為」に誘発され、学級内で集団暴行等が起きた時点に至る経緯は、資料1である。集団生活への適応が困難とみられる児童の指導の際に、教師の発言や行為の一つ一つが、予想外に大きな影響力を与えてしまう場合がある。教師の指導や発言には、一層の慎重さが求められる。まずはこの点を、事実に即して確認し、教訓としてほしい。小学校では、担任教諭主導の、比較的学級に閉じた形での運営が可能となる。このことの長所と短所についても、常に自覚しておくことが求められる。「学級内のトラブルに対する教師の指導・発言のあり方」「問題化が予測される場合の、教師集団や管理職による支援・介入のタイミングと方法」などについて、意見交換をしてほしい。

資料2は、事件後、被害児童や保護者の訴えを受けた後の、管理職・行政側の対応を整理したものである。

本判決は、事件発生後の、校長、市教委・県教委側の対応について、時系列で事実を認定し、個々に不法性の在否を確認している。事件発生時の対応を検討する際、（十全の対応と判断されたわけでなく、裁量権の逸脱や不法行為の成立を認めなかったに過ぎない点をふまえた上で）検討の前提となる基本事例の一つとして活用したい。

	認定された事実	裁判所の判断
集団生活への適応が困難 級友にちょっかいを出していた	【1】小学校4年生のAは、感受性が強く、ストレスを感じやすく、集団生活への適応が困難な性格であった。他の児童とのコミュニケーション、きまりを守って行動したり、協調性を持って接する力が不足し、授業中に奇声を発したり、じっとしていられずに教室を出て行ったり、全校朝会等で前にいる児童にちょっかいを出すなど、いたずらをすることがあった。 【2】Aは、首を絞められたことに対してBの手や腕にかみつき、負傷させたことがあった。また、学級で飼っていたハムスターが死んだことでBから責任を問われて、Bとは仲が悪くなった。 【3】Aは、C子の頭をこづくなどのちょっかいを出していた。 【4】Dは、ちょっかいを出されると、パニック状態に陥って、大声で泣き叫ぶことがあった。Aは、それを知りながら、Dをからかい、Dが逆上して手を出したり、泣き叫びながら追いかけるのを面白がっていた。担任	**教師および校長の義務** ・小学校の教師は、学校における教育活動及びこれに密接に関連する生活関係における児童の安全を確保すべき配慮義務（安全配慮義務）があるから、指導上の措置が安全配慮義務に違反し、児童の生命身体精神等に重大な影響ないし危害を及ぼした場合には、不法行為が成立する。 ・小学校の校長は、学校の代表者として、生徒間の暴力や教師による体罰が行われないように教師を指導監督すべき義務がある。 ・小学校の校長は、学校の代表者として、いじめ、暴力、犯罪、事故等校内における事件や事故を未然に防止すべき義務があるのみならず、これらの事故が

	教諭は、Aの悪ふざけが目に余るため、注意をしていたが、反省の様子は見られなかった。2学期に入ると、AがDにちょっかいを出す回数が頻繁になり、Dが泣きわめいて「Aが許せない」などと言うようになった。	一度発生した場合には、事実関係を調査した上、必要に応じ、児童の保護者らに対し、その調査結果を報告するなどの措置を採る義務がある。
1999年 「プロレスごっこ」事件	【5】9月中旬頃。休み時間中、AがDをからかって口論となり、チャイムで教室に戻ったものの、DがAの席まで来て頭をたたいた。担任教諭はDを押さえつけて、他の児童に聞いたところ、「A君が、A君が」というので、「またやったのか。こんなんじゃ勉強にならないじゃないかよ。どうすんだよ」「何度言っても分かんないんだから」「またちょっかい出したんだろう。だったらみんなの前でやってみろ」と言って、Aを教室の中央に引っ張り出し、AとDに、「Dももう収まりがつかないし、先生が見ているから、やり合え」と言った。	**担任教諭には安全注意義務に反する不法行為が成立する** ・担任教諭は、短時間とはいえ、児童らの前でAを押さえつけ、AとDが泣くまで喧嘩をさせた【5】【6】。口頭で何度注意をしてもDをからかうことを止めないAに対し、止めさせようとした措置であることを考慮しても、安全配慮義務に違反する行為であり、不法行為が成立する。
担任教諭による暴力の強要	【6】担任教諭は、Aを後ろから抱きかかえ、Dにたたくよう命じた。Dは、Aの腹部や背部を両手で数回殴り、足蹴りをしたが、あまり力を入れなかった。担任教諭はAを解放して、今度は、「Dをたたけ」と命じた。Aは、Dの頭頂部を弱くたたいて席に戻り、Dは半泣き	・担任教諭は、Eに、Aの顔をたたいて良いと指導し、これに触発されたEにAをたたかせ、児童らの面前でAに対する暴力を容認する発言をすることにより、児童らに、Aに暴力を行うこと

担任が「たたいてもいいぞ」と発言する

「ビンタ」事件

の状態になった。担任教諭は「二人が泣くまで続ける」と言って、再びAを連れ戻し、「Aをたたけ」と命じたため、Dは泣きながらAの腹部を殴った。Aは半泣きの状態となり、Dの髪をかんで引っ張ったところ、Dが大声で泣き出した。担任教諭はAに、「それはルール違反だ」と言った。Aは、泣きながら教室を飛び出した。

【7】Aは、隣の席のEに、授業中、繰り返し質問していた。Eは、Aに「授業中は話しかけないで欲しい」と頼んだが、やめなかったため、担任教諭に相談した。（Aは、授業中に担任教諭の言ったことに疑問があると、担任教諭や隣の児童に質問したり、自分の意見を述べたりすることが多く、担任教諭に叱られていた）担任教諭はAを注意したが、なかなか直らなかったため、相談にきたEに、「そんなに邪魔だったら横っ面を一発くらいひっぱたいてやれ」と言い、授業中、Eが、Aに邪魔されて嫌がっているのを見て、児童の前で、「ほら、またそこでやっている」「やめろと言ったじゃん」「本当にもう言うこと聞かないんだったら、やめないんだったらひっぱたいてもいいからやれ」などと言った。

【8】9月28日。担任教諭は、授業の前に、再びEから

が許されるものと誤信させ、ビンタ事件や集団暴行事件を誘発した【7】【8】【9】【10】。これらの行為は、Aが授業中に他の児童にちょっかいを出すのを止めさせようとしたことを考慮しても、安全配慮義務に違反する行為であり、不法行為が成立する。（担任教諭が「Aをたたいてもよい」などと言えば、Eらが、日頃の反感から安易に暴行を加えることは、十分考えられる。教師としての能力と注意をもってすれば、十分に予測することができた。集団暴行事件等も担任教諭の発言が重要な要因であり、相当因果関係を有する。）

担任教諭の行為による損害

・A（慰謝料　100万円）Aは、集団暴行により、身体的な苦痛のみならず、精神的な苦痛を受けた。担任教諭の言動により、いわれのない暴行を受けた

	相談を受けたため、授業が始まってから、「Aがうるさければたたいていいぞ」と言った。Eは、授業中、Aからの質問を受けて1回目は何も答えないでいたが、何度も質問してきたため、Aにビンタをした。	ショック、悔しさは大きく、教師に対する不信感も強く生じた。事故が学校全体の問題として大きく取り上げられたこと、マスコミの取材等を受けたこと、従前から友人とコミュニケーションをとることに問題をかかえていたこと【1】、転校した後もいじめを受ける【16】など、事件以外にも精神的負担を感じざるを得ない事情があったことなどを考慮すると、Aの被った身体的、精神的苦痛に対する慰謝料の額は、100万円が相当と認められる。（弁護士費用　3万円） ・保護者（慰謝料　20万円）Aが不登校になり、「死にたい」などと言い続け、全然眠れなくなるなど極めてつらい状況にさらされているのを目の当たりにして、自らも重大な精神上の苦痛を受けたと認められる。 （医療費等　8万8680円） （弁護士費用　3万円）
「キャッチボール」事件	【9】9月29日。Eは、授業中、C子に、「A君がそっちきたら、たたいていいよ」と言い、EとC子は、着席したまま（キャッチボールをするように）交互にAの顔面を数回たたいた。EとC子は、翌30日にも、授業中、Aの顔面を交互にたたいた。担任教諭は、キャッチボール事件については気が付かなかった。	
集団暴行事件	【10】9月30日。授業中、C子は、Aに、「後でたたいてあげるね」と言い、授業終了直後、周囲の児童に、大きな声で「A君をつかまえて」と呼びかけた。C子とB、F子は、後ろのドアの前でAを押さえつけ、Eが、Aに対して20回以上往復ビンタをした。集まって見ていた児童の1人が、「やめろよ」と言ったため、Eは、たたくのをやめた。Aは、教室から飛び出した。担任教諭が教室に戻ると、児童らが騒いでいて、EがAをたたいたと報告したので、Aを捜しに行った。担任教諭は、Aから事情を聞こうとしたが、Aが「暴行を加えた児童に聞いてほしい」と言ったため、Eらから事情を聞	

校長や保護者に連絡しなかった	いた。担任教諭は、帰りの会でEに謝らせ、Aが「Eが謝ってくれたのでもういいです」という趣旨の発言をしたため、問題は解決したものと考え、校長やAの保護者には連絡しなかった。	

資料2　校長・市教委・県教委によって行われた事件後の対応

	認定された事実	裁判所の判断
保護者からの抗議を受ける 校長が事件を確認し、市教委に報告する	【11】10月1日。校長は、Aの保護者から面談の申し入れを受けたため、担任教諭から事情を聞き、担任教諭が学級内で暴力を容認する発言をしたために集団暴行事件が発生したことを知り、市教委を訪問して学校教育課長（以下「課長」）に事件を報告した。課長は、担任教諭から十分に事情聴取すること、保護者が来校したときの話の内容を記録することを指示した。 【12】10月2日。校長は、Aの保護者と面談し、「Aが何十回も殴られたのは担任教諭の発言が原因である」「担任教諭を辞めさせるべきである」などと抗議を受け、保護者会の開催を依頼された。校長は、担任教諭の不適切な発言について謝罪し、善処を約束した。校長は、	**校長の指導監督義務違反は認められない** ・校長は、①日常的に校内を巡回して授業を参観し、学級の様子や教師の指導の実態を把握する努力をしていた、②教師に対し、指導方法だけでなく、日常生活での行いについても指導を行い、殊に児童に対し暴力を振るうことのないよう指導を行っていた、③担任教諭について、保護者等から苦情を言われたこともなく、児童に暴力を容認するような発言をしていたことを知り得る機会は殆どなかった。校長に指導

学級保護者会を開催する

市教委が転校の要望を受ける

10月4日にもAの保護者と面談し、「担任から外すことは現段階では判断できない」と回答した。

【13】10月6日。校長は、臨時学級懇談会（保護者会）を開催し、担任教諭の発言により集団暴行事件が発生したことについて、担任教諭に謝罪させ、事件の内容を説明した。

【14】10月6日。市教委教育次長、課長、指導主事は、来庁したAの保護者から、事件について抗議を受け、他の小学校に転校したいとの申入れを受けた。市教委は、学区外就学となるため、転校できるかどうか調査することとした。また、10月中旬頃、指導主事は、Aの保護者とともに、転校についてAの主治医に意見を聴取し、「最良の手段であるか分からない」という趣旨の回答を得た。課長、指導主事がA宅を訪れて転校の意思を確認したところ、保護者の転校の意思は強固だった。教育長、課長、指導主事は、小学校を訪れ、担任教諭、前任の担任教諭、校長から事情聴取を行った。教育長は、校長に、Aの保護者から転校の希望や学級集会の開催の要望が出ていることを伝えた。校長は、学級は正常に運営されていること、担任教諭は教師として立派であることなどを報告し、Aの転校は好

監督義務違反があったとまでは認められない。

校長の調査報告義務違反は認められない

・校長は、Aの保護者の要求に応じて直ちに事実関係を調査し、保護者会でその都度経過説明を行い、謝罪し、質問に回答する【13】【18】などして、市教委及び県教委の指示に従い、報告書を提出し【17】、事情聴取に応じて事件の解明に努めた。

・校長が全体集会を中止したのは、保護者会等において、Aの保護者を個人攻撃する意見が絶えなかった【19】ことから、個人攻撃の場となるおそれが高く、学校が事実関係について説明をしても、歪曲されて広まり、混乱を招くことが予想されたためと推測できる。また、Aの保護者の話を聞く重要性を認識し、「Aさんの話を聞く会」を開催【20】している。校長が全体集会を中止したことが直ちに違法ということ

人権擁護委員会の調査が入る

Aが転校する

事故報告書を提出する

ましくないと意見を述べた。

【15】10月中旬頃。校長は、市人権擁護委員会の調査を受けて、事件の経緯、担任教諭の普段の指導等について説明した。

【16】10月17日。市教委は、Aの転校を認め、Aは学区外の小学校に転校した。市教委課長は、転校先の小学校を訪ね、校長に対し、担任教諭の配慮等、学校側の対応の仕方を知らせ、直接Aの保護者から指導上配慮すべき事項の説明を受けるように求めた。（Aは、転校先の児童らに、非難されたり、「プロレスをした子だから一緒に遊べない」などと言われて、いじめられた。Aは、11月中旬頃から12月頃にかけて「死にたい」と言い続け、事件のことを思い出したり、文字を書こうとしたり、計算しようとしたり、ランドセルや教科書を見ると、気持ち悪くなり、学校に行けなくなった。）

【17】11月8日。校長は、「担任教諭が児童の一人に対し暴力を容認する発言をしたことが集団暴行事件につながった」と記載した事故報告書を市教委に提出した。県教委（県教育庁）は、地方出張所から事故の概要について連絡を受け、事故報告書の提出を受けた。

【18】11月11日。校長は、学級集会（保護者会）を開催し、

はできない。

・校長は、事情聴取に着手したものの、保護者からの反発が強かったこと【22】や、他の児童らに対する教育的配慮から中止したものである。かかる措置が不当であるということはできない。

・校長は、事件当日に児童から直接事情聴取を行った担任教諭から、数度にわたり事情聴取を行い、ひととおりの調査をした。校長は、調査に基づき、事件を担任教諭の不適切な発言から集団暴行事件が発生したものと理解し、市教委と県教委に報告している。【11】【17】事実を隠蔽したり、虚偽の事実を報告したとは認められない。校長が、本件事件に関し採った事後措置について、不法行為は成立しない。

市教委の事後措置に不法行為は成立しない

・市教委は、Aが安心して再び学校教育

	事件が新聞等で報道されたことについて謝罪し、担任教諭が暴力を容認する発言をしたことにより集団暴行事件が発生したことについて説明した。	を受けられるよう、転校を速やかに実現し、校長に事実関係の調査を行わせ【11】、市教委の職員も、自ら事件の原因、経緯について調査し【14】、調査結果に基づき校長らに口頭訓告【24】を行い、校長ら県費負担職員に対する処分権限を有する県教委の指示を伝達し、情報提供を行い、市内の小中学校に通知を行って事件の再発防止に努めていた。【25】市教委に調査報告義務違反があるとは認められない。市教委の事後措置について不法行為は成立しない。
「Aさんの話を聞く会」を開催する	【19】11月13日。校長は、PTA役員集会の意見をふまえ、全体集会を開く決定したが、「同級生に暴力を振るっていたが、親はそのことを知っていたのか」などの意見が出て、混乱や個人攻撃が予想されたため、全体集会ではなく、「Aさんの話を聞く会」とした。 【20】11月27日。校長は、「Aさんの話を聞く会」を開催したが、Aの保護者らを非難する質問が相次いだため、個人攻撃とならないよう注意をした。	
2000年 県教委が再調査を依頼する	【21】1月17日。県教委は、Aの保護者から、手紙や電話を通して、事故に関する調査依頼等を受けていたが、Aや保護者の主張と事故報告書の記載事項に差異があったので、市教委に、児童からの事情聴取を含め、事件の再調査をするよう依頼した。	
校長か再調査を断念する	【22】2月1日。校長は、県教委および市教委から指示を受けて、児童に対する事情聴取を開始したが、保護者から事情聴取に反対する強い要望が出たため、事情聴取の継続は困難と判断し、市教委教育長、課長と県教委を訪問して報告し、県教委はこれを了承した。	

県教委による指導	【23】2月2日。県教委は、「Aや保護者の言う事実と学校長の報告は平行線になっているが、授業中に児童がたたかれたことに担任教諭が対応しなかったことについては、児童の様子をきちんと把握するよう強く指導をお願いしたい」と市教委へ連絡した。	**県教委の事後措置は裁量権の濫用とまでは認められない** ・県教委は、市教委を通じて、校長に対し事件の実態を把握するように指示し、報告を受けていた。【17】【21】 【23】【24】 県教委の措置が、社会通念上著しく妥当性を欠き、与えられた裁量権を濫用したものであるとまでは認められない。県教委の事後措置について不法行為は成立しない。
市教委による口頭訓告	【24】市教委は、校長には、教職員の服務監督指導の徹底を図ること、保護者との信頼関係の修復に努めることについて、担任教諭に対しては、同人の発した言葉によって児童や保護者の心情を著しく傷つけたことについて注意し、口頭訓告を行った。	
市教委による通知の送達	【25】市教委は、事件を受けて、市内の全小中学校に対し、ＡＤＨＤ（注意力欠陥多動性障害）の障害を持つ児童に対するケアの仕方について通知を行った。	

2 体罰等教師による犯罪・過失関係の判決

講座18
小学生体罰自殺事件（小6・1994年9月自殺）

神戸地裁姫路支部平成12年1月31日判決

体罰直後の自殺事件で教師の責任を認めた判決として広く論評される事例である。

A（小学校6年生・男子）は、1994年の9月9日、同級生の残る放課後の教室で、担任教諭から頭と頬を数回殴打された（15時頃）。Aは、殴打（体罰）を受けた直後、自宅近くの裏山で、木にナイロンロープをかけ、その輪に首を吊って死亡した（死亡推定日時は同日16時頃）。

Aの両親は、担任教諭の殴打（体罰）が引きがねとなってAが自殺したと主張し、国家賠償法1条1項に基づき、学校設置者である市に損害賠償を求め、地裁は、左記①②③の「因果関係」を認め、市に賠償を命じた（確定）。

①担任教諭の殴打行為と自殺との「事実的因果関係」

自殺の原因は殴打行為である。

②担任教諭の殴打行為と自殺との「相当因果関係」

殴打（体罰）を加えた担任教諭は、Aの自殺について責任がある。

③担任教諭による、殴打行為後のAに対する安全配慮義務違反と自殺との「相当因果関係」

担任教諭は、殴打（体罰）を加えた後、児童生徒の受けた衝撃を緩和する措置（謝罪等）を行わなかったことで、Aの自殺について責任がある。

判決　被告は、原告ら（Aの両親）に対し、それぞれ1896万4639円を支払え。

※神戸地裁姫路支部平成12年1月31日判決（一部認容、一部棄却［確定］）判例時報1713号84頁、判例タイムズ1024号140頁。判決書資料では、事実関係と判決の趣旨を変えない範囲で、個人や地域を特定可能な情報を削除・修正している。

※本判決の評価については、浪本勝年、船木正文ほか『教育判例ガイド』（有斐閣、2001年、170～175頁）を参照されたい。

判決の前提とされた前掲①②③の判断のうち、担任教諭の責任に直結するのは②と③である。そして②と③は、ともに、担任教諭は体罰から自殺に至るAの行動を予測（予見）できたはずだとする判断を前提としている。

本判決に学ぶべき点は、（1）体罰がもたらす結果の予測に、児童生徒の自殺の可能性までを含めること、（2）予測を可能にする「知識や経験」を確認すること、（3）体罰等の後、児童生徒に対する教師側の対応の在り方を検討すること、である。

判決は、第一に、18年の教員歴（【3】【6】）を持つ教師ならば、Aが自殺という最悪の事態を予測する能力、予測を可能とする「知識と経験」を持っていたはずだ、と述べる。この前掲（1）（2）の視点について、資料の中段（認定された事実）を読み合わせて事件の経緯を把握し、最下段（裁判所の判断）を、担任教諭が通常有すべきであった知識と経験→事実的因果関係→相当因果関係の順に確認しながら、意見交換をすすめてほしい。

第二に、判決は、このような「知識と経験」があれば、担任教諭は、殴打行為の後、（そのまま教室を出る【13】のではなく）Aの被害の実相を確かめ、（たとえ自殺が予測できなくとも）Aの衝撃を緩和するための、謝罪など適切な措置をとるべきであった、と述べている。

> 体罰（暴力）を加えた場合、教師は、生徒の受けた肉体的・精神的衝撃がどの程度のものかを自ら確かめ、生徒に謝罪するなど適切な処置をとってその衝撃を和らげる必要がある。このことは、自殺が予測されると否とにかかわらず、体罰（暴力）を加えてしまった教師に要請される当然の責務である。

この、（3）の視点についても、時間をとって率直な意見交換をしてほしい。また、時間が許す場合は、自殺事件後の対応の在り方（資料最下段「Aの両親固有の損害の補足」）についても、確認したい。

判決が求めた「予測する能力」や「知識や経験」を支えるのは、被害を推し量る力である。そして、被害を推し量る力は、公的資料に基づく事例研究の積み重ねをもって修得することのできる教師の専門的能力の一つである。体系的で順次的な事例研究の積み重ねは、（「もしかしたら」「あの事件のような」という実感をともないながら）一つ一つ教師の選択肢として蓄積されてゆく。複数の選択肢から検討することができれば、その判断と対応は、より合理的根拠を備えた、公的に説明可能な判断・対応となる。教師の財産とも、なってゆくはずである。被害を推し量る視点、最悪の被害を回避する安全配慮義務の視点から、あらためて、体罰と体罰時の対応の在り方を考えてみたい。

	認定された事実	裁判所の判断
Aの性格 明るく元気な子どもだった	【1】小学校6年生のAは、自然、なかでも動植物に興味をもち、工作が得意で、文章を書かせたり、工作をさせたりすると、子どもらしいユニークな発想をすることがあった。 【2】家族、級友、各学年でAの担任となった教諭たちは、Aを、総じて、「明るく元気な子ども」「冗談が好きでよく周囲を笑わせる子ども」と評価していた。	**安全配慮義務** 公立小学校の教師には、学校における教育活動及びこれに密接に関連する生活関係における生徒の安全を確保すべき配慮義務があり、特に、生徒の生命、身体、精神、財産等に大きな悪影響ないし危害が及ぶおそれが現にあるようなときには、そのような悪影響ないし危害の現実化を未然に防止するため、その事態に応じた適切な措置を講ずる義務がある。
担任教諭 勤続15年でAの5年次からの担任だった	【3】担任教諭は、1976年に小学校の教師となり、18年間の教員歴を有するベテラン教員で、小学校5年生の時からAの担任であった。 【4】担任教諭は、Aのユニークな発想を評価する一方で、Aには、授業中に私語が多く、集中力に欠ける欠点があると認識していた。 【5】そのような欠点が指摘されていたもの	**担任教諭が通常有すべきであった知識と経験** 担任教諭【3】は、次の①②③④⑤の社会情勢に接し、子どもの自殺に対する問題意識を、当然持つことのできる状況にあった。 ①1977年10月、衆議院で「少年の自殺防止」について審議が行われ、文科省は、11月12日付で「少年の自殺防止について」（通達）を、その後、1979年2月24日付で「児童生徒の自殺防止について」（通達）を出し、児童生徒の自殺が「社会

しばしば体罰を加えていた。

の、Ａには、本件殴打行為まで、怠業、怠学、教師に対する反抗や極端な学業不振、周囲の児童との協調を欠くといったような問題は、全くなかった。また、Ａと家族間の不和を窺わせる事情も全くなかった。

【６】担任教諭は、児童の間では「特定の児童をひいきしない」「教え方が丁寧」という理由で好意を持つ者もいたが、その反面、「よく怒る」「機嫌の悪いときは、怒るとしばしば頭、頬を叩く」といったことで、嫌う者もいた。

【７】校長は、担任教諭をまじめで熱心な教師であると評価していたが、児童にしばしば体罰を加えていたことは、知らなかった。

的な問題」であり、「自殺防止についてできるだけの配慮」をするように求めていた。

②県教育委員会も、１９７９年２月１日付で「児童生徒の暴力事故並びに自殺行為等の根絶について」（通達）を出していた。

③子どもの自殺が大きな社会問題となり、子どもの心の脆弱さや衝動　性の強さが意識され、教師や親の子どもに対する接し方にも社会の関心が寄せられていた。

④１９８５年２月、横浜で、小学５年生の男児が担任教諭に叱責されて飛び降り自殺した事件が報道され、「教師は、子どもにとって重い存在である。その一挙一動、片言隻句が、子どもに与える衝撃は、この上なく大きい。子どもを傷つけることも多い。それを子どもが受容するのは、教師を愛しているからだ。子どもの愛に甘えて、教師が限界を超えるとき、悲劇が起きる」という見方も示されていた。

⑤１９８９年から１９９３年まで、毎年のように、親や教師による叱責・体罰を原因とした青少年の自殺が報道されていた。

殴打（体罰）事件

第3時限目にAがポスターの描き方を質問した

担任教諭はAの質問を積極的に評価した

放課後、Aが再び同じ質問をした

【8】１９９４年９月９日（金曜日）の第３時限目（10時40分～11時25分）、担任教諭は、運動会のポスター描きを月曜日提出の宿題とし、図柄2種類、文字1種類のプリントをサンプルとして配布し、ポスターの描き方の指導を行った。

【9】その時、生徒らの中でただ一人Aが、「先生、ピストルでもいいの？」と質問してきたので、担任教諭は、「それ、いいなあ。先生だったらピストルだけじゃなくて、人のシンボルとピストルを描いて、ピストルの先に煙も描いて、その中に秋季運動会と書くよ」と言って、黒板に図柄まで描いて、級友が注視する中でAの発想のユニークさを褒めた。そして、「ポスターは、サンプルの図柄を参考にしてもよいし、自分で図柄を考えて描いてもよい」と指導した。

【10】放課後、15時頃、教室には、Aを含めて少なくとも7名の児童が残っていた。Aは、席に座ったまま、教卓の所にいた担任教諭に「運動会のポスターの絵、自分で考

Aは教師の褒め言葉を期待して再度質問した

Aが放課後に質問【10】したのは、第3時限目の担任教諭による説明を聞いていなかったからではなく、担任教諭から第3時限目に級友の面前で受けた褒め言葉【9】を再度期待してのことであったことは、容易に推測し得る。Aに教育的指導を加えなければならない非違行為は何ら存在しなかった。このことは、担任教諭も、殴打行為当時、容易に認識し得たはずである。

担任教師の殴打行為は単なる暴力であった

担任教諭は、Aにポスターの描き方について話しかけられるや、Aに対し第3時限目における指導、説明を思い出させるとか、説明済みであることを説諭するなどせず、大声で怒号しながらいきなり殴りかかっている【11】【12】。殴打行為は、担任教諭がAの言動に激昂し、感情のはけ口を求めたものである。殴打行為は懲戒権の行使（教育的指導）ではなく、単なる暴力であった。

非違行為のない場合の殴打行為は精神的衝撃が大きい

①Aは、自らに非違行為がないにもかかわらず、級友の面前で、一方的に、かなり強度の暴行を受けた。

	えたのでもいいの?」と質問した。
担任教諭から殴打された	【11】担任教諭は、授業中既に説明したはずなのに、またしても説明を求められたことで、何回同じことを言わせるつもりかと腹立たしく感じ、Aの席に近づいて、「3時限目に説明しただろう。何回同じことを言わせるのか」と大声で怒鳴りながら、席に座っていたAに対し、利き腕の方の平手でAの頭頂部を1回、続けて両頬を往復で1回殴打した。
殴られたAは照れ笑いをした 再度担任教諭から殴打された	【12】担任教諭は、Aの席からいったん離れ、教卓の方に戻りかけたが、その時、Aが他の同級生の方を見て照れ笑いをうかべたのを見て、Aにばかにされたと思って立腹し、Aの席の方に戻り、Aの正面に立って、「けじめをつけないか」と怒鳴りながら、再び、利き腕の平手でAの頭頂部を1回、続けて両頬を往復で1回殴打した。
Aは涙を浮かべて睨んだ	【13】Aはうっすらと目に涙を浮かべて担任教諭の方を睨んでいた。担任教諭は、Aが目に涙を浮かべているのを認めたが、Aに

しかも予期に反して暴力を加えられたことを考慮すれば、大きな精神的衝撃を与えるものであった。②殴打された後、Aは、涙を浮かべて担任教諭を睨んでいた【13】。Aが、理不尽な暴力と受けとめたことは、疑いない。

③担任教諭が相応の注意義務を尽くせば、殴打した時、Aに教育的指導を加えなければならない非違行為のなかったこと、したがって、Aが殴打行為を理不尽な暴力と受けとったであろうことは、容易に認識できた。

体罰（暴力）の後にとるべき適切な処置

懲戒として体罰がなされた場合でさえ、体罰は生徒の心身に重大な悪影響を及ぼす。いわんや教師の感情の赴くままに「単なる暴力」としてなされた場合は尚更である。したがって、このような体罰（暴力）を加えた場合には、教師は、生徒の受けた肉体的・精神的衝撃がどの程度のものかを自ら確かめ、生徒に謝罪するなど適切な処置をとってその衝撃を和らげる必要がある。このことは、自殺が予測されると否とにかかわらず、体罰（暴力）を加えてしまった教師に要請される当然の責

担任教諭は言葉をかけることなく教室を出た	言葉もかけることなく、Aを残したまま教室を出て行った。 【14】担任教師のAに対する殴打行為は、「手加減して」殴打したといえなくはない。しかし、叩いた音が周囲に聞こえるほどの力でなされ、Aが口内裂傷の傷害を負ったことからすると、殴打行為が軽いものでなかったことは明らかである。	務である。担任教諭には、殴打行為がAの心身に及ぼした悪影響を除去する上で過失があった。
Aの自殺 Aは体罰を受けた直後に自殺した	【15】Aは、殴打行為を受けた9月9日、20時頃、自宅北側の裏山で、木にナイロンロープをかけて、その輪に首を吊って死亡しているところを、祖父に発見された。Aの足先は地面から少し浮いた状態で、身体の右側には足場にした椅子があり、身体の下にはAのつっかけが落ちていた。死因は縊死、死亡推定日時は同日の16時頃と認められた。 【16】Aは、担任教諭から殴打行為を受けたあと、一人で下校し、帰宅後も、友人と誘い合せて裏山に出かけたような形跡は	**事実的因果関係** 一般に、小学生のような児童の自殺は、衝動的であり、その動機は成人と異なり、叱られたという些細な他愛のないことから決断されるという特徴が認められる。Aの自殺は、本件殴打行為の後、下校、帰宅に要する時間も含めて約1時間経過した、極めて接着した時点でなされたこと、帰宅後家族の誰とも顔をあわせることなく裏山で自殺したこと、殴打行為の他に自殺の動機がうかがわれないこと、等を総合すると、Aは、担任教諭の殴打行為が引きがねとなって自殺したと推認できる。Aの自殺と殴打行為との間には事実的因果関係が

ない。

【17】児童が一人でナイロンロープを高い木にくくりつけて輪を作り、輪に首を入れる遊びをするとは到底考えがたい。そのような遊びが、当時、Aや周辺の児童の間ではやっていたことを窺わせるような証拠もない。

【18】Aの損害

逸失利益　3597万8554円。

慰謝料　2500万円。

過失相殺　損害額の5割を減額。合計額6097万8554円の5割＝3048万9277円を、被告の賠償すべきAの損害とする。

ある。

相当因果関係

①殴打行為に至る経緯と行為の実際、殴打されたAの態度・反応、Aに非違行為がなかったこと、Aが殴打行為を理不尽な暴力と受けとったであろうこと、等を基礎事情とし、殴打行為当時に「担任教諭が通常有すべきであった知識と経験」を基準とすると、殴打行為からAの自殺に至る経過は、加害行為の危険性が現実化していく過程といえる。Aの自殺と担任教諭による殴打行為との間には、相当因果関係がある。

②担任教諭がAの精神的衝撃を緩和する努力をしていれば、Aの自殺を防止できた蓋然性が高い。安全配慮義務違反とAの自殺による死亡との間にも相当因果関係がある。

過失相殺

相当因果関係がある場合でも、損害が加害行為のみによって通常発生する程度、範囲を超え、被害者の心因的要因が寄与しているときは、損害の公平な分担という見地から、民法722条2項を類推適用して、損

（各１５２４万４６３９円）

【19】原告（Aの両親）固有の損害

Aの自殺により、Aの父母が相当の精神的苦痛を受けたことは容易に推認できる。訴訟の審理に顕れた一切の事情を考慮すると、Aの両親（原告）が被った精神的苦痛を慰謝するには、各２００万円を相当とする。

弁護士費用　各１７２万円。

害の拡大に寄与した被害者の事情を斟酌する。損害の公平な分担という見地からすると、自殺を選択したこと自体について、Aが一定の責任を負うべきものとされるのはやむを得ない。損害の拡大に寄与したAの心因的要因（意思的関与の程度）に応じて、損害額を減額する。

Aの両親固有の損害の補足

Aの死が、直接の原因が担任教諭の殴打行為にある自殺であることは、良識をもって判断すれば明らかであるにもかかわらず、被告は、Aの自殺後も、学校管理外の事故死と評価し、学校関係者は、自殺の原因が家庭やA自身の問題にあるかのような、誤解を与えかねない心ない言動をとった。これらにより、原告らの精神的苦痛は一層増大した。

講座19

小学生体罰自殺事件（小5・2006年3月自殺）

福岡地裁小倉支部平成21年10月1日判決

2006年3月16日15時30分頃、小学5年生（A）が教室で担任教諭から強く叱責され、帰宅直後に自殺をはかり（16時30分過ぎに母親が発見）、死亡した事件である。

Aの両親は設置管理者の市に対しては、①Aは担任教諭（B）による違法な体罰等が原因となって自殺した、③学校と市教委はB教諭の体罰等の事実を隠蔽し原告らの知る権利を侵害した、と主張し国家賠償法1条1項に基づき損害賠償を求めた。また独立行政法人日本スポーツ振興センターに対しては③「学校の管理下において発生した事件に起因する死亡」に該当すると主張して災害共済給付金（死亡見舞金）の支払を求めた。

福岡地裁小倉支部平成21年10月1日（一部認容、一部棄却［控訴］判例時報2067号81頁）は、①③の訴えについて原告であるAの両親の訴えを認め、②の訴えは退けた。

判決主文

- 被告市は、Aの父親および母親に対し、それぞれ4400万1836円を支払え。

・被告日本スポーツ振興センターは、Aの父親および母親に対し、それぞれ1400万円を支払え。

市及び日本スポーツ振興センターが判決を不服として控訴したあと、福岡高裁で和解が促された。2010年5月21日、市が教諭の行為を「総合的に見れば適切さを欠いており、自殺を防止できなかった」（体罰とは認めず）と認めて和解が成立した。また日本スポーツ振興センターとの間にも災害共済給付金2800万円を遺族側に支払う和解が成立した。

講座18で紹介した神戸地裁姫路支部平成12年1月31日判決とほぼ同じ内容であることがわかる。それは被害者である小学校6年生が、1994年9月9日、同級生の残る放課後の教室で担任教諭から数回殴打され（15時頃）、帰宅した直後に自宅近くの裏山で首を吊って死亡した事件であった（死亡推定時刻は16時頃）。

1994年9月（神戸地裁姫路支部）と2006年3月（福岡地裁小倉支部）という、10年近くを経て、ほぼ同様の、体罰直後の自殺事件が裁判となり、ほぼ同様の判決が下されている事実を重く受けとめたい。そしていずれもが、①叱責・殴打行為が感情にまかせた体罰であること、②自殺との事実的因果関係、相当因果関係ともに認めていること、③叱責・殴打後の事後の対応が問題となったことを認定した点で、同一である。

学校管理職、先生方には、この二つの判決を学び共有し、教訓としてほしい。

※研修資料は、地裁判決のうち、「第2事案の概要　1争いのない事実等」と「第3当裁判所の判断」をもとに、個人等を特定する情報を削除し、判決の趣旨を変えない範囲で抜粋・要約して作成している。また紙幅の関係で、事件後、原告らがAの同級生等に聞き取り調査を行った事実等は、省略している。

	認定された事実	裁判所の判断
	【1】Aは、2005年4月、小学校5年生に進級した。Aは1年生の頃から学習面の遅れや宿題忘れ、忘れ物等が目立つ児童であり、落ち着きがなく、3年生の頃には、教師が横にいないとノートをとらなかった。 【2】B教諭は、26年間の教師経験を経て2005年4月にAが在籍する小学校に赴任し、5年生のクラス担任となった。B教諭は学年主任を任され、周囲の教師からは、あまり感情を表に出さず、まじめかつ誠実に仕事をこなす人物として信頼されていた。B教諭は「叱るべきは叱る」を教育方針の一つとし、比較的細かいことにも叱ることが多かった。	**懲戒行為及び事後行為の違法性　肯定** ・Aは、わざとではないにせよ、新聞紙を棒状に丸めたものを振り回して、聴覚障害のあるDの顔に当てた上、面白半分に掃除用具入れに隠れていたのであり、仮にAが既に謝っていたとしても、B教諭において改めてAの行動を戒める必要性があったことは明らかである。B教諭がAの胸ぐらをつかんだのも、Aが床に倒れ落ちたことについても、B教諭が故意にAを押し倒したとまでは認め難い。 ・しかしながら、B教諭がAと大声で言い争いをしたことは、指導方法としては相当性を欠くものであるし、胸ぐらを両手でつかむという不穏当な方法を用いる必然性はない。また、Aにとって、級友が居並ぶ教室内で、B教諭に胸ぐらをつかまれ、床に倒されたとい
2005年 注意に反抗	【3】Aは、5年生になると、体育と図工の授業を除き最初の5分~10分しか授業に集中できず、注意されないと、自分の席で漫画を読んだり、落書きをしたり、机に伏せたりしていた。B教諭が指導すると、気分の良い時は素直に聞き入れたが、気分の悪い時は、「いいやないか」「関係ないやないか」と反抗することも多くあった。B教諭の叱る声や、Aの反抗する声は、し	

ばしば隣のクラスにも聞こえていた。また、Aは、自分の筆入れや布製のバッグをハサミで切ったことがあり、B教諭が注意をした。

教室飛び出し

【4】Aは、2学期になると、B教諭の指導に反抗することが多くなり、多いときは毎時間のように叱られては反抗していた。Aは、指導を受けると「うるさい」「関係ない」「くそばばあ」などと言い、教室を飛び出すことも10回近くあり、すぐに戻ってきたり、B教諭が迎えに行くと戻ってきたりした。1時限の間中戻ってこないことはなかった。

注意され興奮

【5】（11月頃）B教諭がAを放課後に残して勉強させようとしたとき、Aが拒否したので、B教諭が「家に連絡しないといけない」と言うと、Aは興奮してランドセルをB教諭に投げつけ、B教諭の足下に落ちた。B教諭は「家には連絡しない」と言って興奮を鎮めようとしたが、10分程収まらなかった。その他にも、AがB教諭にランドセルを投げつけたことが、2学期中に1回あった。

B教諭への不満

【6】Aは、一緒にバレーボールをしていたEとFに「B教諭から叩かれた」「つねられた」「腕をひねり上げられた」などと不満を度々口にしていた。

うことは、肉体的な痛みはもちろん、精神的にも大きなショックを覚えるものであったと考えられる。しかるに、B教諭は、Aが床に倒れたことについて何ら配慮することなく、Aの「帰る」との言葉を聞いて「勝手に帰んなさい」と感情的に言い返し、そのままAに背を向けている。このように、①B教諭による懲戒行為が非常に感情的に行われていることや、②胸ぐらを両手でつかんでゆするという行為の態様、③転倒の結果やその後の対応等を考慮すると、本件懲戒行為（とりわけB教諭がAの胸ぐらを両手でつかんでゆすった行為）は、社会通念に照らして許容される範囲を逸脱した有形力の行使であり、学校教育法11条ただし書により禁止されている「体罰」に該当する違法行為である。

・事後行為をみても、B教諭は、Aがペットボトルを投げつけ、教室を飛び出し

2006年 母親への訴え	【7】3学期になってAは塾に通い始め、学校でもB教諭の指示に素直に応じることが多くなったが、2月中頃以降は再びB教諭の指導に反抗することが多くなった。	たにもかかわらず、そのままAを放置してホームルームを開始し、戻ってきたAに怒鳴りつけている。Aの行為（とりわけペットボトルを投げつけた行為）は、懲戒行為によりAが精神的に激しく動揺していたことを顕著に示すものであり、このまま放置することに一定の危惧を覚えてしかるべき状況であったにもかかわらず、怒鳴りつけたことは、生徒に精神的苦痛を与えるものでしかありえず、自殺を含めたAの衝動的行動を誘発しかねない危険性を有するものであって、かかる言動は、教師に許容される懲戒権の範囲を明らかに逸脱したものとして、違法行為である。 ・Aは衝動的な行動に陥りやすい児童であり、そのことはB教諭も十分に認識していたことを考慮すると、B教諭が当時置かれた立場に立ち、教師に求められる通常の観察義務を尽くしていれ
母親の電話	【8】（1月25日頃）Aは、普段よりも早い時刻に帰宅し、Aの母親と叔母に、「学校やめたい」「Bが叩くから行きたくない」と泣きながら訴えた。母親が事情を聞くと、Aは「友達と喧嘩になったけど、B先生は俺の言うことを何も聞かんで怒るばっかりだ」と、泣きながらソファーの上に座り込んだ。母親は小学校に電話をかけて、B教諭に、「とにかくAの言うことも聞いてください。そして叩いたりしないで、学校を飛び出したりしたらすぐ連絡下さい」と話した。B教諭は、これを了承した。	
3月16日（事件当日） C教諭の注意	【9】卒業式の前日で、3校時は翌日の卒業式のリハーサル、5、6校時は掃除と卒業式準備となっていた。Aは、給食準備中に鬼ごっこをしたり、清掃時間中にチャンバラをして遊んでいるところをC教諭に注意を受けた。その後も、Aが友人と走って職員室に入ろうとしたのでC教諭が注意をすると、Aは「何で僕ばっかり」と言っていた。	
職員の注意	【10】14時過ぎ、Aが玄関前で箒を振り回して遊んでい	

たため事務職員が注意した。

Dへの行為

【11】6校時の終り頃（15時30分頃）、5年生の女子児童が、Dを連れてB教諭のもとにやってきた。Dは顔を押さえて泣いていた。女子児童は、「A君が振り回していた（新聞紙を棒状に丸めた）棒がDさんに当たった」と説明した。Dは難聴のため人工内耳を装着していた。B教諭がDの顔を見ると、傷はなかったが少し赤くなっていた。

B教諭の叱責
大声での争い
体罰

【12】B教諭が教室に入ると、児童らは帰りの準備をしていたが、Aの姿は見えなかった。B教諭が箒を掃除用具入れに入れようとすると、中からAが飛び出し、自分の席に横向きに着席した。B教諭は「謝りなさい」と叱ったが、Aが「謝った」と反発したため、大声で言い争いになった。B教諭は椅子に座っているAの胸ぐらを両手でつかみ、Aの身体を揺すったため、Aは抵抗し、椅子から床に倒れ落ちた。Aが「帰る」と言うと、B教諭は「勝手に帰んなさい」と大声で言い返し、教室前方の黒板の方に向かった。他の児童らは、B教諭が普段以上に激しくAを叱責する様子を見て、静まりかえっていた。Aは、教室後方の出入口に向かって走り、出入口付近に置いてあった、水が半分程度入っ

ば、Aが衝動的に自殺を含めた何らかの極端な行動に出る可能性は認識し得た。B教諭は、信義則上の安全配慮義務として、教室を飛び出したAを追いかけ、又は教室内のインターホンを用いて他の教師の応援を求めるなどして、Aを制止し、精神的衝動を和らげる措置を講ずるべき義務を負っていたというべきであり、これをせずにAを放置した点で、B教諭には少なくとも過失がある。

・被告市は、B教諭が、Aの興奮が収まるのを待ち、翌日改めて話を聞こうとしたことは、教師に与えられた裁量の範囲内の対応であると主張するが、被告市の主張は採用できない。

ペットボトルを投げる

教室を飛出す

Aを怒鳴る

Aの自殺

たペットボトルをB教諭に投げつけた。ペットボトルはB教諭の近くの壁に当たった。Aは泣くのを必死に堪えるような表情をして教室を飛び出した。B教諭は、Aを追いかけることなく、ホームルームを始めた。数分後、Aは後方から教室に入ってきた。B教諭は「何で戻ってきたんね」と怒鳴り、Aは、自分の席にあったランドセルを取って再び教室を飛び出していった。数分後、B教諭はホームルームを終え、児童らを下校させた。B教諭は、この出来事をAの両親に連絡せず、Aの自殺を知るまで管理職にも報告しなかった。

【13】Aの母親は16時30分過ぎに帰宅し、Aの部屋に入ると、Aが紐で首を吊っていた。母親は消防に通報し、Aの叔母が駆け付けた。叔母はAの母親に促されて学校に電話をかけ、B教諭を呼び出した。B教諭は母親と勘違いし、「お母さん、A君どうしてます」と聞き、叔母が「何かあったのか」と尋ねると、「今日、A君が女の子を叩いたのできつく叱ったんですよ。そしたら謝らないので、胸ぐらをつかんで揺すったら、A君がこけてしまって」と答えた。これを聞き、叔母は、Aが自殺したことを伝えた。

【14】Aは病院に搬送されたが18時10分死亡が確認され

Aの自殺と懲戒行為又は事後行為との間の相当因果関係　肯定

・Aの自殺は、専ら本件懲戒行為及び事後行為が直接的な原因となって生起した事情であり、他にAの自殺に対する外部的な要因は見当たらない以上、Aの自殺は、本件懲戒行為及び事後行為に内在する危険性が現実化したものと認めるのが相当であり、本件懲戒行為及び本件事後行為とAの自殺との間には、相当因果関係がある。

・Aが自殺にはAの心因的要因が相当程度寄与していると考えられる。しかしながら、Aの心因的要因については、B教諭においても、1年間の指導を通じて十分に認識していた事情である。また、Aはペットボトルを B教諭に向かって投げつけ、教室を飛び出しているのであって、Aが精神的に激しく動揺していることは外部的に明らかなことであった。

死亡の確認	た。校長が病院に来たので母親が事情を聞くと、校長は「Aが耳の悪い女子児童の頭を箒の棒でたたいたので、B教諭がAを叱った」と説明した。Aの祖母とAの母親との間で、マスコミに報道されることを嫌がる会話がなされた。これを聞いた校長が「学校もマスコミの取材には応じない方針でよいか」と聞き、Aの母親が同意した。Aの遺体がA宅に戻され、22時30分頃、校長と教頭がAの家を訪れた。	・『子どもの自殺防止のための手引書』（総理府青少年対策本部編）においては、子供の自殺の特徴のひとつが衝動性であり、子供の自殺に特に見られる共通の心理として、攻撃願望であること、自殺という最後のかつ最強の手段によって、相手に強烈な攻撃を加えようとし、それによって復しゅうもし、処罰もしようとする心理があることが指摘されている。
3月17日 卒業式	【15】卒業式後、校長は5年生の児童を体育館に集め、Aが亡くなったこと、家族がそっとしてほしいと望んでいると伝えた。その後、5年生の児童を各教室に移動させ、担任教諭とカウンセラーが、「こころの健康調査票」（記名式）を配付して児童らに記入させた。	
仮通夜	【16】Aの仮通夜が行われ、叔母はB教諭の参列を催促し、校長らがA宅を訪れた。Aの母親が、B教諭に「Aは本当に箒の棒で叩いたのか」と尋ねると、B教諭は、「いいえ、紙の丸めたものが当たっただけでした」と答えた。Aの母親は、Aの話を聞かなかったことについてB教諭を非難した。同席した親戚らも、学校を激しく非難した。	

【17】Aの母親は、Aの机の中から、Aが使っていた漢字の練習帳の表紙の裏に、「Bしね」と書かれ、その字の上をなぞるように表紙がはさみで切られたものを見付けた。

3月18日以降

校長の見解

葬儀

事実解明の申し入れ

B教諭の退職

過失の否定

【18】（3月18日）朝刊に校長の「叱った後のフォローが足りなかった。学校側の責任も感じている。2005年秋頃から担任との関係が悪化し心配した家族が学校側に相談していた」とのコメントが掲載された。

【19】（3月19日）両親の認識と異なる報道がなされたため、葬儀後、Aの叔母が会見を行い「以前からB教諭に、Aの話を聞いてほしい、学校を飛び出した時には家族に連絡してほしいと頼んでいた」「自殺直後の叔母とB教諭との電話の内容」等を話した。

【20】（3月24日）Aの母親は、訪れた校長に事実解明を申し入れた。

【21】（3月31日）B教諭は退職した。

【22】（4月1日）校長、教頭、B元教諭がA宅を訪れた。校長は「教育的指導の範囲内の出来事であった」と説明し、B元教諭は「Aが教室を飛び出してもすぐに帰っ

学校と市教委の事実隠ぺい　否定

（学校と市教委はAの死因に関する事実を隠ぺいし原告らの知る権利を侵害したか）

（1）原告であるAの両親は、06年4月頃から、本件アンケート用紙の開示を求めていたものであるし、「アンケート」が「こころの健康調査票」を意味することは、小学校や市教委において容易に認識し得ることであったと考えられるのであって、それにもかかわらず、安易に「こころの健康調査票」を廃棄したことは、およそ配慮が足りないと非難されることもやむを得ない。しかしながら、「こころの健康調査票」の目的やその記載内容に照らす限り、廃棄した市教委及び小学校の行為を、事実の隠ぺいと評価することはできない。

事故調査書開示の要請

てくるだろうと思っていた」「A宅に連絡するつもりはなかった」と説明した。Aの母親と叔母は、「こころの健康調査票」（Aの母親の言葉としては「アンケート」）の内容を明らかにするよう質問したが、校長は「教育的指導の一環であった」との認識を繰り返し、その内容は分からないと説明した。また、B教諭は「Aに体罰や暴力的行為をしたことはない」と話し、1月25日頃の母親とのやり取りも、自殺当日の叔母とのやり取りもすべて否定した。

【23】（4月4日）Aの叔母は市教委に説明を求めたが「調査中」との回答であった。

【24】（5月26日）市教委のGとHがA宅を訪れた。Aの母親と叔母は、1月25日頃の出来事を話し、3月16日以降の学校側とのやり取りをまとめた書面を市教委に提出した。事故報告書の開示を申し入れたが、市教委は調査中であるとして開示を断った。

【25】（9月12日）市教委のGとHがA宅を訪れ、学校が作成した事故報告書を見せた、Aの母親と叔母は事故報告書をもらいたいと申し出たが、Gらは「公文書なので渡すこともコピーもできない」と説明した。14日、Aの両親は事故報告書について行政文書開示請求を

損害

・慰謝料…Aの精神的苦痛を慰謝するには、2500万円をもって相当と認める。

・逸失利益…Aは、自殺当時満11歳であり、本件懲戒行為等を原因として自殺していなければ、満18歳から67歳までの49年間就労が可能であり、原告らの主張する逸失利益3503万6712円は相当と認める。

・過失相殺…民法722条を類推適用し、その損害額の9割を減額するのが相当であるから、合計額の1割である600万3671円が、被告市において賠償すべき金額となる。

・原告固有の慰謝料…原告らは、担任教諭の違法な懲戒行為が原因となって、弱冠11歳の子を自殺により失ったのであり、その精神的苦痛は相当なものと認められる。また、原告らは小学校及び市教委による事実解明が期待し難い

行った。28日に一部開示決定がなされ、一部黒塗りされた事故報告書が開示された。

事実認識の齟齬

【26】（10月16日）A宅を訪れた校長に対し、叔母は「自殺当日に叔母がB元教諭から電話で聞いた内容と、その後の話が変わっているのではないか」と尋ねたが、校長は「B元教諭はそんなことはひと言も言っていませんでした」と否定した。また、叔母が「弔問を催促したのに事故報告書では自発的に弔問に来たようになっている」と尋ねると、校長は「そのような電話は自分も教頭も受けていない」と話した。

【27】（10月18日）市教委のG、HがA宅を訪れた。Aの母親と叔母は、学校側との認識が異なる点について、「子供たちは見ているのだから、アンケートの内容を調査すれば分かるのではないか」と訴えた。しかしGらは「スクールカウンセラーが保管しており市教委は関与していない」と説明し、叔母がカウンセラーとの面会を求めても、これを断った。

校長の謝罪

【28】（11月16日）A宅を訪れた校長は、「A君が学校の時間内に飛び出し、追いかけもせず、自宅に連絡もしなかった責任は、すべて学校にあります。そのことについては、私が責任をもって謝罪します」と答え、B元教

状況下で、自らAの同級生への聞き取りを行うことを余儀なくされた上、再三にわたって開示を求めていたアンケート用紙（「こころの健康調査票」）を配慮なく廃棄される等の対応を受けたものであり、その精神的苦痛は何ら慰謝されていない。一方、Aの自殺には心因的要因が寄与していることを考慮すると、このような原告らの精神的苦痛を慰謝するに足りる慰謝料のうち、本件懲戒行為及び事後行為と相当因果関係のある金額は、各自100万円と認める。

・弁護士費用…各自40万円

	論は、「A君には言いやすかった、A君の話を聞いてやらなくてすみません」と頭を下げた。叔母は、市教委のHに電話をかけ、校長やB教諭の発言内容を伝えた。	**学校管理下に発生した事件の起因性　肯定** ・Aの死亡が、省令24条3号所定の「学校の管理下において発生した事件に起因する死亡」に該当することは明らかであり、被告センターは、原告らに対し所定の死亡見舞金2800万円の支払義務を負う。
学校との言い争い	【29】（11月22日）Aの母親と叔母らが小学校を訪れ、校長やB元教諭とAの自殺当日のことで言い合いになった。叔母はアンケート用紙の所在を尋ねたが、校長は「アンケートは無記名で、カウンセラーが持っているので分からない」と答えた。 【30】（12月27日）市教委のG及びHがA宅を訪れた。Aの叔母はカウンセラーとの面会やアンケートの開示を求めたが、Gらは、カウンセリング以外の要件では面会できないこと、再発防止のための意識調査でカウンセラーが持っているため見せられないと説明した。	
2007年		
アンケート破棄の説明	【31】（1月23日）原告らが、本件アンケート用紙について、情報公開条例に基づく行政文書開示請求を行ったところ、同年2月6日付けで不開示決定がなされた。理由は「文書は破棄してあり保有していない」というものだった。文書が破棄された経緯について、「昨年の7月頃、市教委の指示で教頭がシュレッダーにかけて処分した」との説明がなされた。	

講座20

中学生体罰事件

（海岸で「砂埋め」して体罰を行った過失を認めた判決・中2・89年9月体罰行為）

福岡地裁平成8年3月19日判決

「砂埋め事件」として知られる事件の判決である。中学校及び教師らは生徒指導上の問題行動、他の中学校生徒に対する恐喝や暴行を行った生徒に対し、夜、海岸で砂埋め状態にした事実確認や指導を行い（「砂埋め」事件）、相手中学校への謝罪のため丸刈りを強く求めてこれを行い（丸刈り）、違反服で登校し服装指導に従わない生徒に対して校内に入ることを認めなかった（再登校指導）。以上3件の事実について、当事者であった生徒は、学校の教師と学校設置者である自治体に対して損害賠償を請求した。地裁判決は、「砂埋め」行為について「教師としての懲戒権を行使する場合に許容される限界を著しく逸脱した違法なもの」と結論づけ、被告自治体に対し、原告である生徒（当時）に対して50万円の支払いを命じた。

※福岡地裁平成8年3月19日判決（一部容認、一部棄却［確定］）判例時報１９０５号97頁。

本裁判については、家庭裁判所の判事を主人公にした漫画でもとりあげられた。毛利甚八作・魚戸おさむ画・山崎周平〔第二東京弁護士会〕監修『家裁の人』（第13巻1995年〜第15巻1996年　小学館）、である。ただし、裁判の争点である体罰・丸刈り・再登校指導が扱われている点では本判決と同じだが、①（砂浜でなく）麻袋に入れてロープで縛り水深2メートルの夜の沼に吊して沈めた点、②教師個人の賠償責任を認めている点、③体罰以外の争点に関する判決内容に触れていない点で、実際の判決内容と異なるものとなっている。

参考資料としてあげた初中局長通知「問題行動を起こす児童生徒に対する指導について」（一部抜粋）にある下線⑫⑬⑭を確認していただきたい。生徒指導に係わる通常の一般的指導と区別されて行われる場合の、出席停止措置のような児童生徒の人権を制限する措置は、児童生徒が安心して学ぶ環境を保障するという学校・教師に課せられた義務から、不法行為や人権侵害行為、故意の秩序混乱行為等を差し止めること、すなわち安全注意（配慮）義務を根拠として実施しなければならない。

「毅然とした対応」「規範意識・規律の重視」もまた、児童生徒に対する人権の制限に係わる措置の根拠もまた、この点にある。特定の規範を強制する措置が無制限に推奨されているわけではないことは、いうまでもない。

保護者や社会に対して公的に説明可能な対応とは何か、体罰是非論にとどまらず、どのような指導や措置が、何のために、何を根拠にして、認められ、求められるのか。本判決書資料をもって共通認識としてほしい。

学校教育法

第11条　校長及び教員は、教育上必要があると認めるときは、文部科学大臣の定めるところにより、学生、生徒及び児童に懲戒を加えることができる。ただし、体罰を加えることはできない。

第26条　市町村の教育委員会は、次に掲げる行為の一又は二以上を繰り返し行う等性行不良であつて他の児童の教育に妨げがあると認める児童があるときは、その保護者に対して、児童の出席停止を命ずることができる。

一　他の児童に傷害、心身の苦痛又は財産上の損失を与える行為

二　職員に傷害又は心身の苦痛を与える行為

三　施設又は設備を損壊する行為

四　授業その他の教育活動の実施を妨げる行為

2　市町村の教育委員会は、前項の規定により出席停止を命ずる場合には、あらかじめ保護者の意見を聴取するとともに、理由及び期間を記載した文書を交付しなければならない。

4　市町村の教育委員会は、出席停止の命令に係る児童の出席停止の期間における学習に対する支援その他の教育上必要な措置を講ずるものとする。

2007年2月5日　初等中等教育局長通知「問題行動を起こす児童生徒に対する指導について」18文科初第1019号（各項目一部を抜粋）

・昨年成立した改正教育基本法では、教育の目標の一つとして「生命を尊ぶ」こと、教育の目標を達成するため、学校においては「教育を受ける者が学校生活を営む上で必要な規律を重んずる」ことが明記されました。いじめの問題への対応では、いじめられる子どもを最後まで守り通すことは、児童生徒の生命・身体の安全を預かる学校としては当然の責務です。⑫同時に、いじめる子どもに対しては、毅然とした対応と粘り強い指導により、いじめは絶

対に許されない行為であること、卑怯で恥ずべき行為であることを認識させる必要があります。さらに、学校の秩序を破壊し、他の児童生徒の学習を妨げる暴力行為に対しては、児童生徒が安心して学べる環境を確保するため⑬、適切な措置を講じることが必要です。このため、教育委員会及び学校は、問題行動が実際に起こったときには、十分な教育的配慮のもと、現行法制度下において採り得る措置である出席停止や懲戒等の措置も含め、毅然とした対応をとり、教育現場を安心できるものとしていただきたいと考えます。

出席停止制度の活用について

- 出席停止は、懲戒行為ではなく、学校の秩序を維持し、他の児童生徒の教育を受ける権利を保障するために採られる措置⑭であり、各市町村教育委員会及び学校は、このような制度の趣旨を十分理解し、日頃から規範意識を育む指導やきめ細かな教育相談等を粘り強く行う。
- 学校がこのような指導を継続してもなお改善が見られず、いじめや暴力行為など問題行動を繰り返す児童生徒に対し、正常な教育環境を回復するため必要と認める場合には、市町村教育委員会は、出席停止制度の措置を採ることをためらわずに検討する。

懲戒・体罰について

- 児童生徒の問題行動は学校のみならず社会問題となっており、学校がこうした問題行動に適切に対応し、生徒指導の一層の充実を図ることができるよう、文部科学省としては、懲戒及び体罰に関する裁判例の動向等も踏まえ、今般、「学校教育法第11条に規定する児童生徒の懲戒・体罰に関する考え方」（別紙）を取りまとめた。懲戒・体罰に関する解釈・運用については、今後、この「考え方」によることとする。

（別紙）学校教育法第11条に規定する児童生徒の懲戒・体罰に関する考え方

体罰について

・児童生徒に対する有形力（目に見える物理的な力）の行使により行われた懲戒は、その一切が体罰として許されないというものではなく、裁判例においても、「いやしくも有形力の行使と見られる外形をもった行為は学校教育法上の懲戒行為としては一切許容されないとすることは、本来学校教育法の予想するところではない」としたもの（1981年4月1日東京高裁判決）、「生徒の心身の発達に応じて慎重な教育上の配慮のもとに行うべきであり、このような配慮のもとに行われる限りにおいては、状況に応じ一定の限度内で懲戒のための有形力の行使が許容される」としたもの（浦和地裁昭和60年2月22日判決）などがある。

・有形力の行使以外の方法により行われた懲戒については、例えば、以下のような行為は、児童生徒に肉体的苦痛を与えるものでない限り、通常体罰には当たらない。

○放課後等に教室に残留させる（用便のためにも室外に出ることを許さない、又は食事時間を過ぎても長く留め置く等肉体的苦痛を与えるものは体罰に当たる）。

○授業中、教室内に起立させる。

○学習課題や清掃活動を課す。

○学校当番を多く割り当てる。

○立ち歩きの多い児童生徒を叱って席につかせる。

・なお、児童生徒から教員等に対する暴力行為に対して、教員等が防衛のためにやむを得ずした有形力の行使は、もとより教育上の措置たる懲戒行為として行われたものではなく、これにより身体への侵害又は肉体的苦痛を与えた場合は体罰には該当しない。また、他の児童生徒に被害を及ぼすような暴力行為に対して、これを制止したり、目前の危険を回避するためにやむを得ずした有形力の行使についても、同様に体罰に当たらない。これらの行為については、正当防衛、正当行為等として刑事上又は民事上の責めを免れうる。

児童生徒を教室外に退去させる等の措置について

・単に授業に遅刻したこと、授業中学習を怠けたこと等を理由として、児童生徒を教室に入れず又は教室から退去させ、指導を行わないままに放置することは、義務教育における懲戒の手段としては許されない。

・他方、授業中、児童生徒を教室内に入れず又は教室から退去させる場合であっても、当該授業の間、その児童生徒のために当該授業に代わる指導が別途行われるのであれば、懲戒の手段としてこれを行うことは差し支えない。

・また、児童生徒が学習を怠り、喧騒その他の行為により他の児童生徒の学習を妨げるような場合には、他の児童生徒の学習上の妨害を排除し教室内の秩序を維持するため、必要な間、やむを得ず教室外に退去させることは懲戒に当たらず、教育上必要な措置として差し支えない。

・さらに、近年児童生徒の間に急速に普及している携帯電話を児童生徒が学校に持ち込み、授業中にメール等を行い、学校の教育活動全体に悪影響を及ぼすような場合、保護者等と連携を図り、一時的にこれを預かり置くことは、教育上必要な措置として差し支えない。

認定された事実

M中学校事件

【1】中学校2年生のOとIほか2名は、1989年8月31日、M中学校の生徒4名から9330円を恐喝し、一人を殴る蹴るなどの暴行を加えて傷害を負わせ、警察官に補導された。9月1日の始業式、Oの父親が、丸刈りにしての謝罪を提案し、他の保護者も賛同したため、9月2日、加害生徒らを丸刈りにし、服装も調えてM中学校に出向き、被害生徒の父親らに謝罪した。謝罪を受け入れてもらった。

J中学校事件

【2】9月3日、A、I、O、Nは、学生服専門店に来ていたJ中学校の生徒9名から金銭を要求しようと企て、生徒2名を捕らえ、案内させて他の7名を見付け、2万円余りを恐喝した。9月8日、J中学校から問合せを受け、C教師（生活補導主事）が同校に赴いたところ、加害生徒はAたち4名であることを確認した。そこで放課後、Aらに対する今後の指導方針等を協議するために2年生担当教師全員による臨時学年会が開かれて、Aらから事情を聞くことになった。

裁判所の判断

体罰について

・体罰とは、懲戒のうち肉体的苦痛を与えるものをいい、その判断に当たっては、教師の行った行為の内容に加え、生徒の年齢、健康状態、場所的、時間的環境等諸般の事情を総合考慮すべきものと解される。

・学校教育法11条ただし書が体罰の禁止を規定した趣旨は、いかに懲戒の目的が正当なものであり、必要性が高かったとしても、それが体罰としてなされた場合、その教育的効果の不測性は高く、仮に被懲戒者の行動が一時的に改善されたように見えても表面的であることが多く、かえって内心の反発などを生じさせ、人格形成に悪影響を与えるおそれが高いことや、体罰は現場興奮的になされがちであり、制御が困難であることを考慮して、絶対的に禁止するというところにある。したがって、教師の行なう事実行為としての懲戒は、生徒の年齢、健康状態、場所的及び時間的環境等諸般の事情に照らし、被懲戒者が肉体的苦痛をほとんど感じないような極めて軽微なものにとどまる場合を除き、体罰禁止規定の趣旨に反し、教師としての懲戒

砂埋め事件

【3】9月12日の放課後、C教師も含めた学年会を開いた結果、Aらを学校で直接指導することになった。AとIは、19時30分頃中学校にやってきた。教師らは二人を職員室前の廊下に立たせ、それぞれ5分程度事情聴取したが、Aは、「(学校に何故呼ばれたのか)思い当たることはない」、Iは、「(J中学校事件のことは)自分は知らん。関係ない。早く帰してくれ」などと言うばかりであった。効果が薄いと感じたG教師（Aの担任教師）らは、職員室に戻って、残っていた教師らと協議した。

【4】教師らは、事件の内容と性格、事件発生後の諸事情を考えると、Aらに事件に関与した事実を認めさせ、真に反省させるような強力な指導を行なう必要があると判断し、夜間、海岸まで連れて行って強い指導を行なうことを決めた。他の加害生徒N、Oの担任B、D教師も同行することになり、G教師が学校のスコップ2本を積み込んだ上、自動車に分乗して、19時40分頃中学校を出発し、21時頃海岸に到着した。

権を行使する場合に許容される限界を著しく逸脱した違法なものとなる。

【5】【6】【7】【8】

・砂埋め事件は、身体拘束の時間は比較的短く、傷害を負わせるようなものではなかったものの、行為の時刻、場所、天候等の状況、Aの年齢、教師らの人数、これまでに例を見ないような行為の異常さ等に照らすと、Aが味わった恐怖感や屈辱感は相当なものがある。

・砂埋め事件は、日没後の20時過ぎころ、小雨が断続的に降る天候の下、人気のない暗い海岸の砂浜において、穴を掘って、当時満13歳の少年であったAを座らせ、首まで砂を被せて約15分間にわたり埋めたもので、①Aに肉体的苦痛を与えるものであることは容易に推認でき、学校教育法11条ただし書にいう体罰に該当することは明らかである。

・砂埋め事件は、肉体的苦痛を感じないような極めて軽微な態様のものではないし、とりわけAに与える屈辱感等の精神的苦痛は相当なものがあった。その背景等があったとしても、②教師としての懲戒権を行使するにつき許容される限界を著しく逸脱した違法なも

【5】海岸では小雨が断続的に降っており、相当暗く、10ｍも離れるとほとんど何も見えなかった。教師らは二手に分かれて話を聞こうということになり、AにはF、D、G教師が、IにはC、H、B、E教師がついて、口頭で指導を始めた。G教師は、「何か心当たりはないか。恐喝のことだ」と話しかけたが、Aは下を向いて黙ったままだった。H教師も、Iに、恐喝のことを自分の口から話させようとしたが、Iは、「関係ない。知らん」と言うばかりであった。そこで、C教師が「砂に埋めて考えさせようか」と提案して他の教師も賛同し、C教師が、約50ｍ離れた二つの地点を指示し、教師らがスコップを使って、直径約90㎝、深さ約60㎝の穴を掘った。

【6】D教師は右穴に入るようAに指示した。Aは海側を向いて穴に入り、G、D教師が交替してスコップで背中の方から砂を入れ、F教師も手で砂を入れ、Aの肩の辺りまで砂を盛り上げた。Aは動くことも首を回すことも全くできない状態となった。D、G、F、B教師は穴の後方でAを見守っていたが、約15分後にH教師が「お前がしたろう」と問いかけると、Aは涙を流しながらうなずいたので、H教師はAを穴から出した。その際、海水が右穴の中に入った。G、C教師は、砂浜後方の土手付近で、しばらくの間、

のである。

・教師らが、AがJ中学校事件に関与したことをA自身の口から告白させるべく砂埋め事件を起こした側面は否定できないが、懲戒を課す前提として教師が有している事実確認をなす権限は、合理的限度で行使されるべきは当然であり、③教師らが合理的範囲を逸脱して事実確認をする権限を行使したのは明らかであるから、砂埋め事件はこの点においても違法である。

・Aには1年生の時から服装違反や遅刻、教科書等授業に必要な物を持参してこない等の問題行動があり、教師らの指導にもなかなか従ってこなかった。Aが直接関与したとは認められないものの、友人が起こしたM中学校事件についてA自身も十分認識していたにもかかわらず、その直後にJ中学校の生徒に対して恐喝に及んだことが認められ、Aに対しては早期の十分な指導を行なう必要があり、そのため事件への関与を認めさせて真摯な反省を迫ろうとした教師らの動機は理解できないわけではない。また、地域社会の一部に生徒指導や懲戒の手段として体罰を容認する空気があることがその背景にあったことも想像される。④しかし、いかに強力な指導や懲戒が必要な場合でも、そ

Aに対して口頭の指導を行った。H教師は、Iに穴に入るよう指示したが従わなかったため、Iの肩を押さえて座らせ、スコップなどで砂を入れて首の辺りまで盛り上げた。Iも恐喝の事実を認めたため穴から出したが、「話したからいいだろう」などと言ったため、反省が足りないとして、B、H、F教師が、Iを海中に押し倒した。

【7】教師らはAらを車に乗せて帰途についた。H、C教師は、J中学校への謝罪のことや今後の生活のことなどを話したところ、Aはうなずきながら話を聞いていた。Aらは、21時過ぎ学校に到着し、5分間程、H教師の指導を受け、Q教師の運転する車で帰途についた。22時過ぎ、Aが自宅に到着すると、母親から「本当に恐喝したのか」と質問され、「恐喝した」と答えたところ、頬を平手で叩かれ、夕食も食べないまま23時頃床に就いた。

【8】学校では、O、Nが、Q教師から恐喝行為の事情聴取を受けていたが、事件への関与を認めなかった。海岸から戻ってきた教師らが事情聴取を引き継いだが、態度に変化が見られなかったため、E、F教師はNを数回平手打ちにし、G、C、H教師はOを壁に押しつけたり叩いたりしたところ、二人は事件への関与を認めた。Nは暴行により鼓膜を損傷した。

の手段として体罰を用いることは法により厳に禁じられている。教師らが、法が体罰を禁止した趣旨に関する理解が十分でなく、Aに対する指導方法を誤ったことは明らかである。

・砂埋め事件をめぐる諸般の事情を総合して判断すると、Aが被った精神的損害に対する慰謝料は、40万円と認めるのが相当である。本件の事案の内容、困難さ、認容額等に照らし、本件「砂埋め」の不法行為と相当因果関係に立つ弁護士費用は、10万円と認めるのが相当である。

・【8】教師らは、砂埋め事件を学校教育法が禁止している体罰には当たらず、生徒指導の場面において体罰が必要な場合もあると考えているふしさえあり、現に、砂埋め事件の直後に、別の加害生徒に暴行を働いているほか、日常的にも懲戒の手段として体罰を行っていたこともうかがわれることなどを考え併せると、教師らには、その教育観の再検討を促すことを含めて、深刻な反省を求めなければならない。

丸刈り

【9】9月18日の17時頃からJ中学校事件の処理等を協議するために、I、O、Nの保護者、校長、担任教師らが参加して、協議会が開催された。Aの母親にも前日に協議会を開催すると連絡していたが、都合により参加しなかった。校長は、J中学校から、「被害生徒への話はJ中学校で行なうから、まず被害の弁償と謝罪をしてほしい、中学校の方できちんとした指導ができないようであれば警察に任せるのも止むを得ない」との連絡を受けていたことや、M中学校事件で同様の経験もあり、「謝罪に行く時は誠意を見せるため、他の2名と同様、A、Nを丸刈りにしてはどうか」と提案したところ、出席の保護者はこれに積極的に賛同した。

【10】9月19日、校長は、Aらを校長室に呼び、「J中学校に謝りにいかなきゃならんが、どうするね。お父さんたちも昨日の話合いできちんとした格好で行かないかんて言っていたぞ」と言うと、M中学校事件で既に丸刈りになっていたI、Oが、「坊主にせにゃ」などと冷やかすように言い、校長も、「坊主にするね」などと話しかけたところ、AとNは、「うん」とうなずいた。そこで校長は両名を丸刈りにするよう指示し、G教師が電気バリカンでAの頭髪を切り

・【9】【10】【11】M中学校事件の謝罪方法を協議した際には、加害生徒の保護者から丸刈りでの謝罪が提案され、加害生徒ら自身も他の保護者も同意し、M中学校被害生徒の保護者らも謝罪を受け入れてくれた。また、18日に行われた協議会では、加害生徒らの保護者が積極的に丸刈りに賛同し、翌19日にはAらもこのような経過を校長から説明され、また、IとOが、Aらも丸刈りとなるよう求め、Aは特に拒否するような言動はしていない。⑤誠意を示すために頭髪を丸刈りとするなどして謝罪に赴くこともやむを得ないと納得し、丸刈りになることを承諾したと認めるのが相当である。

・Aが丸刈りを進んで受け入れる心境でなかったことは明らかだが、19日の校長室での雰囲気は、O、Iが、⑥Aらを冷やかし得るような比較的平穏なものであり、校長の説得も前記の域を出なかったのであるから、Aが丸刈りの要請に抗し得なかったのは、その場の雰囲気や校長の態度に原因があるというよりも、諸状況に照らして、丸刈りになることもやむを得ないとA自身が考えたからにほかならない。

・Aは当時⑦まもなく満14歳となる年齢であったことか

始めたが、引っ掛かって痛がったため、B教師が交代して丸刈りにした。同日、C、D、B教師がAらを連れてJ中学校へ出向き、J中学校の校長らに謝罪と被害金の返還を行った。

【11】Aは、初めて丸刈りとなったショックから布団にもぐり込んで泣き、Iからもらった帽子をかぶって登校するまで、3日間程学校を休んだ。

再登校指導

【12】当該中学校における「生徒心得」の服装に関する規定では、男子は、「上着は黒のつめえりで、型は標準型、ズボンは黒の標準型を着用する」、女子は、「上着およびスカートは標準型を着用する」などと規定され、標準服の図解入り説明がある。

【13】学校では、かねて「生徒心得」の規定に違反する服装（違反服）で登校してくる生徒に対し、1週間程度の余裕を与えて服装を改めるように指導されていたが、指導に応じない生徒がみられ、ほかにも、頭髪違反や教科書等、授業に必要な物を持参してこない生徒等が増えて、指導方法が問題となっていた。職員会議で討議した結果、Aが2年生の5月頃から、違反服で登校してきた生徒に対して、いった

らすると、M中学校事件やJ中学校事件に対する校長、教師ら、関係生徒の保護者らの対応を見て、事の重大さや自己がいかなる立場に置かれているかをそれなりに認識していたものと思われるから、Aの承諾は相応の意義を有する。Aの母親の同意を得ていないことについても、これを一概に非難することはできず、

⑧丸刈りに違法性は認められない。

・学校教育法40条、26条は、「教育委員会は、性行不良で他の生徒の教育に妨げがあると認める生徒があるときは、その保護者に生徒の出席停止を命ずることができる」と規定し、憲法26条2項は、国民の、その保護する子女に対する普通教育を受けさせる義務を規定し、教育基本法4条は、9年間の普通教育を受けさせる義務等を規定している。教師が、出席停止措置のほかに授業への出席を阻害する措置をとることは、懲戒等の正当な目的を有する場合であっても許されない。学校教育法施行規則13条3、4項が、公立中学校等における学齢生徒への退学処分や停学を禁止しているのも、かかる趣旨の現われとみることができる。

ん帰宅して標準服に着替えて再度登校するなどの服装指導を行なうことになった。具体的には、毎朝数人の教師が校門に立ち、違反服で登校してきた生徒に対して違反の程度が低い場合には、「今日はよいが明日から服装を直して来なさい」と指導したり、学校に用意してある標準服に着替えさせ、1週間しても直して来ない者や違反の程度が著しい場合には、いったん帰宅して標準服に着替えて再度登校するよう指導していた。また、校門で教師の指導を受けることなく学校内に違反服で入っている生徒に対しても、帰宅させて着替えて来させることもあったが、無理に学校から追い出すことはなかった。

【14】校門において、着替えて再度登校するように指導を受けた生徒は、すべて指導に従って帰宅しており、帰らないであくまで違反服のまま授業を受けたいと申し出る生徒はいなかった。また、帰宅に際して教師が同行することもあり、指導を受けた生徒の半数以上は標準服に着替えて再度登校していた。Aが3年生の4月頃、受験等で大切な時期との理由で、3年生への服装指導は見合わせられたが、そのために違反が増加したので、6月頃、再び従前の指導方針に戻された。

【15】Aは、1年生の2学期頃から、幅の広い違反ズボンを

・再登校指導は、服装違反、頭髪違反等が進んでいた中学校において、社会的規範を遵守することを指導し、落ち着いて勉強できる雰囲気を維持するための環境を整える観点から実施されてきたもので、⑨あくまで違反服を着替えてくるように指導するもので、違反服を着て登校してきた生徒への懲戒として授業を受けさせないものではない。違反服を着て登校してきた生徒がいたとしても、そのこと自体を理由に授業を受けさせないという制裁ないしは不利益を課するものではなく、違反服を標準服に着替えさえすれば何らの問題もない。再登校指導を、授業を受けることの禁止措置であるものとするのは当たらない。

・Aに対する再登校指導は、Aが1年生の終わりころから顕著な服装違反を繰り返し、教師らの再三にわたる指導にも従わず、特に2年生の12月頃には、タンラン、ボンタンなどといった生徒心得の規定を大きく逸脱した服装で登校してきたために行なわれたものである。⑩Aに対する再登校指導は、甚だしい違反服をこれ見よがしに着用してきたために行なわれたものであり、十分理由がある。しかも、⑪教師らは、Aに、いきなり再登校指導をしたわけではなく、学校で用意し

履いたりするようになり、3学期には違反ズボンを着用する回数が増え、卒業式には、卒業生を見送るべき生徒でなかったのに、見送りと称して、タンラン、ボンタンという違反服を着て登校した。Aは、2年生でも、しばしば違反ズボンを着用して登校し、夏頃からは頭髪を脱色したり、違反の目立つタンランを着用し始めた。教師らは、かねてAの服装等に指導を行ってきていたが、直らないばかりか、12月頃にはタンランのほか極端に幅の広いズボンを着用するようになったので、教師らは、著しい違反服で登校してきたAに対し、家に帰って着替えて来るように指導するようになった。しかし、Aは、標準服に着替えたくないため、標準服を紛失したなどと言って標準服を着ようとしなかったり、学校で用意した標準服に着替えるよう指導しても拒否し、更に指導すると学校から出ていってしまったりした。

【16】教師らは、Aらに対して、放課後、補習授業などを行ったり、3年生の夏休みには十数回の学習会をしたが、Aはほとんど参加しなかった。Aは3年生になっても、服装違反や遅刻を繰り返していたが、9月11日に交通事故に遭い、約1カ月間入院してからは、卒業するまでほとんど登校することもなくなった。

た標準服に着替えるよう指導するなどの試みもしており、⑫さらには、Aのように、遅刻や欠席が多く、授業の遅れが目立つ生徒には放課後補習授業を行なうなどの配慮もしていた。然るに、Aの態度は、標準服を紛失したなどという口実を構えて標準服を着ようとせず、学校で用意した標準服への着替えも拒否し、さらには、指導を受けると直ぐに帰ってしまうといった有り様であった上、補習授業にもほとんど参加しなかったのであり、服装に関する指導を真摯に受けとめていたとはいえないばかりか、そもそも、授業に対する積極的で誠実な姿勢を見ることができないものであった。

・Aが結果的に授業を受けないままに終わったことが少なくないとしても、それは、Aが違反服を着替えたくないばかりに教師の指導を回避し、あるいは、そもそも授業に対する意欲が低下していたために、授業を受ける権利を自ら放棄したという色合いが濃いものであって、再登校指導によってAの授業を受ける機会が奪われたものとは認め難い。⑪再登校指導に違法性を認めることはできない。

講座21

高校生体罰死亡事件（修学旅行中の体罰で死亡した事件の判決・高2・1985年5月死亡）

水戸地裁土浦支部昭和61年3月18日判決

１９８５年5月9日。担任教諭は、研修旅行先のホテルにおいて、あらかじめ携行を禁止されていたヘアドライヤーを持ってきたことから、高校2年生の生徒を叱責し、殴る蹴るの暴行を加えて死亡させた。地裁判決（刑事）は、担任教諭の殴打行為を刑法２０５条1項（傷害致死）に該当する犯罪と認定し、懲役3年を言渡した。（確定）

※水戸地裁土浦支部昭和60年3月18日判決（有罪〔確定〕）判例タイムズ５８９号１４２頁。判決書資料は引用・抜粋して作成し、事実関係及び判決の趣旨を変えない範囲で個人・地域を特定可能な情報等の削除・修正を加えている。

体罰関係の判例が言及される際には、同一判決であっても、（1）体罰が教育行為として正当性を持つか否かという是非論の素材とする場合、（2）有形力の行使が不法行為と見なされる境界線を確認する場合、（3）有形力の行使に至る契機性を検討する場合など、目的に応じて異なるアプローチがなされている。

本講座では、（3）の視点、体罰の契機性を確認し、反省・教訓材料とする視点から、判例を検討する。

教師を対象とする懲戒処分件数は、争議行為、交通事故を除くと、毎年、体罰を理由とする処分件数が、最多を記録してきた（2007年度は561件中124名、22％）。毎年百人を超える教師が体罰により懲戒処分（訓告を含めれば371名）を受けている。このような、不法行為段階に踏み込んでしまう契機性は、教師の日常の中に、いったい、どのような形で潜んで（もしくは顕在して）いるのか。判例に学ぶべき点の第一は、ここにある。

以下は、1980年代以降の主要な体罰関係判例のうち、部活動関係を除いた生徒指導上の体罰事件を対象とし、教師の体罰が不法・違法行為として認定され、なおかつ体罰・暴行に踏み込む状況や契機を具体的に事実認定している判例である。

どのような背景・契機性を見出すことが、できるだろうか。

・**高1**　札幌地裁平成15年8月21日判決（一部認容、一部棄却）裁判所・裁判例情報〈http://www.courts.go.jp/〉。

2001年6月27日。教諭は、遅刻して廊下を歩いていた1年生二人に声をかけたが、②返答せず通り過ぎたため、突然後頭部を平手で強打した。判決は、「懲戒として許容される範囲を超えた体罰」「不法行為」として、自治体に対し、二人の生徒に合計25万円を支払うよう命じた。

・**高1**　那覇地裁平成13年9月5日判決（一部認容、一部棄却）裁判所・裁判例情報〈http://www.courts.go.jp/〉。

1997年4月14日。教諭は、間違えて授業中の教室に入室した高1の生徒が、教室入口に②つばを吐いたことを侮辱行為と受け止め、怒り心頭に発して後頭部を両手でつかみ、正面から頭突きをし、鼻骨骨折、鼻出血、全治2週間の傷害を負わせた。自治体に対し、精神的損害に対する慰謝料125万円を含む150万3710円の支払いを命じた。

・**小1**　東京地裁平成13年3月23日判決（一部認容、一部棄却〔確定〕）判例地方自治220号70頁。1996年5月7日。教諭は、給食を残した②1年生の態度にいらだち、コレール皿で頭部をたたいた。また、7月15日には、フックを振り回す危険な行動に対し、取り上げて腕に押し当てた際、児童が腕を後方に引いて負傷した。判決は、前者は体罰に該当し、後者は体罰ととられかねない不適切な指導・不法行為を認定して、自治体に対し、精神的苦痛に対する慰謝料50万円の支払いを命じた。

・**小6**　神戸地裁姫路支部平成12年1月31日判決（一部認容〔確定〕）判例時報1713号84頁。1994年9月9日。教諭は、同級生の残る放課後の教室で、②同じ質問を繰り返した6年生の頭と頬を数回殴打したところ、その当日、児童は自宅近くの裏山で自殺した。判決は、殴打行為と自殺との因果関係を認め、殴打（体罰）後の衝撃緩和措置（謝罪等）をとらなかった過失を認定し、自治体に対し、慰謝料2500万円、両親の精神的苦痛への慰謝料各200万円を含む3792万9277円（過失相殺5割）の支払いを命じた。（講座第18）

・**中1**　東京地裁平成8年9月17日判決（一部認容〔確定〕）判例タイムズ919号182頁。2004年11月14日。担任教諭は、授業中、作業の指示に対して②反抗しくちごたえした2年生数名に激昂し、怒鳴り、机を蹴った後、右手平手で左頬を殴り、髪の毛を手で鷲づかみに引っ張った。判決は、自治体に対し、精神的苦痛に対する賠償金50万円の支払を命じた。（1995年12月26日。教諭は八王子簡裁に略式起訴され罰金10万円の略式命令をうける。）

・**高3**　千葉地裁平成10年3月25日判決（一部認容、一部棄却〔確定〕）判例時報1666号110頁。1995年2月4日。教諭は、学年集会で、横を向いていた生徒を前へ呼び出し、朝礼台から、左頬から左側頭部を平手で数回叩いた。③生徒は強い勢いでくってかかり、教諭は平手で10数回叩いた。生徒は教諭に振払われて数回床に倒れた。判決は、体罰と、体罰後に生徒を保護する安全配慮義務違反について過失を認定し、自治体に対し、慰謝料80万円を含む93万６８２４円の支払を命じた。

・**中2**　大阪地裁平成9年3月28日判決（一部認容、一部棄却［和解］）判例時報１６３４号１０２頁。１９９１年6月14日。教諭は、欠席の続く生徒の自宅を訪問し、②生徒が反発するような発言をしたため、大声で怒鳴りながら手で顔面を叩き、襟首を掴んで揺すったり、額を押し上げ、頭を下げさせ、背後の壁に押しつけ、頸部捻挫の傷害を負わせた。判決は、違法な体罰と判断し、自治体に対し、精神的苦痛に対する慰藉料20万円の支払いを命じた。

・**高1**　福岡地裁行橋支部平成8年４月16日判決（一部認容、一部棄却［確定］）判例時報１５８８号１３７頁。１９９１年4月16日。教諭は、体育の授業中、高1の生徒が、私語、あくびをして話を聞いてない様子だったので口頭で注意をしたが、②ふて腐れた態度をとったことから、右平手で左頬を強く叩き、往復で両方の頬を叩き、頬をより強く叩き、腹部を足で押した。判決は、体罰として違法であるとし、自治体に対し、精神的損害に対する慰謝料20万円を含む22万円を支払うよう命じた。

・**高2**　福岡地裁平成7年12月25日判決（刑事・有罪［控訴］）→福岡高裁平成8年6月25日判決（控訴棄却［確定］）判例時報１５８０号１５０頁。１９９５年7月17日。教諭は、2年生の生徒に対して、校則違反のスカート丈を元に戻させようとしたが、②くちごたえをしたため激怒し、背中を押して倒し、頬付近を数回殴打し、肩部付近を突き、鉄製の手摺りに後頭部を打ちつけ、右側頭部付近を突き上げて、コンクリート柱に頭頂部をぶつけ、急性脳腫脹のため死亡した。判決は、違法な体罰であるとし、懲役2年の実刑を言い渡した。

・**中3**　福岡地裁平成8年3月19日判決（一部認容、一部棄却［確定］）判例時報１９０５号97頁。　１９８９年９月以降。教諭らは、他校の中学生に対する①恐喝行為等について中学3年生を指導した際、暗闇の砂浜に埋めて事実確認を強いた。判決は、明白な体罰・違法行為と認定。自治体に対して、精神的損害に対する慰謝料40万円を含む50万円の支払いを命じた。（講座20）

• **高1**　長崎地裁平成7年10月17日判決（一部認容、一部棄却〔確定〕）判例タイムズ901号160頁。1992年6月15日。教諭は、セミナーハウスにおける宿泊学習において、①夜半に女子生徒用の部屋にいた1年生男子生徒に対して、顔面を殴打する暴行を加えた。生徒は廊下に倒れて顔面を強打し、顎部挫創等の傷害を負い、同月24日、急性心不全により死亡した。判決は、暴行と受傷との間に因果関係を認め、自治体に対し、慰謝料80万円を含む90万4300円の支払いを命じた。

• **中2**　千葉地裁平成4年2月21日判決（一部認容、一部棄却〔確定〕）判例時報1411号54頁。1986年7月3日。教諭は、給食時、②生徒全員が食べずに待っていたのに、詫びもせず入ってきた生徒に腹を立て、正座させ、叱責し、右足で顎の辺りを蹴り、左足で蹴った。上前歯牙脱臼、下口唇裂傷、左下顎打撲の傷害を負わせた。判決は、自治体に対し、生徒が被った身体的、精神的苦痛に対する慰謝料50万円を含む55万円の支払いを命じた。

• **高3**　鹿児島地裁平成2年12月25日判決（一部認容、一部棄却〔確定〕）判例時報1395号124頁。1987年6月2日。教諭は、風邪と偽って学校を休み原付免許を取得した生徒に対して、生徒指導室で説諭したが、②真摯な反省の態度を見せなかったため、正座している生徒の側頭部髪を左手でつかみ、平手で殴打し、頭部を押えて数回殴打した。判決は、体罰に該当する違法行為として、自治体に対し、精神的損害に対する慰藉料30万円を支払うよう命じた。

• **中3**　浦和地裁平成2年3月26日判決（一部認容、一部棄却〔確定〕）判例時報1364号71頁。1981年9月26日。教諭は、②すれ違った生徒たちがふてくされた態度で挨拶しなかったことから、顔面を平手で数回殴打し、腹を膝で蹴り、全治数日間を要する右眉毛部打撲、左耳後部擦過傷、右肩甲骨皮下出血及び腹部打撲の各傷害を負わせた。教諭は、1982年11月4日、①いじめていた生徒を指導した際、顔面を平手で殴打し、顔面打撲と口内切傷を負わせた。また、12月15日、無届けで欠席、遅刻、早退した生徒に「学校に来たいなら、親と来て土下座して謝れ」等と大声で激しく威嚇し怒鳴りつけ、生徒は卒業式当日まで登校しなかった。判決は、体罰、精神的苦痛に対する慰謝料等計30万円の支払いを命じた。

・**中2**　静岡地裁昭和63年2月4日判決（一部認容、一部棄却〔確定〕）判例時報1266号90頁。1981年3月6日。教諭らは、生徒間での①危険な催眠術遊び（相手が息を吐いたところで胸を強くたたく行為）を制止するため事実確認をしていて、生徒の顔面を平手で殴打し、長時間正座をさせ、左眼球打撲兼球結膜下出血の傷害を負った。判決は、1時間余も職員室に拘束したうえ、多数回の殴打を繰り返し、傷害を負わせたとして、自治体に対し、精神的苦痛に対する慰藉料5万円の支払を命じた。

・**中2**　金沢地裁昭和62年8月26日判決（刑事・有罪〔確定〕）判例時報1261号141頁。1986年7月2日。教諭は、宿直室において、担任する生徒に対して、①忘れ物等を反省させるため、顔面に平手で往復びんたを加え、柔道の体落として投げつけ、畳上に転倒させ、後頭部を打ちつけた。生徒は頭部打撲に基づく硬膜下血腫、脳挫傷等の傷害を負い死亡した。判決は、違法な行為であるとして、懲役2年執行猶予3年を言い渡した。

・**高2**　水戸地裁土浦支部昭和61年3月18日判決（刑事・有罪〔確定〕）（本講座）

・**中1**　神戸地裁伊丹支部昭和59年4月25日判決（一部認容〔確定〕）判例時報1134号128頁。1980年11月19日。教諭は、①自習時間の怠惰な態度を指導していた際、いきなり生徒の横腰付近を右足で強く足蹴りにし、左耳左顔面付近を平手で強打した。生徒は、翌20日の昼休み、他の生徒から左耳顔面付近を右平手で強打され、右耳の突発性難聴の傷害を蒙った。判決は、教諭と他の生徒の殴打行為を共同不法行為の関係と認定し、慰藉料170万円を含む584万1001円の支払いを命じた。

右リストの傍線に付した番号①の事例は、児童生徒の規則違反等を指導する中、懲戒や反省を促す過程で体罰に至ったものである。世上是非論の対象とされるものの多くは、このような事例が念頭におかれている。生徒指導のあり方そのものに関わる事例といえる。②の事例は、児童生徒の反抗的な（もしくは無視するような）態度に対抗する形で体罰に及んだ事例である。児童・生徒を前にしての、教師としての立場・人間関係が揺らいでいく過程で、（他の児童生徒や教師を意識しながらの「しめしがつかない」「立場がなくなる」という気負いから）体罰に及んでしまった事例である。③の事例は、教師による暴行等を受けて児童・生徒がこれに反発し、状況をさらに悪化させてしまった事例である。

②の事例が少なくないことに、気付かれたと思う。

本事例の特徴は、生徒との関係が悪化する過程で体罰に及ぶという意味での「対生徒の契機性」に加え、同僚教師から暗に生徒指導の甘さを揶揄され、勢い余って体罰に及んでしまうという、いわば「対教師の契機性」を確認することのできる点にある。

体罰は、正当防衛（刑法36条）が成立する場合をのぞき、暴行罪、傷害罪、傷害致死罪にも問われる違法・不法行為である。そして教師には、違法・不法行為に踏み出す契機性が、児童生徒との緊張した関係の中で、疲労を重ねる教師間で、日常的に潜んでいる。体罰の違法・不法性に関する理解とともに、日常的な契機性を想定しての、具体的な対応・対処のあり方、とりわけ若い教師に対する研修の機会をとらえて、経験と智恵、助言を交換し合うことが大切である。

	認定された事実	裁判所の判断
研修旅行	【1】担任教諭は、1985年5月7日から3泊4日まで、高校2年生の研修旅行に、十数名の教員とともに引率者として参加した。	**体罰による傷害致死事件** ・担任教諭が、校則に違反してヘアードライヤーを使用したクラスの生徒Aに対し、暴行を加えて死亡させた事件【10】である。 ・発端が被害者の校則違反【2】にあったとしても、Aは相当程度の判断能力を備える高校生で、かつ教師対生徒という十分説得可能な関係にあったこと等に鑑みると、担任教諭としては、相応の説諭、指導をもって臨むべきであった。 ・しかるに担任教諭は、かかる手だてを講じることもなく、また、被害者が何ら逆らうこともなく正座し【4】【6】【7】【8】、途中からは謝罪していたにもかかわらず暴力行為に及んだ【6】【8】【9】もので、その態様は被害者の校則違反の程度に比しても熾烈極まる。
携行禁止のヘアードライヤー	【2】担任教諭は、旅行開始直後の所持品検査で、クラスの生徒Cが、予め学校側から携行を固く禁じられていたヘアーアイロンを持参してきているのを発見して取り上げ、また、5月9日の朝にも、宿泊先のホテルで、クラスの生徒Bが、自室でヘアードライヤーを使用しているのを目撃して取り上げていた。	
生徒指導担当教諭による殴打	【3】朝食後、担任教諭が部屋に戻ると、クラスの生徒Aが、ヘアードライヤーを持参していたことから、生徒指導担当教諭に正座させられていた。担任教諭は、生徒指導担当教諭と相談のうえ、CとBも同様に呼び出して説諭することになった。 【4】担任教諭がAとBを呼び寄せると、生徒指導担当教諭は二人を正座させ、B、C、Aの順に、ヘアードライヤー等の持参を厳しく叱責し、平手で頭部を数回殴打し、前額部を手拳で1回ずつ小突いた。	

生徒指導担当教諭の揶揄	【5】このとき、生徒指導担当教諭は、そばにいた担任教諭に対して、「(あなたの) 前任校（の指導）はこんなものか」と問いただした。※（　）は筆者の補足。	
「しめしがつかない」という心情 Cに対する憤激 担任教諭のCに対する殴打	【6】このような言動を眼のあたりにした担任教諭は、生徒指導担当教諭の手前、自らも3人の生徒を指導なければ「しめしがつかない」という、追い詰められた気持ちにかられるとともに、担任するクラスの生徒ばかり3名が、事前に再三にわたる指導にもかかわらず、規則に違反してヘアードライヤー等を持参したことで、無念さと腹立たしさが募り、憤激のあまり、Cに対し、「帰ってしまえ、おまえらみたいなのは殴る価値もない」などと言いながら、頭部を手拳と平手で1回ずつ殴打し、さらに、「何で持ってきた、持ってくることがいけないことはわかっているだろう」と詰問したが、黙ったまま答えないため、反省の態度が見られないとして、さらに右肩付近を2回位足蹴りにし、後ろに転倒させるなどの体罰を加えた。	**担任教諭が体罰に及んだ状況** ・しかも担任教諭の犯行は、校則違反者全員が担任する生徒であったことに対する無念さ【6】や、同輩教師から生徒指導について暗になじられたこと【5】等に誘発された私的感情によるもので、たとえ担任教諭が当初、教育的意図を有していたとしても、行為自体は、教育的懲戒とおよそ無縁のものと評するほかない。

Aへの説諭

反省の気持ちが無いという判断

憤激のあまりのAに対する殴打

蹴りつけ踏みつける

Aの謝罪

肩や腹部を蹴りつける

【7】担任教諭は、7時50分頃、Cに引き続いて、正座しているAの前にしゃがみ、「先生達は昨夜も一昨夜も2時間か3時間しか寝ていない。先生達が一生懸命やっているのにどうしておまえ達はきちんとやれないのだ」などと叱責した。

【8】Aは黙って下を向いたまま何の返事もしないことから、反省の気持ちがないもと考え、情けない気持ちと腹立たしい思いにかられ、強い調子で「何でこんな物持って来た」と尋ねたが、相変らず同人が返事をしないため、憤激のあまり、立ち上がりざま右の平手で頭部を1回殴打し、さらに立った状態で、正座しているAに対し、右手拳でその左側頭部を2回位振り下ろして殴打した。

【9】なおもAが黙ったまま返事をしないため、右足で右肩付近を2、3回蹴りつけ、その衝撃で左横に倒れたAの右側頭部を右足で2回位踏みつけ、Aが「ごめんなさい、ごめんなさい」と繰り返し謝っているのにも耳を貸さず、起き上がって座り直そうとしたAの右肩付近を右足で2回位蹴りつけて、その後頭部を後方の壁にぶつけさせ、さらに、再び座り直して頭を下に垂らしていたAの正面から

6つの事情

・被害者は、若い命を、こともあろうに信頼する担任教諭の手によって失わしめられたもので、その結果は極めて重大であり、一人息子を瞬時に失った遺族の深い悲しみには切々と胸を打つものがあって、未だ厳罰を望んでいるのも無理からぬものがある。かかる諸事情に加え、本件が与えた社会的影響の大なることにも鑑みると、担任教諭の責任はまことに重い。

・もっとも、本件は、（1）普段からある程度の体罰が容認されていた高校内の風潮、（2）直前になされた生徒指導担当教諭による体罰【4】と担任教諭の日頃の生徒指導に対する甘さを暗になじられたこと【5】にあおられた側面があること、（3）被害者の死亡という結果は、その特異体質が何らかの形で影響したことも否定できないこと、（4）担任教諭は深く反省し、被害者の遺族に対する誠意もみられること、（5）担任教諭は、平生は体罰を加え

Aの死亡

腹部を右足で1回蹴り上げるなどの暴行を加えた。

【10】Aは、10時10分頃、病院において、暴行に起因する急性循環不全により死亡した。

ることも全くといってよいほどなかったこと、（6）担任教諭は既に懲戒免職処分を受けたうえ、長期間にわたり身柄を拘束されていること等、担任教諭の側にも酌むべき事情の一端が認められるが、本件犯行の態様、結果の重大性等に鑑みると、主文のとおりの実刑をもって臨むのもやむを得ないと判断した。

講座22

高校生体罰死亡事件

（高校陸上部顧問教師の体罰による自殺事件の判決・高2・1985年3月自殺）

岐阜地裁平成5年9月6日判決

運動系部活動で顧問教諭の体罰を受けて自殺した生徒の事例である。陸上部の女子生徒（A）は、入学時より顧問教諭（B）から度重なる侮辱的発言、暴力行為、違法な身体的拘束を受け、高校2年生の学年末、1985年3月23日未明に自殺した。Aの父親と母親は、娘の残した「私は疲れました」「もうこれ以上に逃げ道はありません」「たたかれるのはもうイヤ」「だからもうこの世にいたくないの」という文書（甲第1号証）をあげて、B教諭に対しては不法行為に基づく損害賠償請求を、被告県に対しては国家賠償法に基づく損害賠償請求を行った。

※岐阜地裁平成5年9月6日判決（一部認容、一部棄却〔確定〕）判例時報1487号90頁。判決書の「理由」から、個人等を特定する情報を削除し、判決の趣旨を変えない範囲で抜粋・要約した。

30年前の事件、22年前の判決である。にもかかわらず、同様の事件が繰り返されている。いままた目の前で起きたのである。具体的な対策と行動につながる研修が求められている。

確認していただきたいのは、①公権力の行使としての教師の暴力行為（体罰）が、国家が法と処罰をもって禁じるほどに「許されざる行為」であること、②多くの教師が①を理解するにもかかわらず、悲劇的事件が繰り返し起き、①が自明であることを知る教師が、同僚による体罰行為を黙認する事例が少なくないこと、③②の状況にありながら、校長や管理職の教師指導、対応がなされないケースがあること、である。

同僚教師が止められないのなら、不法行為に責任を持つべきは校長と管理職である。本事例の研修が、校長の指導の下に、指導力を発揮する第一歩となることを期待したい。

A（女子）が所属した陸上部の顧問は保健体育教諭のB教諭とC教諭で、B教諭が陸上部全般と女子の指導を受け持っていた。Aは、はじめからB教諭の指導を受けていた。

陸上部は、全国大会や国民体育大会に出場するような、県でも高いレベルの陸上競技部であった。練習は他の運動部に比べて厳しく、ほとんど毎日が練習であった。部員は、B・C教諭の自家用車に分乗して登下校することが多く、AもB教諭の自家用車で登下校していた。

陸上部では、生活指導の面でも厳しく、ブロック日誌と個人日誌を毎日付けることが厳しく義務付けられていたばかりか、精神鍛錬と称して、顧問教諭の自家用車を洗車したり、運動着を洗濯したりさせられていた。B・C教諭の生徒に対する指導は厳しく、練習中、生徒が少しでも気を抜くと大きな声で怒鳴るばかりか、時には、平手で生徒を叩くこともあった。

Aは、入部後、やり投げの選手となったが、1年生のときは県大会新人戦で、2年生のときには県高校選手権大会で優勝し、1984年10月の国体に出場するなどの優秀な成績をおさめ、1984年度やり投げ全国高校生ランキングでは16位、高校2年生としては全国で3位で、レベルの高い選手であった。B教諭の期待も高く、練習方法、練習量及び生活指導のいずれにおいても他の部員より厳しい指導を受けていた。

Ｂ教諭は、生徒の指導にも大変熱心であったが、性格的には攻撃的で、激情に走りやすく、自分の気に入らないことがあると口頭で注意するのみか有形力の行使に出ることが多く、例えば、陸上部のキャプテンがＢ教諭の指導を適切に他の部員に説明していないというだけで頬を平手で叩いたり、練習中精神的に弛んだり、あるいは良い記録が出ないと大声で怒鳴るばかりでなく、平手でほおを叩いたり、持参していた（やり投の練習に使用する）竹の棒で背中、腰あるいは頭などを叩いたりすることがしばしばあったばかりか、部員の生活指導の面においても、日誌をつけなかったとして女子部員を竹の棒で叩いたり、合宿中、Ｂ教諭の洗濯物を取りにこなかったとして女子部員の頬を上唇が切れるほど平手で叩くこともあった。

Ｂ教諭は、生活指導の際に生徒に有形力を行使することがしばしばあり、例えば、入部の勧誘を断わった女子生徒を体育教官室で正座させて金属の棒で頭部を叩いたり、陸上部を退部すると共に退学することを決意した生徒を手拳で顔面を殴打したり、校門検査で、髪をカールしていたりタクシーで通学してきた生徒の頭を髪の毛が抜けるほど引っ張ったり竹刀で叩く等といった、行き過ぎた懲戒行為を頻繁に行っており、Ｂ教諭に髪の毛を捕まれたまま体育教官室や体育館を引きずり回された結果、頸部捻挫、腰臀部打撲等で20日間の加療を要する傷害を受けた女子生徒もいた。

左は体罰の違法性をめぐる被告県の主張と裁判所の判断部分である。

（被告県の主張）

体育型部活動においては、教える側と教えを受ける側との間に、練成の中で生ずる多少のしごきや体罰近似の指導を事前に包括的に甘受するという黙示の相互了解があり、したがって、そのような指導から生ずる危険を生徒は事前に引受けないし承諾しているのであるから、仮に原告らが主張するような「叱責」あるいは「有形力の行使」があったとしても違法性が阻却される。

（裁判所の判断）

部活動は、特別活動そのものではなく、したがって、教育活動の基準中に位置してはいないが、学校の管理下で適切な計画と指導の下に行われるべき教育活動であり、単なる同好会組織とする被告県の主張は採用できない。部活動が学校教育活動である以上、部活動における教師あるいは顧問の指導ないし懲戒行為についても、学校教育法11条ただし書が適用され、部活動で行われる「体罰」ないし正当な懲戒権の範囲を逸脱した行為は違法である。

高等学校における部活動では、特別活動であるクラブ活動とは違った意味での厳しさがあり、それゆえに教育課程における教師と生徒の関係とは異なった側面が存在するとしても、被告県が主張するような、多少のしごきや体罰近似の指導を事前に生徒が包括的に甘受するといった相互了解があると認めることは到底できず、また、そのような相互了解があってはならないのであって、仮に部活動に参加する生徒が具体的にそのような指導を自ら承諾していたとしても、それが、学校教育の場で行われかつ学校教育法11条ただし書に規定されている「体罰」ないし正当な懲戒権の範囲を逸脱した行為である以上、違法との評価を免れるものではない。

何が学校教育法11条ただし書に規定されている「体罰」に当たり、正当な懲戒権の範囲を逸脱した行為にあたるか否かについては、生徒の性格、年齢、行動、心身の発達状況及び非行の程度等、諸般の事情を総合考慮して、指導者の言動により予期しうべき教育的効果とそれによって生徒が被るべき権利侵害の程度とを比較して決する以外にないが、少なくとも、殴る、けるなどの身体に対する侵害はもちろんのこと、罰として正座、直立など特定の姿勢を長時間にわたって保持させるなど、生徒に肉体的苦痛を与えること及び食事をとらせずに特定の部屋に長時間留めておくことなどは「体罰」ないし正当な懲戒権の範囲を逸脱した行為として、違法である。

講座22　高校生体罰死亡事件（高校陸上部顧問教師の体罰による自殺事件の判決・高2・1985年3月自殺）

	侮辱	拘束　土下座
認定された事実	B教諭は、自らの指導する陸上部の女子部員に対して思慮の足りない発言が多く、少なくとも、A及び同学年のDに対しては、練習中に良い記録が出ないと、しばしば「ブス」「おまえは使いものにならない」「陸上部に必要ない」「陸上部をやめよ」などと発言することがあった。	**1984年8月10日**　B教諭は、練習中のAに対し、「もうやらなくていい」といいい、11日には、「お
裁判所の判断	・被告県は、「ブス」という表現は「選手らに対する愛情の逆の表現であり侮辱の言葉ではない」と主張する。「ブス」という表現は、一般的には相手の容貌に対する侮辱的な表現でしかないこと、B教諭は選手の練習中に面と向かって発言しているが、それが、陸上競技における選手の能力ないし技能とは何ら関係がないこと、Aが17歳という多感な思春期の少女であることを考えると、（「ブス」という）表現は部活動における厳しさとは全く無縁のものであって、単なる生徒を侮辱する発言であり、教師あるいは陸上部顧問の発言としては、極めて不適切である。	・Aは陸上競技に打ち込むために入学してきたのであるから、指導者から「陸上部を辞めろ」といわれる事がどれほ
	①B教諭の侮辱的発言は、単発的な発言ととらえるのは妥当ではなく、身体に対する侵害とも併せて一連の連続した行為ととらえて評価するのが相当であり、このように執ような侮辱的発言はAの名誉感情ないし自尊心を著しく害するものであって違法行為に該当する。	②B教諭の侮辱的発言については（中略）違法行為に該当する。

拘束　土下座	体罰
まえはばかだから。何度いったらわかるんや。やめろ」といった。さらに、9月16日、Aが腰が痛いのを顔に出したとして「やめていけ」と怒鳴ったので、このとき、Aは、他の部員の前で「やらせてください」といって土下座してB教諭に謝った。	**7月28日**　高校の合宿所での合宿中、B教諭は、女子部員のA、D、Eが昼ご飯を1杯しか食べなかったことに立腹し、床に正座させ、竹の棒で頭部を数回ずつ叩いた。竹の棒はDの頭部を叩いた衝撃で割れて飛び散り、Dは泣きだしてしまった。その後、Dは6杯、Aは5杯、Eは4杯、
ど精神的苦痛を与えるものであるかは、Aが土下座して誤ったことなどからも容易に推認しうる。 ・なお、土下座という行為がいかに屈辱的な行為であるかは多言を要しない。たとえAが許しを乞うため自発的に土下座したものとしても、生徒の土下座を容認し、生徒がそうしなければ許さないというB教諭の姿勢そのものが、もはや教育的配慮の全く欠けた、極めて不適切な指導方法という以外にない。	・いかに陸上競技選手にとって栄養の摂取が重要であるといっても、高校の部活動において、生徒がご飯を1杯しか食べないというだけで顧問教諭が生徒を正座させたうえ、その頭部を竹の棒で強打するという行為は異常というほかなく、それが違法な体罰であることは疑いを入れる余地がない。
	③明らかに体罰であり、しかもその違法性も相当強い。

	無理してご飯を食べた。		
拘束　土下座	**8月11日**　後輩のGが家出をするという事件が起こった。家出は、厳しい陸上部の練習から自由になりたいということが原因であったが、AがGの母親に頼まれてB教諭に「風邪をひいて寝ているだけだ」と虚偽の報告をしたことが発覚し、B教諭は、「Gが練習に出てこなくなったのはAの責任」と決め付け、11日、体育教官室で約2時間にわたって責め立てたので、Aは土下座をして謝った。責任を感じたAは、退部しないように何度かGの説得を試み、13日には無断で陸上部の練習を休んでGに面会し説得を続けた。	・土下座に関しては前記において述べたところと同様であり、極めて不適切な指導方法というべきであるばかりか、単に後輩が練習の厳しさについていけなくなって自主的に退部したことに関し、先輩であるAの責任であるとして約2時間にもわたって説諭すること自体、長時間にわたる身体的拘束であって、もはや正当な懲戒権の範囲を逸脱した違法な身体の拘束といわざるを得ない。	④正当な懲戒の範囲を超えた違法な身体的拘束である。
体罰	**8月14日**　B教諭は、前日にAが	・Aの責任ではないGの退部の件や練	⑤明らかに体罰であり、しかもそ

体罰	体罰	侮辱
無断で練習を休んだこと、Gの退部、記録が伸びないなどの理由で、グラウンドで練習中のAの頭部を、ジュラルミン製の試合用のやりで数回叩いた。Aの頭部は幅2～3cm、縦10cmにわたり腫れ上がった。	**10月8日** B教諭は、国体を間近にして、Aがなかなか記録が伸びないにもかかわらず反省の日誌をつけなかったことに激怒し、体育館で、Aの顔面を少なくとも2回殴打した。Aの左目のあたりは紫色に変色し、右の頬のあたりも赤く腫れ上がった。	**10月23日** B教諭は、Aのフォームが定まらず、また、1年生のころに比べて記録が伸びないことなどから、「のらくらでぐず」
習中の記録が伸びないとの理由で、女子生徒の頭部をジュラルミン製の試合用のやりで腫れるほど叩くという行為が違法な体罰であることは疑う余地がない。	・顔が腫れ上がったこと及びその状態については、証拠に照らし明らかであり、Aの顔面が左右とも腫れ上がっていることからすれば、その際、B教諭はAなくとも2回は殴打したものと認められる。このようなB教諭の行為が違法な体罰に該当することは疑う余地がない。	・これらの表現は、前述の部活動における厳しさとは全く無縁のものであり、単に生徒の人格を傷付け、自尊心を損なうだけの表現である。前述の「ブス」
の違法性も相当強い。	⑥明らかに体罰であり、しかもその違法性も相当強い。	⑦B教諭の侮辱的発言については（中略）違法行為に該当する。

「心の中が腐っている」「猿の物まねしかできない」などといった。	と同様に侮辱的な表現であり、不適切との非難を免れない。	
体罰		
11月3日　B教諭は、研修旅行で陸上部員が朝の練習を怠ったことに立腹し、旅館の玄関に正座させ、正座しているAの右太腿を、衝撃で体が左に約90度も回転してしまうほど数回強くけった。Aの右大腿部には、長径約7㎝、短径約5㎝程度の青あざができた。	研修旅行先において朝の練習をしなかったという理由のみで、正座させたうえ生徒の大腿部をけることが違法な体罰に該当することは疑う余地がない。	⑧明らかに体罰であり、しかもその違法性も相当強い。
1985年3月12日　B教諭の生徒に対する言動は、この高校においてはいわば「公知の事実」であり、生徒らはB教諭を非常に恐れていたばかりか、このようなB教諭の指導方法を含む体育教官の教育方法については85年3月12日の職員会議でも問題になり、教師の中から「生徒にとって、威圧、体罰と受け止められるようなことは絶対にやめるべきだ」「異常な学校という印象をもった」「本校から、暴力を追放する、体罰とか一切、手を出さないことをこの場できちんと意思統一すべき」という発言が飛び出すような状況であった。		

拘束
3月22日11時（自殺前日）Aは、の午前中に学年末試験の追試験を受けて合格した。その後、11時頃、任意に体育教官室に行き、追試験の結果をB教諭に報告した。B教諭は、Aを直立させたまま、勉強の成績が悪いことや、勉強に関し担当の教師に聞きに行かないで別の教師に聞きに行ったこと等について、大声でAを怒鳴りつけ、12時過ぎまで説諭した。その間、B教諭は「やり投げの練習をさせない」などと言ったので、Aは「グラウンドの片隅ででもいいから練習させてほしい」と懇願したが、結局、B教諭はAが練習に参加することを認めなかった。 **13時過ぎ～14時過ぎ頃**　Aは、昼食もとらずに担任教諭と話を
・B教諭がAを説諭した主な理由は、いずれも懲戒の対象になるようなものではないこと、その際、直立という特定の姿勢を連続して長時間保持させたまま、執ように怒鳴るなどして説諭を続けたことを総合考慮すると、B教諭の行為は、もはや正当な懲戒権の行為を逸脱した違法な懲戒行為である。 ・体育教官室におけるB教諭の午前中約1時間と午後約1時間30分、合計約2時間30分にわたる違法な身体的拘束の下での説諭、Aの落胆した様子、特にAがB教諭の説諭の際に舌が変色するほど歯を食いしばって悔しさを我慢していたこと、下校途中、「陸上部に戻れないかもしれない」「もう一度B教諭の家に謝りに行ってくる」と漏らしていたこと、帰宅後、食事もとらずに自分の部屋に引きこもってしまったことなどを考慮すると、B教諭のAに対す
⑨正当な懲戒の範囲を超えた違法な身体的拘束である。 （①～⑨の）B教諭のAに対する侮辱的発言や体罰等は、B教諭の故意又は過失に基づく、本件高校の教師ないし陸上部顧問としての違法行為である。

<table>
<tr><th colspan="2">拘束</th></tr>
<tr><td colspan="2">し、B教諭に叱られて辛かったこと、もうやり投げの面倒を見てもらえないこと等を話し、かなり気を落として涙を流していた。担任教諭は「やり投げをやりたい気持ちがあるならB教諭にはっきりと伝えてくるよう」に促した。
15時半頃～17時過ぎ　Aは、再び体育教官室に行き、B教諭に練習に参加させてくれるように懇願した。しかしB教諭は、Aが追試験で15問中3問しか正解できなかったこと等を理由にAを直立させたまま説諭を続け、「おまえは、おれがいじめているとか、そういうことを親に告げ口しているだろう」などAを責め立てた。Aは、舌が紫色に変色するほど歯を食いしばってB教諭の説教に耐えていたが、結</td></tr>
<tr><td>る長時間に及ぶ違法な身体的拘束下での説諭、特に、B教諭が最後までAを許さず、陸上部の練習に参加することを認めなかったことがAの自殺の原因であり、その間には条件関係があると考えるのが相当である。</td><td>精神的損害に対する責任　肯定
・部活動も学校教育活動の一環である以上、そこにおける教師の生徒に対する関係も「公権力の行使」に該当する。
・侮辱的発言や体罰等は、B教諭の故意又は過失に基づく、本件高校の教師ないし陸上部顧問としての違法行為である。
・被告県は、B教諭のAに対する前記違法行為によってAが被った精神的損害を賠償する責任がある。</td></tr>
<tr><td></td><td>損害の認定
・1984年7月28日、8月14日、10月8日及び11月3日の「有形力の行使」は「相当違法性の強度な体罰」である。また、1985年3月22日の「違法な身体の拘束」、日常的な「侮辱的発言」を考慮するとき、17歳という思春期の少女にどれほどの屈辱感を与え、どれほど自尊心を傷付けて精神的苦痛を与えたかは容易に推認しうる。
・B教諭の違法行為に関して、A</td></tr>
</table>

拘束

局、B教諭は、Aに間近に迫っていた合宿等の練習参加を許可することなく、「お前なんかもう知らん。おまえの顔など見たくない」と言って退出した。Aの自殺による死亡は、B教諭のAに対する体罰ないし侮辱的発言を遠因とし、85年3月22日のB教諭のAに対する説諭により誘発されたものであると認めるのが相当である。

18時頃　その後、AはC教諭と少し話した後、再び担任教諭のところへ行き、「これからB教諭の家に行く」と伝え、心配して待っていたHと下校した。下校途中、Aは、Hに「陸上部には戻れないかも知れない」、「家に帰ってからもう一度B教諭の家へ謝りに行く」等と話し、かなり落ち

自殺との相当因果関係　否定

・被告県がAの死亡に損害賠償責任を負うには、B教諭の違法行為とAの自殺との間に相当因果関係の存在が必要であり、また、不法行為による損害賠償についても民法416条の規定が類推適用されるから、特別の事情によって生じた損害については、加害者の予見が可能であった場合に限り、賠償の責めを負う。

・自殺という行為は最終的にはその人の意思決定によるものであるから、どのような事態を直接的な契機として自殺を決行するに至るかを第三者が認識することは極めて困難であるばかりか、B教諭がAの個人的な特殊事情を把握していたとは認められず、従前と比較して（3月22日の）言動が突出して強烈なものでないことを考慮すると、B教諭が、説諭の際の行為がAの心理に決定的な影響を与え、自殺を決意する

には懲戒の対象になるような非行行為は何ら存しないこと、B教諭のAに対する違法行為が長期間繰り返されたことなど諸般の事情を総合考慮すると、Aが被った精神的損害に対する慰謝料は300万円と認めるのが相当である。

自殺
込んだ様子であった。Aは、帰宅してからも酷く落ち込んだまま、ほとんど話をすることなく、夕食もとらずに自室に引きこもった。 **22時頃**　心配した父親が、Aの部屋に慰めに行ったが、Aは、「明日B教諭に謝りに行く」と話す程度で、ただ涙を流すばかりであった。父親は23時頃退室したが、その後、Aは食事をとらずに床についた。 **3月23日**　（自殺）　5時30分頃、母親が、Aを起こすために部屋に入ったとき、首をつって自殺しているAを発見した。死亡推定時刻は3時頃である。
可能性があると予見することはおよそ不可能であった。したがって、B教諭のAに対する違法な言動とAの自殺との間には相当因果関係は存在しない。

3 教師の公務災害認定等に関する判決

講座23

教育困難校における過労・心労による脳出血から死亡した事件の判決（小学校教諭・1995年1月死亡　公務外認定処分取消請求）

大阪高裁平成16年9月16日判決

小学校の教諭が、教室で脳出血を発症して入院。後遺症のリハビリを続ける中、1年後、脳出血の再発により死亡した。

教諭は、1980年、ウイリス動脈輪閉塞症（厚生省特定疾患で脳出血、脳梗塞、脳虚血の症状がある。異常血管網が煙草の煙の様にみえるため「もやもや病」と通称）と診断された。また、教諭は、死亡の3年前、MRA検査で、左大脳白質の大脳基底核に小さな出血後の病巣が診断され、脳出血発症後の1994年3月26日、公務員災害補償基金に対し、地公災法による公務災害認定請求をした。教諭の死亡後は配偶者（夫）が請求を承継、1995年3月28日、死亡についても、追加請求を行った。

公務員災害補償基金は、1996年8月19日付で、地方公務員災害補償法45条に基づき、脳出血・死亡ともに「公務外」との認定を下した。その後、地方公務員災害補償基金審査会においても、夫の審査請求、再審査請求は棄却された。

２００２年９月25日、地裁判決は脳出血の公務起因性を否定し、請求を棄却した。だが、（今回取りあげる）高裁判決は、地裁判決をくつがえして下記の判断を示した。（確定）

・原判決を取り消す。
・地方公務員災害保証法による公務外認定処分を取り消す。

※大阪高裁平成16年９月16日判決（認容〔確定〕）労働判例８８５号57頁、及び宇治久世教職員組合（http://www.ujikuse.jp/ogino/）。判決書中「1事案の要旨」「2前提事実」「第3当裁判所の判断」等から、個人等を特定する情報を避け、判決の趣旨を変えない範囲で抜粋・要約している。

教師の公務上の災害と認定をめぐる裁判は、地方公務員災害補償法（地公災法）の規定をめぐる判断となる。

地公災法には、本件の教諭のような、職員が公務上疾病にかかった場合の、本人と遺族に対する補償が定められている。同法によれば、「公務上」と認められるかどうかは、その疾病が公務遂行中に生じたもので、その公務と疾病の間に相当因果関係があることが必要とされている。このため、本件裁判でも、教諭の脳出血と死亡が公務に起因するかどうか「公務起因性の存否」が争点となった。だが、課題は、それだけに終わらない。

第一に、教師は、教材や授業資料、採点などを自宅の持ち帰り、このため時間外労働が恒常化して、極度の疲弊が継続していた。授業の準備やテストの作成や添削、採点、委員会など多様な公務は、一般には、勤務時間内の勤務に相当する。ところが、授業担当時間と授業担当外の時間からなる教師の勤務時間は、その大半（大雑把にみれば昼食時間を除く1日7時間×5日＝35時間のうち29時間）を授業時間に拘束されている。なお、児童生徒の休憩時間が教師の休憩時間とならないことは学校の常識である。

授業時間内の、いわゆる「空き時間」2時間、放課後の2時間程度で、児童生徒の指導や相談、教材や授業の準備、テストの作成、採点、添削、教務関係の作業、各種委員の職務を遂行することなど、そもそも不可能である。一般に勤務中の休憩時間との印象を与えかねない「空き時間」という表現が用いられているが、これもまた、右の実態に照らして事実を正しく表現する語とはいえない。

第二に、時間外労働の量的な加重、恒常的な疲弊が、一体どのような環境下において生じていたのか、という点の理解が必要である。

判決書からは、教師が、学級崩壊【14】の過程で、①反抗的児童の妨害行為【7】【8】【9】（1人の児童と5～6人の同調者がクラスの雰囲気をどのよう悪化させるかは、教師であれば容易に想像がつく）。②学習遅進児への対応【10】【11】【12】。③進学希望児童のグループへの対応【13】などが、時間外勤務に疲弊するＡ教諭の上に、昼夜をわかたず覆い被さっていた経緯を、読み取ることができる。

そしてこの点の理解がなければ、「教師をやっていてよかった」「子供の顔を見ていれば、元気になる」（判決書・争点に対する判断）と語っていたＡ教諭が、「教諭を辞めることを相談」【16】し、「学校に行きたくない」「出勤拒否症や」【23】と自嘲気味に語るに至った背景を、理解することはできないだろう。

左記は、高裁判決の一節である。

> 教育の現場で現実に児童の教育に責任を負う教諭として、必要があると判断して自宅に仕事を持ち帰ることは、

おざなりな教育では足りないと考えていることを示すものである。心身ともに成長期にあって次代を担う児童に対し熱意をもって充実した教育を行うことの価値にかんがみると、緊急性がなければ、時間外勤務をする必要がないとか、あるいはしないでよいと言えるかは問題である。

教員研修だけでなく、保護者との学習会などにおいて活用することで、学校と教師の困難な状況を広く理解し共有し、困難な状況に陥った教師を孤立、疲弊させず、学校、保護者と協力して教育環境を改善していく契機となることを期待したい。

	認定された事実	裁判所の判断
1992年度 指導困難学級	【1】1992年度、A教諭は、5年生のクラスを担任していた。クラスには、中学校で非行を繰り返す兄を持つBがいた。Bは、兄の影響を受けて、万引き、学校での喫煙、教師への反抗、授業や集団行動のかく乱を行っていた。Bを中心として5、6名の問題行動を繰り返すグループが形成され、5年生では指導の困難なクラスだった。	**公務の過重性** ・**「心・血管疾患及び脳血管疾患等の職務関連疾患の公務上災害の認定について**（通知）」（2001年12月12日／地方公務員災害補償基金理事長）は、「脳血管疾患が公務上の災害と認められる要件」とりわけ「強度の精神的又は肉体的負荷」の例として、「発症前に通常の日常の職務（平均概ね8時間勤務）に比較して特に過重な職務に従事したこと」「発症前1週間程度から数週間程度にわたる、いわゆる不眠・不休又はそれに準ずる特に過重で長時間に及ぶ時間外勤務」「発症前1カ月程度にわたる、過重で長時間に及ぶ時間外勤務（週当たり平均25時間程度以上の連続）を行っていた場合」「発症前1カ月を
1993年度 小6担任に持ち上がり	【2】1993年度、A教諭は、持ち上がりで6年生のクラス担任（32名）となった。A教諭は、週31時数のうち、家庭科を除く29時数の授業を担当し、空き時間は2時数のみであった。（他の6年生の教諭も同様であった）	
漢字プリント、作文、学級通信	【3】A教諭は、漢字プリントを作成して添削したり、作文を添削するなど、授業の準備や教材の工夫を行っていた。A教諭の勤務時間は、「授業」「会議」「打合せ」「個別指導」などの職務のために、ほぼ全部を使わなければならなかった。「授業の準備」「教材研究」「プリントの作成」「添削」などは、おおむね勤務時間外に、学校や自宅で行った。また、A教諭は、学級通信を頻繁に作成して発行していた。	
特別活動、会計、障害児教育部部	【4】A教諭は、通常の授業等のほかにも、2学期には校内研究発表の準備と実施を行い、1年から6年までの縦割	

長	り集団で行われる特別活動の指導に当たった。また、6年生の学年会計担当として、金銭の計算、保護者への教材費等の納入依頼、学期末ごとの保護者に対する報告などの事務、障害児教育部部長の事務も行った。	超える、過重で長時間に及ぶ時間外勤務（週当たり平均20時間程度以上の連続）」をあげている。
時間外勤務の時間数	【5】A教諭の小学校は、児童会活動と学校行事を除く第6学年の年間授業時数は1054・5時数で、週当たりの授業時数は31時数であった。 【6】A教諭の時間外勤務時間は、1993年9月1日から（脳出血で倒れた）1994年1月18日までの140日間では、週当たり平均（時間数が推定値のため2割を減じても）21・7時間であった。また、12月19日から1月18日までの脳出血発症前1ヵ月間（31日間）に限定すると、（同様に2割を減じても）週当たり平均26・6時間と算定される。	・**学校教育法施行規則**が定める標準総授業時数は1015時数（2011年4月施行の施行規則第51条別表1では年間980時数）。【5】は、この規定より39・5時数多い。週当たり授業時数は29時数以下と定められている。【5】はこれより2時数多い。 A教諭の時間外勤務の時間数は、公務起因性を肯定できる時間外勤務の時間数をはるかに超えており、2割を減じても同時間数を超えるか、該当する時間数である。
学級崩壊 Bらの反抗・暴言「うるさい」「黙れ」	【7】A教諭のクラスでは、Bとそのグループによる、授業中に私語をするなどの、授業をかく乱する行動が日常化していた。授業中に黙って教室を出て行こうとしたBらに、A教諭が「B君、どこへ行くの」と聞くと、「うるさい」「黙れ」と言い返された。Bらは、学校内でたばこを吸ったり、ビールを持ち込んだりした。A教諭は、Bらに直接注意し	

釘バット

暴言

学習遅進児への対応

て指導し、保護者と面談をしたり、反省文を書かせたりした。しかしBらの態度は変わらなかった。

【8】10月29日（頃）、Bが兄とともに中学校へ殴り込みに行くために準備したと考えられる多数の五寸釘を打ち付けた木製バット（釘バット）が校庭で発見された。A教諭はBにこの釘バットを示し、「危険な物を学校に持ってきてはいけない」と指導したが、Bは反抗し、暴言を吐いた。A教諭は小柄で、大柄で力の強いBが釘バットを持っていたので、恐怖心を抱いたが、ようやくこのバットを取り上げ、職員室に持ち込み、教頭に預けた。

【9】釘バットを取りあげた直後、校門に「殴りこみに行く」「ぶっ殺すぞ」と落書きがされた。A教諭の自宅にも「地獄に落ちろ」「仕返し」と落書きがされた。（落書きをした者は不明であるが）A教諭は、仕返しを恐れ、Bが殴りこみに参加しないかと心配した。

【10】A教諭のクラスには、二人の学習遅進児（CとD）がおり、教科指導の負担のほかに、何回も同級生の靴を隠し、クラス全員が靴を探さなければならなかったり、また、授業中に奇声を発したり、教室から飛び出すことがあり、そのたびに学級運営が中断された。Cは、Bらのグループに入り、Bからたばこを買いに行かされたり、一緒に喫煙さ

加重労働と精神的緊張

・A教諭は、過重労働に加えて、学級崩壊の防止のために、6年担任になった時点からでも長期間継続的に高度の精神的緊張を強いられてきた。さらに、脳出血発症直前に、体調不良であったところに、相当の低温下で屋外での労働を行ったものであり（A教諭が選択したものであるが、当時のクラスの状況を考え、児童の希望もあって、適切な授業と考えて選択したと認められる）、寒さを訴えた直後に発症した。これらの点も、過重性を強めるものである。

・A教諭は、冬休み期間中も時間外勤務（労働）を毎日続け、合計約71・5時間を費やした。

・A教諭は、2学期末には相当の疲

進学希望者への対応

せられたりしたため、その指導もゆるがせにできなかった。

【11】CとDは、それぞれ学習の発達度が異なっていたので、A教諭は、2人のために別のプリントを用意し、保護者と連絡を取りながら個別指導を行っていた。

【12】10月1日頃、A教諭は、Dに個別に適切な指導を行う上で必要と考え、保護者に連絡をしないで発達診断テストを受けさせたところ、保護者は、「保護者の承諾が必要であるとの（学校と保護者との間の）合意に反し人権侵害である」と言って教育委員会と学校長に抗議し、A教諭の自宅にも、夜間に電話で1時間くらいにわたって抗議した。翌日、A教諭は、教頭と保護者宅を訪れ、校長の指示により謝罪したが、保護者は執拗に抗議し、A教諭は、①保護者との間で一層連絡を緊密にすること、②個別指導を強化することを約束した。A教諭は、CとDにそれまで以上の指導をするため、問題集や書籍を買い求めて学習をした。

【13】A教諭のクラスには、進学希望者のグループが形成されていて、学習塾に通い、学校の授業に集中せず、授業中に私語をしたり、授業をないがしろにした。テスト問題に少しでも間違いがあると、騒いだりテスト用紙を破いたりした。A教諭の制止をきかないことも多く、学級運営を妨

労を蓄積させていたが、時間外勤務と家事労働のため、冬休み期間中に回復することができず、3学期を迎えることになった。さらに、冬休み期間中にも、学級崩壊を来す原因となった児童等に対する指導の目途が立っていなかったため、A教諭は、精神的にも相当の心労を持ったままの状態であった。

・（【7】～【14】の状況で）適切に指導することも教諭の任務ではあるが、これが客観的に労働を加重するものであり、精神的緊張を伴う職務になることは明らかである。

学級崩壊	害した。休み時間に教室でボール蹴りをして窓ガラスを割ることが数回あった。 【14】これらの児童が再三にわたってA教諭の指導を無視・反抗したため、他の児童も次第にA教諭の指導に従わなくなり、A教諭は、学級運営の指導権を喪失していき、学級崩壊寸前か崩壊を始めつつあった（他のクラスの担当教諭も認めていた）。	
体調の異変 教師を辞めることを相談 「体が変だ」 「熟睡できない」 「4時半過ぎに目が覚める」	【15】A教諭は、2学期の終業式（12月24日）が終わると、自宅で残務整理や作文の添削、児童への年賀状を作成した。26日から1月5日まで隣県の実家へ帰省した際も、教材研究やプリントの作成、音楽発表会の指導内容の検討などを行った。また、自宅に戻ってから1月9日までの間も、漢字プリントの作成、音楽発表会の準備、学級通信の作成等を行った。 【16】A教諭は、学級運営の困難さを夫に訴え、4月に教諭を辞めることを相談した。 【17】1月10日（月）、A教諭は、3学期の始業式で同僚に、「足がもつれて自転車がうまくこげない。体が変だ」「熟睡できない。毎日4時過ぎには目が覚める」と言った。A教諭は、始業式終了後に音楽発表会の練習や準備等に参加	**困難な状況の理解** ・A教諭が家に持ち帰った仕事は、日常の授業のために必要なものであった。日常の授業を最低限こなすだけでも時間内勤務だけでは不足する。授業やその他の校内活動をより充実させ、教育の効果を上げるためには、相当の準備が必要と認められ、相当程度の時間外勤務を要するとうかがえる。A教諭のクラスが学級崩壊が始まった状態を回復させるためにも、時間外勤務が必要であった。

「しんどい」

「今は学校をやすめない」

「寝ても寝ても疲れがとれない」

した。

【18】11日（火）、A教諭は、夫に「早く目がさめた。4時過ぎに起きた」と言った。短縮授業の日であったが、放課後には特別活動部会にも出席した。

【19】12日（水）、A教諭は、「5時半頃目が醒めた。社会のプリントを作った」と言った。夕食後はこたつで寝てしまい、なかなか起きなかったが、起きた後、学年会計のまとめ、授業プリントなどにかかり、24時頃「全部できない。しんどい」と言って就寝した。（翌朝夫が起きた時にはこたつで仕事をした跡があった）

【20】13日（木）、A教諭は、帰宅後、こたつで寝てしまい、なかなか起きなかったが、起きて入浴した後、音楽発表会のためのピアノの練習、採点と添削をして、24時頃就寝した。夜、夫が「病院で診てもらったらどうか」と言うと、「今は学校を休めない」と答えた。

【21】14日（金）、A教諭は、勤務終了後、教材研究のため「星を見る会」に参加し、帰宅後少し眠った。夫が起こすと、「寝過ぎた」と言って採点などをして24時過ぎに寝た。

【22】15日（土）、A教諭は、10時頃に起きたが、「寝ても寝ても疲れが取れない。身体がしんどい」と言った。夕食後、ピアノの練習や教材研究をして、11時頃寝た。

時間外勤務の教育的意義

・A教諭が自宅でした仕事は、担当するクラスの教諭として緊急かつ必要性があった。また、教育の現場で現実に児童の教育に責任を負う教諭として、必要があると判断して自宅に仕事を持ち帰ることは、おざなりな教育では足りないと考えていることを示すもので、教育に対する積極的な姿勢を示すものである。心身ともに成長期にあって次代を担う児童に対し熱意をもって充実した教育を行うことの価値にかんがみると、緊急性がなければ、時間外勤務をする必要がないとか、あるいはしないでよいといえるかは問題である。

・A教諭が時間外で行った職務は、仮に緊急かつ必要性がそれほど強いと認められないものであっても、

「しんどい」

【23】16日（日）、A教諭は、10時頃起床した。（つきあいの良いA教諭であったが）同僚教師の食事の会の誘いを「しんどい」と断り、夕食後、学級通信の作成にかかったが、「学校に行きたくない」、「出勤拒否症や」などと自嘲気味に言った。23時頃就寝した。

【24】17日（月）、A教諭は、帰宅後こたつで寝た後、版画指導、音楽発表会、「6年生を送る会」について検討し、24時過ぎに就寝した。夫の目にはA教諭の顔色が悪いと映った。

【25】18日（火）、A教諭は、午前中に4校時の授業を行い、14時30分から市小学校教育研究会のため、他の小学校へ出張し、16時30分頃に直接帰宅した。帰宅後、「疲れた」と言って夕食の準備もせずに寝てしまい、夕食後も再びこたつで寝た。その後、漢字テストの採点などをしていたが、「疲れているので先に寝る」と言って23時頃就寝した。

脳出血の発症

【26】19日（水）、5校時目は道徳の時間であったが、A教諭は、乱れて落ち着きがなくなっていたクラスの児童のために、運動場で「鬼ごっこ」を行った。A教諭は、運動場に立って見守っていたが、気温は、3～5℃程度、風速秒速3～4m程度で、相当に寒かった。

時間外勤務に含まれると解すべきである。A教諭は、3学期が始まってから、しばしば自宅で持ち帰ったプリントの作成等の仕事をしており、脳出血を発症した1月19日頃までの間、相当に疲労していた。

相当因果関係の肯定

・A教諭の脳出血の発症が、A教諭に高度の疲労及び睡眠不足を来すような過重な公務があり、過重公務がもやもや病の自然経過を早めて増悪させ、脳出血を発症し、死亡した。A教諭の過重な公務との間に相当因果関係を認めるのが相当である。

【27】A教諭は、5校時の終了後、「寒い寒い」と言いながら職員室のストーブで暖をとり、教室に行き、机に座って終わりの会に立ち会っている最中、14時50分頃、脳出血により突然意識を失い、教卓に突っ伏して、眠ったような状態になった。生徒が「先生が寝ている」と言ったのを隣のクラスの教諭が聞きつけて、救急車を呼んだ。A教諭は、同日入院した。脳出血はもやもや血管に発生していた動脈瘤の破裂によることが判明した。

【28】A教諭は、1月20日から2月5日にかけて3回の手術を受け、3月9日まで入院した後、リハビリ等のために転院した。転院時に右半身麻痺と言語障害（失語症）が残った。

【29】A教諭はリハビリに励んでいたが、1995年1月9日、病院において、突然強い頭痛を訴え、血腫除去の手術を受けたものの、脳死状態となり、1月27日に死亡した。

・発症前に通常の日常の職務に比較して特に過重な職務に従事し、これにより、もやもや病の病態を自然経過を早めて著しく増悪させるなどして、脳出血の発症原因となるに足りる加重負荷を受けていたことが明らかに認められる。
・脳出血が原因となって死亡するに至ったことも明らかであるから、A教諭は、公務に基づく疾病に起因して死亡した場合に当たる。
・A教諭に発症した脳出血は公務上の疾病に該当し、A教諭の死亡は公務上の死亡に該当する。

講座24

学級崩壊状態の新任教諭に対する分限免職処分勧告をめぐる判決

（新採用小5担任・2005年2月分限処分を勧告　分限免職処分取消請求）

大阪高裁平成21年6月4日判決

教諭は、2004年4月1日から小学校教員として条件附採用（地方公務員法22条1項）となったが、その間、学級崩壊状態の中、指導が十分に出来ないまま、2005年3月31日付で、教育委員会から分限免職の処分を受けた。教育委員会は分限免職の事由として、「基本的な職務を怠り、担任としての自覚、責任感が欠如している」「学習指導面、生徒指導面で指導力が著しく不足・欠如している」「上司や他の教員等から十分に手厚い指導・助言を受けていたにもかかわらず、指導内容を理解し、自ら改善する能力及び意欲が欠如している」「職務上の命令に従う義務に違反した」「保護者からの信頼を喪失した」「教員として著しく資質に欠ける言動をとった」等々をあげ、裁判を争った。しかし判決は1、2審とも、これを退けている。

- 被告（市／教育委員会）が、A教諭に対し2005年3月31日付でした分限免職処分を取り消す。

※京都地裁平成20年2月28日判決（認容〔控訴〕）→大阪高裁平成21年6月4日判決（〔控訴棄却〕）判例タイムズ989号110頁。研修資料部分は、「当裁判所の判断」をもとに判決の趣旨を変えない範囲で、個人等を特定する情報を避けて抜粋・要約している。

指導力に課題のある教師を指導し支援することの必要性は言をまたない。しかし人格評価にまで及ぶ過酷な教員評価が恣意的にふりかざされ、教師が安易に切り捨てられることは、学校のみならず社会にとっても、多大な損失である。

本件では、教育委員会が分限免職の事由とした35項目のうち、10項目を「その事実を認めるに足りない」、12項目を「教員としての評価に影響しない」とし、残る13項目については、事実として認めた上で、「管理者等の判断が客観的で合理的なもの」（高裁判決結論部分）か否かを判断している。

処分事由35項目 ①〜㉟	認定された事実	裁判所の判断
①運動会	・2004年4月、A教諭は、条件附採用として小学校に赴任。5年生は2クラスあり、担任はA教諭とB教諭（学年主任）、新規採用教員の指導教員はC教諭であった。 ・A教諭は、6月5日の運動会終了後、11日まで欠勤した。欠勤中、翌週の時間割を作成してB教諭に送り、時間割は児童に配布された。	**「事実を認めるに足りない」…10項目** ①運動会後の飲酒による欠勤及び欠勤中の連絡不足。 ⑤宿泊学習で引率者としての職務を遂行できなかった。 ⑦T2として入るべき算数の授業に入らなかった。 ⑧視察時に学級状態が悪かった。 ⑨校長の待機指示を無視して児童の捜索に出た。 ⑮宿題の確認が不適切であった。 ⑯学級状態が悪く、授業公開ができなかった。 ㉖（12月以降）児童を整列させられなかった。 ㉗給食時の指導が不十分で改善されなかった。 ㉞授業参観の際の打合せに反した授業の
②児童の掌握不能	・校長・教頭・教務主任は、7月頃から、B教諭から「A教諭の学級がうるさいので様子を見に来てほしい」と連絡を受けて様子を見に行った。「トイレに当然のように行く児童」「N、M、Fが授業中に輪ゴムで遊んでいる」状況だった。	
③週案の記載	・6月2日、校長は、前日の小学校でカッターナイフで切られて死亡した事件を受け、授業では教員が貸し出し、本数を確認して回収・管理するよう指示した。A教諭は学級会で事件について指導したが、週案には記載しなかった。	
④宿泊学習の下見	・6月19日、A教諭は宿泊学習の下見に体調不良のため	

	出席しなかった。A教諭は、他の教諭の誘いに応じ7月24日に下見に行った。
⑤宿泊学習	・8月2日から4日まで、A教諭は、宿泊学習で調理補助やプールの指導等をした。A教諭は、直ちに児童の数を数えず、教務主任に数えるよう強く指示された。 ・9月13日、校長と教頭は毎日1時間分の略案作成を指示し、A教諭は6日分の略案を作成した。成績付けで忙しい状況をB教諭が進言し、校長はA教諭の略案を免除した。
⑥ポスターの作成	・9月、教務主任らは、図工のポスター作成についてA教諭と事前打合せを行い、連想するイメージを言わせて模造紙等に書き出すこと、手のデッサンを描けない児童には手の写真やデッサンを個別に準備するよう助言した。しかしA教諭は、黒板に書かせたため単元中に掲示できず、手の写真を黒板に貼ったため、個別指導を十分にできなかった。
⑦TT体制	・算数はTT体制で、A教諭とB教諭は授業に入らなくて良いとされていたが、校長が9月下旬に指示し、A教諭はT2として授業に入るようになった。
⑧巡回指導員の視察	・10月5日、養護学校の巡回指導員がA教諭の学級を視察した。

実施。

「事実が認められるとしても教員としての評価に影響しない」…12項目

③指示事項を週案に記載しなかった。
④宿泊学習の下見に自発的に行かなかった。
⑱単独で家庭訪問をできなかった。
⑳児童の暴行を受けたとの訴えを放置した。
㉑暴力を受けた訴えへの対応が不十分であった。
㉒主体的にトラブル解決をすることができなかった。
㉕臨時保護者懇談会後の対応が不適切。
㉚略案の内容が不十分。
㉛不適切な授業等。
㉜児童間のトラブルへの対応を単独でできなかった。
㉝テストの採点や通知票の評価が不適切。
㉟杜撰な書類管理。

⑨児童の捜索	・10月6日、6年生の児童が家出をしたことから、校長は、父親の依頼を受けて児童を捜すよう教職員に指示をした。A教諭は、他の教諭らとともに捜索を行った。
⑩始業式	・10月12日、A教諭は、始業式だけ出席して休暇を取得し、18日（月）から出勤した。その間教務主任が指導にあたり、通知票と健康カードを回収したが、通知票を持って来ない児童等がいたため、A教諭に保護者に連絡をするよう指示した。しかしA教諭は保護者に連絡することはなく、C教諭（指導教員）が連絡をした。
⑪辞表事件	・10月27日、6校時、NとMが、本を勝手に読む、授業と無関係なことをしゃべる、新聞紙を丸めてちょっかいを出した。A教諭は授業を中断して指導したが従わなかった。A教諭は学級の話し合いを促したが、放課後となり、「こんなに遅くから話し合いか」と声が上がった。A教諭は、「遅くなるなら保護者に電話をして謝る」と述べ、「辞める」と発言して辞表を書くふりをした。Mが「辞表を出してきたら」と言い、A教諭は教頭に報告に行った。教頭は教務主任に学級に行くよう指示した。教室は静まり、泣いている児童もい

検討対象として認定した事実…13項目

②7月頃から児童を掌握できなくなった。
⑥先輩教諭の指導に沿わない授業をした。
⑩後期始業式の欠勤及び欠勤中の連絡不足。
⑪辞表事件等の粗暴な言動。
⑫引率者としての職務を遂行できなかった。
⑬テスト中の身体計測に対応できなかった。
⑭教科書を忘れた児童への対応が不適切だった。
⑰カッターナイフの取扱いの指導が不十分だった。
⑲学芸会の準備を単独でできなかった。
㉓学級の建て直しができなかった。
㉔臨時保護者懇談会の開催及びその後の指導体制変更。
㉘没収物を返却していなかった。
㉙テストの採点及び返却の放棄。

A教諭の問題点に関する判断

・辞表を書いた事⑪では、解決するまで

	⑫遠足の引率	⑬テスト中の身体計測	⑭教科書の確認
て、教務主任が指導にあたった。A教諭は、混乱を鎮めて早く帰宅させるよう教頭に強く指示され、呼びに来た児童2名と教室に戻った。 ・10月28日、A教諭は学級で謝罪をした。児童からは「大声で怒鳴らないでほしい」「バケツ等を蹴ったりするのは怖い」と発言があった。また、同日、定例の保護者懇談会が開催され、A教諭がお詫びし、教頭が学校としてお詫びした。保護者からは「A教諭はいつも怒っていると言っている」「指導に不安を抱いている」「管理職の指導を改善してA教諭を支えてほしい」との意見が出た。A教諭は、「後期は改善したい」と回答した。教頭は、「後期は複数指導体制を中心に指導体制を強化する」と話した。	・11月2日、遠足の引率で、A教諭は、信号のある交差点を渡る時前しか見ず、児童の様子を確認することなく弁当を食べ始めた。帰校後、教務主任がA教諭を指導した。	・11月10日、A教諭は、教務主任が身体測定の呼び出しに来た時、小テスト中で、「どうしよう」と言った。教務主任は、テストを裏返させ身体測定に行かせた。	・11月16日、指導主事と校長がA教諭の音楽の授業を

帰宅させないと発言したこと、辞表を書く書くそぶりをしたことは、いたずらに不安感を覚えさせる。児童の挑発的発言で教室を出たこと、児童らがA教諭を迎えに来たが教頭の指示を受けて教室に戻ったことから、感情的な場当たり的な対応をしたとも思われ、担任教諭として不適切な言動で、児童らのA教諭に対する不信感の一因になっていると考えられる。

・A教諭は、集団暴行㉒の後、臨時保護者懇談会㉔の開催を事前に知っており、考える機会はあったにもかかわらず、校長に問われると「前向きに」などと抽象的な返答しかできなかった。学級や自身の問題点の把握や目標をもった職務の遂行において不十分であった面はある。

・指導体制㉔が強化され、支援が必要な状況になった。A教諭には、安全指導、生活指導及び学習指導、管理職らのA

	参観した際、教科書を忘れている児童が32名中8名いた。
⑮宿題の確認	・校長は、A教諭が宿題の提出状況を回答できなかったため、宿題ができない事情がある場合は学校でもさせるよう述べた。その後、校長は、A教諭が放課後に学校で宿題をさせていることを問題視し、家庭学習を習慣づける趣旨を説明した。
⑯授業公開	・11月26日、全学級が授業を公開した。5年生は1学級のみの公開でよいと決められており、B教諭の学級のみを公開し、学級の1グループの授業をA教諭が行った。
⑰カッターナイフ	・11月30日、教務主任は、保護者から「子供がNにカッターナイフで脅された」との電話を受けた。保護者と児童は、「学校に持ってきている児童がいる」「Nがカッターナイフを見せたり自分の手を少し切って見せたりする」と述べた。A教諭は、教室にいたが事実を認識しておらず、「持ってくるように指示していない」「道具箱の中は把握していない」「必要以外は出さないという指示は徹底している」と述べた。
⑱家庭訪問	・11月30日、A教諭は、教務主任とN宅を家庭訪問した。保護者は「教室内に担任もいながら指導をしなかった」

教諭に対する指導の趣旨の理解及び改善、教師としての職務の遂行方法、健康管理において不十分な面があった。

学校側による対応の問題点に関する判断

・宿泊学習で児童の面前でA教諭に児童の整列を強く指示し⑤、没収を嫌がる児童にA教諭に返させると述べ㉘、テストを先に始めた児童についてA教諭を指導するなど㉛、管理職らが、児童の面前で必要以上にA教諭を強く指導し児童に謝罪するよう指示していたと推認される。

・学校側は、臨時保護者懇談会において、A教諭の指導力不足のために学級崩壊が発生したとの説明をした㉔。児童と保護者らがA教諭に対する信頼を失った一因は、管理職や学校の態度にあったとも考えられる。

・校長が、「運動会後の欠勤は飲酒によるものである」と根拠もなく断言し①、

⑲学芸会の準備

⑳㉑暴行の訴えと対応

㉒学級でのトラブル（集団暴行）

と非難し、「学校側の指導が不十分である」と述べた。A教諭は十分な回答ができず、主に教務主任が話をした。校長は、A教諭に、「他の先生のやり方を見ておくように」と指示した。

・12月9日頃、A教諭は、学芸会の準備で、教室の自分の机に保管していたカッターナイフを使用させた。教務主任は、ナイフは職員室に保管するよう指導をした。A教諭の学級の学芸会の準備が遅れていたが、A教諭にはその認識がなく、12月6日から、教務主任、C教諭、F教諭が指導し、学芸会（12月17日）に間に合わせた。

・学芸会の練習について意見を求めた時、Nが「練習中に暴力を受けた」と発言し、A教諭は「それは劇とは関係がない」と言った。教務主任はすぐに児童の話を聞き、相手の児童に謝らせ、授業後、A教諭に対応をするよう指導した。

・12月20日、終わりの会が始まる前、Nがいなくなり、一旦自宅に帰り学校に戻ってきた。同日、Fが上靴のまま帰宅し、母親と学校へ来た。その後、①Nが3階から雨樋を伝って2階に下り、2年担任に連れられて教室に来た、②5校時の英語活動の時間にNが教師に反抗的態度をとった、③5校時終了後F、K、I、M

児童を捜索する際職員全員に「成績付けが終わっていない人は無理をしないよう」述べたことでA教諭に職員室に残る職務命令をしたと述べたこと⑨など、処分理由に記録と異なる事実、教員としての評価に影響しないと考えられる事項も多数あげられている。管理職の評価が客観的に合理性を有するものか否かが疑わしい。

A教諭について考慮すべき事情に関する判断

・A教諭は、最終的にはテストの採点を終え㉙、他の教諭の支援を受けて学芸会の準備⑲を行っており、学習指導、安全指導、生活指導等で不十分な面があったとしても、一部他の教諭の支援を受けつつも職務を遂行している。

・A教諭は、児童らの前で適切さを欠く言動⑪をしたが一度のみであり、管理職等の指示の趣旨の理解が不十分であ

	がNの授業妨害を口実に集団暴行を加えた、④Nが再度の暴行をおそれて自宅に帰った、⑤下校時にFの靴がなくなった、⑥Fが靴を隠したのはNと思ってNの上靴を隠したことが発覚した。 ・12月21日、教務主任は、朝の会で、児童に「暴力や言葉の暴力は絶対にしない」と指導し、集団暴行を行った4名の児童に事情を聞いて指導した。昼休み、A教諭は、FがNの机に近づいていたので確認すると、「死ねうせろ」と落書きがあった。教務主任は教頭に報告したが、落書きをした児童は特定できなかった。放課後、A教諭と教務主任は、集団暴行をした児童の保護者と懇談をした。教務主任がほとんど話をした。	るとしても、指示に従おうとする姿勢自体はある。 ・授業妨害や集団暴行に関わった児童は主に5名に限られ、教務主任の指導を受けたにもかかわらず、「死ね」という内容の落書きをし、翌日には授業中に騒ぎ出す等指導が難しい児童らであったと考えられる㉒㉓。 ・学級崩壊の要因は「担任教員の教師としての能力」のほか、「管理職と教師との関係性」「教師同士の関係性」「地域の様子」「学級の児童の特性」「児童同士の関係性」「児童の発育段階」等様々があり、対応として、学級担任の交代、指導体制の変更、保護者への協力要請等があるとされている。ベテラン教師の学級でも学級崩壊は生じ、担任の交代で解消されることもあると考えられる。条件附採用期間中の教師の学級で学級崩壊が生じ、単独で建て直しを行うことができなかった場合、担任の能
㉓学級の建て直し	・12月22日、集団暴行を行った4名とNが謝り合った。Nが学級で謝ったところ、「他にもうるさくしている人がいる」との声が上がった。しかし、授業を始めると、集団暴行の加害児童4名が喋り始めた。校長、教頭、教務主任は、27日に臨時保護者懇談会を開催することを決め、A教諭に対し、児童らに懇談会の案内を配るよう指示した。	
㉔臨時保護者懇談会	・12月27日、19時30分から23時まで臨時保護者懇談会が開催された。校長は、「A教諭による教科指導、生活	

指導が不十分な状態が続いて、児童らが情緒面で不安定になったり、学習や学校生活に対する意欲を喪失する状況が見られ、心配をかけている」「国語、算数、理科はA教諭をT2とする」「教務主任が朝の会、給食指導、終わりの会、図工、生活指導全般、保護者との懇談を行う」「A教諭は社会、体育、音楽を担当し、ベテラン教諭の指導をそばで見て研修を深めさせる」と報告した。

㉕懇談会後の対応

・臨時保護者懇談会の際、Sの保護者が「あざを作って帰ってくることがある」と訴えたことから、教頭がA教諭に、冬休み中に保護者に電話するよう指示したが、A教諭は冬休み中に連絡をとらず、年明けに教頭の指示で電話をかけた。

㉖児童整列の指導

㉗給食指導

・1月7日以降、朝の会、給食指導、終わりの会の指導は教務主任が主として行い、その他の教諭が援助に入ることもあった。A教諭は、児童に「去年は問題があり嫌な思いをさせたこともあったが、残りの3ヵ月間がんばろう」と話した。

㉘没収物の返却

・教務主任は、Fが持ってきたカードゲーム機をA教諭に預からせようとしたが、「返してもらっていないも

力不足が学級崩壊発生等の主たる要因であろうと推認される場合を除いては、直ちに教師の能力が欠如していると判断されるべきではない。

結論（地裁判決）

・教育委員会の判断は客観的に合理性をもつものとして許容される限度を超えた不当なものであり、本件処分にはその裁量権の行使を誤った違法がある。

結論（高裁判決）

・（分限免職が）裁量の範囲内にあるかどうかは、処分の前提として、職場で教師の指導・評価に当たる管理者等の判断が客観的で合理的なものであることが必要といえる。

・A教諭は新採の教師であることから、職場における適切な指導・支援態勢の存在と改善に向けて努力をする機会を付与されたこと、ある程度の整合的・

	のがある」と嫌がった。教務主任が預かって授業後に返却し、A教諭に、保護者に詫びて返却するよう指導した。A教諭は、教務主任とF宅に行き、カッターナイフ、彫刻刀などを返却した。またMの母親にエアガンを返却した。	統一的な評価基準の存在が前提となる。個々の事象の評価に過度に拘るのではなく、一定の時間の経緯の中で評価すべきであり、できる限り客観的で安定した方針の下で、今後の経験、研鑽によっても、教師としての適性が備わることが困難であるかどうかを検討するのが相当である。 ・地裁判決も、A教諭には児童の指導や教師としての職務遂行、学級運営などで不十分であったが、児童や保護者らがA教諭に対する信頼を失ったとすれば、その一因は管理職や学校のA教諭に対する態度にもあり、学級崩壊の原因もA教諭の能力不足が主たる原因であるとは即断できず、管理職らの指導・支援態勢も必ずしも十分ではなかった等の事情から、A教諭には、簡単に矯正することのできない持続性を有する資質、能力、性格等に起因して職務の円滑な遂行に支障を生ずる高度の蓋然
㉙テストの採点と返却	・1月上旬頃、A教諭は、教頭に「11月頃からテストの採点ができていない」と相談し、早急に採点・返却するよう指示を受けた。A教諭は、1月下旬頃、採点を終えた。	
㉚略案の内容が不十分	・1月上旬頃、校長は、A教諭に略案の作成を指示した。A教諭は、新採教員全員が提出した略案のほか、各日1時間分の略案を7日分提出した。校長は、A教諭に、焦点化児童に対する指導についても記載するよう指導をした。	
㉛不適切な授業等	・1月中旬、A教諭は①テスト開始前に解答を書き始めた児童に消しゴムで消す方法で指導をした。教務主任はA教諭を制止してテストを始めさせた。②体育で新しい単元を始める際、教室において20分程度説明をした。教務主任はA教諭を指導して児童らに運動を始めさせた。③音楽の授業で「冬景色」という曲を題材に歌詞当てクイズを行った。	

㉜児童間のトラブル	・1月17日、Tが「Kに鉛筆を折られた」と訴え、A教諭が教務主任に報告した。教務主任は事情を聞き、A教諭に児童らの言い分を伝え、保護者に連絡するよう指示した。 ・1月20日、TがSに体型を揶揄してけんかとなった。教務主任とA教諭は事情を聞き、教務主任はTの、A教諭はSの保護者に電話で報告した。
㉝テストの採点と評価	・1月20日、児童の保護者が、テストの採点と通知票の評価が納得できないと来校した。校長、教頭、教務主任が検討し、正解とすべき回答が誤答として扱われていると考え、成績が1ランク上がることとなったと保護者に連絡した。
㉞参観授業	・1月21日（金）の5時限目に参観授業が実施された。
自主退職の勧奨	・2月1日、教育委員会教育課職員がA教諭と校長に、「正規採用は難しい」と告げ、分限処分による免職は履歴にも傷がつくとして自主退職を勧奨した。
㉟書類の紛失	・2月3日頃、A教諭は保護者宅に書類を届けに行ったが道で落とした。個人情報を含む文書ではなかったので、教務主任の指示でコピーを保護者に届けた。
自主退職を拒否	・2月7日、A教諭は校長に、「全力でやりたい」「自主

性があるといえないし、管理職等のA教諭に対する評価が客観的に合理性を有するものか否かが疑わしいと判断した。（地裁判決は）前提となる事実関係の認定・評価と総合して是認できる。

誓約書を拒否

退職はしない」と返答した。

・A教諭は、2月14日の2時間分、15、17日の1時間分の略案を提出した。

・2月15日、教育委員会教育課職員がA教諭と校長に、「教師としての適性が著しく欠如している」と指摘した。A教諭が「自主退職しない」と返答すると、「分限処分を受けても一切異議を言わないとの誓約書を書くよう」に求めた。A教諭はこれを断った。

・A教諭は、2月16日から3月31日まで、体調不良（うつ病）により休暇をとった。

講座25

学級崩壊状態で自殺した新任教諭の公務災害認定をめぐる判決

（新採用小4担任・2005年9月自殺　公務外認定処分取消請求）

静岡地裁平成23年12月15日判決

２００４年４月に新採用となった小学校教諭（Ａ教諭）が、４年生のクラスを担任した当初から学級崩壊状況となり、学校側の「適切な支援も受けられなかった」（判決）中で、同年９月29日に自殺した。教諭の親は、地方公務員災害補償基金に公務災害認定請求を行ったが、公務外災害認定（審査、再審査請求ともに棄却）となったため、本訴訟（公務外認定処分取消請求）を提起した。

基金側は、①Ａ教諭の公務は過重でなかった。②指導に困難を抱えたのはＡ教諭の学級運営方法によるもの。③Ａ教諭には特別の支援が行われていた。④Ａ教諭のうつ病の発症は、主に「個人的な要因」によるもの。として、公務外判断の妥当性を主張した。しかし、裁判の判決は、①の一部（形式的勤務環境）を除いては、基金側の判断を認めず、次のように、公務外災害認定処分の取消を命じた。

・地方公務員災害補償基金が、２００６年8月21日付けで原告に対してした地方公務員災害補償法に基づく公務外災害認定処分を取り消す。

※静岡地裁平成23年12月15日判決（認容［控訴］）裁判所裁判例情報 http://www.courts.go.jp/ 判決書資料部分は、「前提事実」「当裁判所の判断」をもとに判決の趣旨を変えない範囲で、個人等を特定する情報を避けて抜粋・要約している。

新任教諭をめぐる教育環境や職場環境の厳しい現状を象徴する事例である。筆者も大学卒業後に教諭となり、初任で担任したクラスの生徒たちとの人間関係に行き詰まり、何度も辞職を決意した経験を持つ。だが、その都度、同僚教師、校長、教頭から、慰めと励ましを受け、かろうじて職を続けることができた。退職された当時の先生方には、今も頭の下がる思いでいる。学校に対する（叱責に近い）批判の横溢は、同僚の失敗を許し育てる余裕を失わせつつある。しかしそれは、結局は、児童生徒、保護者、地域にとっての損失ではないかと、危惧している。困難な状況に陥った新任教師のために、サポート体制を話し合う際に、本資料を活用してほしい。

なお、新任教諭のクラスの状況、児童、保護者、教師間の関係を中心に整理したため、司法判断と医学的判断をめぐる争点の詳細を解説できなかったことをおことわりしておく。

	認定された事実	裁判所の判断
クラス（32名） 特別な配慮を要する児童（4名） 週19時間、1日8時間の勤務	**A教諭の勤務環境** 【1】A教諭（自殺当時24歳）は、2004年4月、新任教師として小学校に赴任した。4年生は4クラスあり、A教諭が担任したクラスは32名であった。 【2】「指導に特別の配慮を要する児童」として申し送りのあった児童は、A教諭のクラスは4名であった。また、他の3つのクラスには、2名、2名、3名が存在した。また、外国人児童は、A教諭のクラスは2名、他のクラスは、2名、1名、3名であった。4年生を担任した教諭は、A教諭以外は、いずれも9月末時点の教師経験年数は、20年を超えていた。 【3】A教諭の授業数は、19時限の週と18時限の週が隔週あったほか、初任者研修を週6時間受けていた。うさぎの世話当番や、社会見学のための資料収集、PTA活動等で休日出勤することもあったが、月平均5時間程度を超えることはなかった。 【4】A教諭の1日の勤務状況は、おおよそ7時に出勤し、8時頃から教室で授業等を行った後、18時ないし19時頃には帰宅していた。	**公務起因性に関する法的判断基準** ・地公災法31条の「職員が公務上死亡…した場合」とは、公務に基づく負傷又は疾病に起因して死亡した場合をいい、負傷又は疾病と公務の間に相当因果関係があることが必要である。（最高裁昭和51年11月12日判決）。 ・相当因果関係の判断基準である「社会通念上、当該精神疾患を発症させる一定以上の危険性」の有無は、同種の労働者（職種、職場における地位や年齢、経験等が類似し、公務の軽減措置を受けることなく日常業務を遂行できる健康状態にある者）の中で、性格傾向が最も脆弱である者（同種労働者の性格傾向の多様さとして通常想定される範囲内の者）を基準とする。

4月の事件

入学式の抱負と期待

【5】4月6日（火）、入学式。A教諭はクラスの児童らと初めて顔を合わせた。A教諭は、初任者研修資料（以下「資料」と略記する）に「これから始まる1年間がとても楽しみでわくわくしている」、「数名話をきく姿勢ができていない子や休み時間に教室内で走る子がいた」等と記載した。

【6】4月8日、A教諭は、「資料」に、クラスの児童らが、給食や清掃が始まってもスムーズに動けないことが多いこと、4月9日には、転入生の児童1名と、仲のよい友達がいない児童1名が周りの児童らになじめない、と記載した。この頃、児童Bが他の児童1名を叩く事件があった。

児童Ｂ（叩く）

【7】4月13日、A教諭は、「資料」に、「クラスの雰囲気が騒がしい上に、子どもたちの行動が遅い」、「自分の授業を見直し、子どもたちにとって『わかりやすい、おもしろい授業』にしなければいけないと思う」と反省点を記載した。この頃、A教諭は、自宅で母に、「男性教諭の言うことは聞くのに、女性教諭の言うことは全く聞かない児童がいて困っている」と悩みを打ち明けている。

A教諭の形式的勤務状況による公務過重性

・新規採用教師もクラス担任を受け持ち、2、3、4年生が割り当てられることが通常で、「指導に配慮を要する児童」は各クラスに均等に配置したと認められる。

・勤務日数・勤務時間による心理的負荷も、特別過重であったとは認められない。【1】【2】【3】【4】

・A教諭の公務の形式的な勤務状況のみからは、直ちに公務の過重性を導く事実を認めるのは困難である。

A教諭のクラスにおける児童生徒のトラブル

・A教諭のクラスでは、指導に困難を要する複数の児童の問題が当初から顕在化し、数々の問題行動が発生し、その程度も、A教諭が注意して収まるものではなく、児童を身体的に制圧したり

校内研修を欠席し養護教諭に泣いて訴える

「学級崩壊のようになる」

親からの「いじわる行為」の連絡、謝罪

児童によるいじ

【8】4月14日、A教諭は、校内研修会の開始時刻になっても教室で涙ぐんで出席できず、養護教諭に、「授業がうまく出来ず、学級崩壊のようになるが、誰に相談していいか分からない」と訴えた。

【9】4月19日、A教諭は、「資料」に、「授業があまりうまくいかなかった。自分の発問や指示があいまいなので子どもたちが混乱してしまった。もうすぐ単元が終わってテストをする。不安だ。授業がうまくいかない焦りや子どもの忘れものが多いという焦りで、イライラしてしまっていたと思う」と記載した。

【10】4月22日、前年度も母親に抱っこされて登校することがあった児童Cが、母親に抱っこされて登校し、教室に行くことに抵抗して母親にしがみついたり、母親のTシャツを力いっぱい噛むというトラブルが起こった。

【11】4月26日、A教諭は、児童Cの欠席を心配していた。その上、他の児童の保護者から、「隣の席の児童からお腹を叩いたり鉛筆でいじわるをされて困っているから何とかしてほしい」と連絡が入った。A教諭は、席替えを行い、保護者に謝罪した。

【12】4月27日、クラスの3人の児童が特定の児童1名の

【13】、保護者からの要請・苦情【11】【15】への対処をする程に重大なものであった。

・個々の問題は、クラス担任になれば多くの教師が経験するものであったとしても、A教諭の場合は、着任してわずか1カ月半程度の期間に、数々の問題が解決する間もなく立て続けに生じ、改善される兆しもなかった。新規採用教師にとり、公務は、緊張感、不安感、挫折感等を継続して強いられる、客観的にみて強度な心理的負荷を与えるものであった。

・児童Bは、パニックを起こし、教室から出ていく【13】等の問題行動を行っていた。5月末以降、児童Bに関する観察日記の記録【22】や、黒板に書かれたA教諭への暴言【32】等からすれば、A教諭がうつ病を発症する以前の段階も、児童Bの問題行動は、高い頻度で、断続的に行われていた。

めといなおり	文房具をとって隠すといういじめを、2週間ほど繰り返していたことが発覚した。A教諭は、いじめを行っていた児童2人に指導を行ったが、児童らは、「殺してないんだからいいじゃん」、「ごめんちゃい」等とふざけ、十分反省をしている様子ではなかった。A教諭は、「私は何も気づいていなかった」、「次々起こるいろいろなことに、とても対応しきれていない。つらい」と、「資料」に記載した。	・少なくとも児童Bは、AD／HDか否かにかかわらず、当時、学級担任として通常担当するであろう手のかかる児童という範疇を超えた、専門的個別的な指導・対応を要する児童であった。 ・A教諭が新規採用教師であることを考慮すれば、高度の指導能力を求めること自体が「酷」である。苦悩しながらも、できる限りの努力や責任感をもって児童Bに対応していたことに照らしても、被告の、児童Bの指導の困難性を否定し、「クラスの指導に困難を要したのはA教諭の学級運営方法にある」とする主張は採用できない。 ・児童らが「先生を励ます会」を企画した【18】一事をもって、「クラスの指導が困難でなかった」と認めることはできない。むしろ、児童らが会を開催する必要性を感じさせる程に、A教諭が悩みを抱え込み疲弊していた証左とも、いうべきである。児童B以外も、
児童B（カンニング）	【13】4月30日、児童Bがカンニングをしようとし、A教諭が二度注意したが、さらにドリルを写そうとしたので、児童Bのテストを中止したところ、怒って興奮し始め、授業の途中で席に座っていられないほどのパニックを起こし、教室を飛び出した。A教諭は校庭まで追いかけ、羽交い締めにして抑えた。 【14】児童Bは、校則で禁止されているのに、廊下の外のベランダに出てA教諭に注意され、他の男子児童らと一緒に職員室に興奮した様子で来ることもあった。	
5月の事件 「いじめを受け	【15】5月7日、A教諭は、児童1名の母親から「隣の席の児童に悪口を言われていた」との手紙を受け取り、また、家庭訪問の際、保護者から、「いじめを受けてい	

ている」との相談	る」「円形脱毛症になりかけている」との相談を受けた。	指導困難が生じる事態が発生していた。児童Bのたび重なる問題行動と相まって、新規採用教師の指導と対応を持っても、対処できない状況に至っていた。
「打ちひしがれた思い」	A教諭は、「資料」に「なぜこんなにも多くの問題がおこるんだろうかと打ちひしがれた思いになる」等と記載した。	
研修主任教諭への相談で激しく泣く	【16】クラスの様子について、教頭は、「児童らの表情が硬く、反応がない様子だった」、他の教諭から、「児童らの描く絵が、3年次と異なり、画面いっぱいになぐり描かれているものや、戦争や地獄のような様子が描かれているものが多くなっていた」と指摘されていた。絵のことを聞いた研修主任教諭は、A教諭と直接話をしたが、A教諭は、床に突っ伏して激しく泣き、「学級運営に悩み苦しんでいる」と伝え、「授業中の教室に来て自分を見ていてほしい」と依頼した。	**A教諭に対する支援体制** ・クラスの運営は、もはやA教諭一人のみでは対処しきれない状況に陥っていたことは、学校側も、A教諭が校内研修会に出席できなかったこと【8】、指導週案の「生活指導その他」欄にコメントを残さなくなったこと【20】、児童らが、表情が硬くなり、暗い様子の絵を描いていたこと【16】等からも、十分把握が可能であった。 ・本来研修内容について記載するはずの「資料」に、あえて日々のトラブルから受ける精神的なダメージに関して踏み込んだ記載がなされていること
「抜け落ちたように気力がなかった」	【17】5月13日、A教諭は授業に出られず、「資料」に、「抜け落ちたように気力がなかった」、「自分ではどうしようもなくなって、3時間目から他の先生にきていただいた」等と記載した。	
クラスの「励ます会」	【18】5月14日、クラスの児童らがA教諭のために「先生を励ます会」を開いた。同日の「資料」において、A教諭は、「とてもうれしいし、担任はいいなと初めて感じた」と記載する一方、「その後の給食は準備や片づけ	

	に『カチン』ときた。掃除は『イライラ』した。『あせらず、あきらめず』で、『一日一つの目標』で過ごす。とにかく自分の体に疲れをためないようにする」と記載した。	【15】【17】【19】【20】【26】【30】や、「心の健康」欄に「良好」とあった記載が徐々になくなっていったこと等からすれば、A教諭が疲弊し続けていたことは、十分察知できたはずである。
「鉛のように重い何か」	【19】5月17日、A教諭は、「資料」に、「自分の中に鉛のように重い何かがある」と記載した。	
「見通しが持てない」	【20】5月18日、A教諭は、「資料」に、「見通しが持てないようで、漠然と不安がある」と記載した。また、週案の「生活指導その他」欄に「1日1日が過ぎていく。その速さについていけない」と記載した後は、この欄に何も記載しなくなった。 【21】5月24日、A教諭は、「資料」に、「私が話していたり、誰かの発表中に大きな声で話し始める子が数人いて、その子たちが黙るまで待つようにしたら、ほとんど授業がすすまなかった」と記載した。	・少なくとも管理職や指導を行う立場の教師を始めとして、A教諭の周囲の教師全体において学級運営の状況を正確に把握し、逐次情報を共有する機会を設けることが最低限必要であり、問題の深刻さに応じて、原因を根本的に解決するための適切な支援が行われるべきであった。 ・それにもかかわらず、校長は「いたずら小僧に手を焼いていた」程度の認識にとどまっていた。事態の情報が、周囲の教師と共有されていたとは、認められない。
児童B（腕を噛む）	【22】5月25日、A教諭は、「資料」に、「児童Bが他の児童の腕を噛んだ」と記載し、養護教諭に相談した結果、翌日から児童Bの観察記録をつけることとした。 【23】5月28日、児童Bは、掃除中にベランダから下へ水を落としたり、隣の席の女子児童の教科書や筆箱を机から落として同児童を泣かせたり、男子児童の頭を遊	・会議でA教諭の授業に対する支援が具体的に検討されたのは、6月4日が初めてであり、既に研修主任教諭への相

児童B（トイレの水をまき散らす）

児童B（乱暴）

んで叩いたり、掃除中にトイレ用スポンジを便器の水につけて床を濡らしたりした。

【24】5月31日、児童Bは、授業中の練習問題をせず、ドリルを出さないでノートに落書きするなど、A教諭の指示に従わなかったり、女子児童の首に腕をぶつけたり、男子児童の首に手をかけて同児童から蹴られたり、また、ある男子児童の椅子を揺らしたため、倒れて頭を打つという事態を生じさせた。

6月の事件

児童B（授業中の騒ぎ）

「授業はぐちゃぐちゃ」

児童B（暴力）

【25】6月1日、児童Bは、授業中に、防災頭巾をかぶり、上着を脱いで下半身に身に着け、A教諭が制止しても聞かずに他の児童らと一緒になって騒いだ。

【26】6月2日、児童Bは、授業中に窓に登ってなかなか降りようとせず、その後も数回席を立った。A教諭は、「資料」に「授業はぐちゃぐちゃ。私は悲しさと子どもへの憤りでいっぱいだった」等と記載した。

【27】6月4日、児童Bは、他の児童と一緒に男子児童を叩いたり突き飛ばした。

【28】6月10日、児童Bは、他の児童が水槽にザリガニを入れ、おたまじゃくしを隠したことから、ザリガニに食べられたと思い、怒って暴れた。校内指導教諭が

談【16】から1ヵ月以上が経過していた上、それ以前の会議議事録（5月12日、26日、6月2日、9日）では、A教諭に対して批判的な内容が記載されており、支援という方向での検討が一切見受けられないことも、極めて大きな問題である。

・Aの代わりに他の教師が授業を行ったり、Aの要請や会議の決定を受けて、教頭や研修主任教諭がA教諭のクラスを見回り、指導の補助を行ったことは、A教諭の心理的負荷を一定程度減少させたものとする余地はある。しかしそれは、所詮一時的・応急的なものにすぎず、問題を根本的に解決するものではなかった。

うつ病の発症

・A教諭は、4月月半ば頃からうつ病の症状が断片的に生じ始め、5月18日前

児童B（牛乳を踏みつける）	入って一旦収まったものの、昼休みに再び牛乳パックを踏みつけて床を牛乳だらけにした。 【29】6月11日、児童Bは、研修主任教諭に、「自分がどうして悪いことをしてしまうのか分からない」と泣いて訴えたが、昼休みにも、牛乳パックを床に投げつけた。 【30】児童Bらによるトラブルはたびたび発生し、A教諭は、6月21日と22日の「資料」に「教室での落ち着かない雰囲気に、がっくり疲れた」、「注意はほとんどきかず、大騒ぎが続いて、どうしたらいいかわからない。疲れきった」と記載した。
「ちゃんと働け」と叱責される	【31】6月25日、A教諭は、研修主任教諭から、「教室内で騒いでいる児童がいたにもかかわらず注意しなかった」と指摘され、「給料もらってるんだろう、アルバイトじゃないんだぞ、ちゃんと働け」などと叱責された。
7月～9月の事件	
児童B（「近づくな」「うそつき」）	【32】児童Bは、7月14日の授業中、A教諭の指導に反発し、「近づくな」、「教師失格」、「それでも教師」等と言い、また、授業中、「前とか後ろに一生来ないで」「先生が来るとストレスがたまる」「けがれる」「絶対家に電話しないでよ、迷惑だから」などと言ったあげく、教室後方の黒板にチョークで「A教諭は、後にくるな」

後【17】【19】【20】には、ICD-10の「うつ病エピソード」の症状がみられた。A教諭は、5月18日前後に、うつ病を発症したというべきである。

・うつ病の発症後も、児童Bは、A教諭の指導に対し、大声を出して暴れてもがいたり、暴言を吐く等し、他の児童に暴力を振るい、怪我をさせる等の問題行動を頻繁に繰り返したほか、授業を妨害した。また、他にも、複数名の児童の問題行動が頻繁に発生し、学級運営が円滑に進まない状態が恒常化していた。そして自殺直前の9月28日に、児童Bの母親から指導に対する抗議ともとれる手紙【37】を受け取ったことによって強い精神的打撃を受け、本件自殺へと至ったものと考えられる。

・加えて、教頭や学年主任等の管理職が出席する6月9日の会議議事録には、A教諭について「思いこみ激しい」「つまらぬプライド強し」と記載されるな

と書いたりした。

【33】7月15日、児童Bは、女子の顔を拳で殴り、泣かせた。A教諭が、児童Bの家族に電話をすると、翌16日、児童Bは、「家にかけるなって前にも言ったじゃん」、「うそつき」、「かけたら殺すって言ったじゃんか」等と言って反発した。

「抑うつ」の診断

【34】8月25日、A教諭は、教職員健康相談の制度を利用してカウンセリングを受けた。臨床心理士は、「抑うつ状態にあった」と診断した。

【35】児童Bを中心とするトラブルは終息することなく、9月1日から2学期が開始した。

児童B（腕を噛む）

【36】9月21日、児童Bが他の児童の腕を噛み、A教諭が噛まれた児童の母親に電話をした。9月22日、児童Bとチャンバラをしていた児童の棒が歯に当たり、欠けてしまう事故が発生した。

自殺前日

児童Bの保護者からの電話

【37】9月28日（自殺前日）、A教諭は、児童Bの母親から、「先生は少し神経質過ぎると思っています。あまりにも頻繁に電話をいただくので精神的にまいっていますし仕事にも集中できません」、「ちゃんと子供の話を聞いていますか？」、「過剰に反応しすぎだと思います。も

ど、A教諭が学級運営に困難を抱えていたことの原因がA教諭自身の指導方法や資質にあるかのような指摘がなされていたことが認められることからも、A教諭がうつ病を発症した後も、適切な支援が行われたとは到底認められない。

総合的評価

・A教諭は、立て続けに公務により強いストレスに晒され、適切な支援も受けられなかった。かかる心理的負荷は、新規採用教師として初めてクラスを担任する者を基準とすると、相当に強度のものであった。

・A教諭の精神障害（うつ病）は、公務による心理的負荷が、社会通念上、客観的にみて精神障害を発症させる程度に過重であった結果発生した。また、公務に内在ないし随伴する危険の現実

自殺	う少し厳しく子供達に接していただきたいです」、「今のままの状態では学校へ通わせる事を考えなければなりません」と記載された手紙を受け取った。 【38】9月29日、5時頃、A教諭は、コンビニでライターを、ガソリンスタンドで灯油を購入した上、車両に火を付けて自殺を図り死亡した。	化として発症した。 ・A教諭の自殺は、精神障害の結果、正常の認識、行為選択能力が著しく阻害され、自殺を思い止まる精神的な抑制力が著しく阻害されている状態で行われた。A教諭の公務と精神障害の発症及び自殺との間に相当因果関係を肯定できる。「公務外」と認定した処分は違法である。

講座26
生徒指導主事としての過労・心労から死亡した事件の判決（中学校教諭・1983年6月死亡　遺族補償給付不支給処分取消等請求）

名古屋高裁平成10年10月8日判決

男性教諭（A教諭）は、心筋梗塞の経過観察を要する状況で、外見上は健常者として公務に従事していたが、就寝後に胸の痛みを覚え、救急搬送されたものの、病院で死亡した。死亡時51歳、死因は、急性心筋梗塞であった。亡A教諭の妻は、夫の死亡は公務に起因すると主張して、地方公務員災害補償法に基づく公務災害認定の申請を行った。しかし「公務外」の災害とする処分が下され、処分を不服として審査、再審査を請求したところが、いずれも棄却されたため、処分の取り消しを求めて地裁に提訴した。

地裁判決は、A教諭が、著しく過重な公務により精神的、身体的疲労を蓄積させた結果、心筋梗塞と死亡を招いたとして、A教諭の死亡に公務起因性を認め、地方公務員災害補償基金の処分を取り消した。高裁判決がこれを確定させている。

原告　A教諭の妻
被告　地方公務員災害補償基金支部長

主文　被告が原告に対し昭和１９８５年５月31日付けでした地方公務員災害補償法に基づく公務外認定処分を取り消す。

※名古屋地裁平成８年５月８日判決（一部認容、一部却下［控訴］）判例タイムズ９３５号１２１頁↓名古屋高裁平成10年10月８日判決（棄却［確定］）判例タイムズ９８９号１１０頁。研修資料部分は、地裁判決書中の「理由」に示された事実を高裁判決による修正を加え、判決の趣旨を変えない範囲で、個人等を特定する情報を避けて抜粋・要約している。

Ａ教諭は、死亡するまでの５年間近く、（判決によれば）「尋常とは思えない『荒れた』状況にある中学校の生徒指導主事」であった。（「荒れた」の学校の生徒指導主事が、どのような１日を過ごしていたのか。死亡前日である６月27日の様子を確認してほしい。）

Ａ教諭が死亡した時期の前後には、多くのいじめ自殺事件が起きていた。講座５で紹介した「葬式ごっこ」事件（東京高裁平成６年５月20日判決）も、その代表的事例の一つである。この事件の判決書には、「遅刻、授業の抜け出し、授業中の私語など、就学態度の乱れや規律違反が目についた」「喫煙、授業の抜け出し、教師への反抗的態度など問題行動が多かった」と記載されていた。１９８５年度の事件（被害者の自殺は１９８６年１月）であるから、Ａ教諭の死亡は、その２年前の出来事となる。Ａ教諭の学校もまた、「葬式ごっこ」事件の学校と同等、もしくはそれ以上に困難で深刻な様相を呈していたことがわかる。

いじめ自殺事件が連続して発生した時期の状況を、東京高裁判決（葬式ごっこ事件）は被害生徒の側から、本件の名古屋高裁判決は教師を取り巻く困難な状況の側から、事実を確認し、判断を示したものとなっている。

中学・高校の教師経験、学校をめぐる裁判に学ぶ者の限られた経験からであるが、勤務時間外（もしくは勤務時間内）に及ぶ困難な状況下における生徒指導に関わっての、教師と生徒、保護者、そして教師間の人間関係に起因する疲労や徒労感は、他のどのような職務とも比較にならぬほどに、教師の、教育者としての尊厳そのものを喪失させる要因となっている。

判決は、A教諭の公務の過重性について、「正規の勤務時間内の日常業務」を基準とし、「A教諭と同程度の年齢、経験等を有し、日常業務を支障なく遂行できる健康状態にある者を基準として、客観的に判断されなければならない」という、被告である地方公務員災害補償基金側の主張を、「A教諭の学校における役割を考えると、教育基本法に言う教員の役割をわきまえない見解」として、これを退けている。「教育基本法にいう教員の役割」とは、「法律に定める学校の教員は、全体の奉仕者であって、自己の使命を自覚し、その職責の遂行に努めなければならない。このためには、教員の身分は、尊重され、その待遇の適正が、期せられなければならない」（旧法・第6条第2項）、「法律に定める学校の教員は、自己の崇高な使命を深く自覚し、絶えず研究と修養に励み、その職責の遂行に努めなければならない」「前項の教員については、その使命と職責の重要性にかんがみ、その身分は尊重され、待遇の適正が期せられるとともに、養成と研修の充実が図られなければならない」（現行法・第9条）であろう。

教師が「崇高な使命」を誇りと感じることのできる環境の存否は、行政、学校、保護者が、生徒指導に関わる教師の仕事の過重性を正しく理解出来るか否かにかかっている。教師の体調不良や過労、休職をめぐる問題状況は、時間外労働（超過勤務）の量的な過多の改善で事足りることではない。生徒指導の渦中にあって、疲労感と徒労感を募らせる教師への理解の深まりを期待したい。

	認定された事実	裁判所の判断
「荒れた」中学校で生徒指導主任を5年間勤めた	【1】A教諭（死亡時51歳）は、急性心筋梗塞を発症して死亡するまで、約5年間、中学校で、生徒指導主事（校外指導のキャップを兼ねた生徒指導の総括責任者）として、生徒指導、保護者、学区住民、他の学校、警察等、外部との折衝に当っていた。加えて、市の少年補導委員も兼ねていた。 【2】A教諭の勤務する中学校は、有数の大規模中学校で、校内での喫煙、シンナー吸引、授業妨害、校外での万引き、窃盗、恐喝等、生徒の問題行動が目立ち、とくに、1982年の9月以降は、いわゆる「荒れた中学校」の様相を呈すようになっていた。このため、1983年4月、教育委員会は、新進気鋭の校長を登用し、女性教師の転入を極力避け、生徒指導主事であるA教諭の手助けのため、生徒指導に関心の深い男性教師2名を配置した。 【3】A教諭は、生徒指導主事の職務が多い上、生徒の問題行動が発生した場合、直ちにこれに対応しなければならないため、3年生の副担任、授業担当は週10時間とするなど、職務を軽減されていた。	**勤務による疲労とストレスの蓄積公務の過重性** ・A教諭は、尋常とは思えない荒れた状況にある中学校【2】の生徒指導主事として、勤務時間中はもちろん、時間外の夜間まで、いつ発生するか分からない生徒の非行や問題行動や保護者等からの相談に常に備え【3】【4】【5】、いったん事が発生したら直ちにこれに当たり、不規則な勤務形態が恒常化していた。しかも、1982年以降は年次休暇も全く取らず、休日も返上し、健康状態も顧みることなく、心身の休養を図る暇もなく、正に働きづめの状態にあり、突発的に発生する事件等に備えて、常に緊張状態にあった。 ・A教諭の公務の実態は、健康に何の問題もないような者にとってさえ過重と

2月
男性教諭への暴行

【4】授業以外の時間、A教諭は、生徒が抜け出したり、他校の生徒が侵入したりするなどの問題行動がないかを確認しながら、校内や周囲を見て回ったり、抜け出した生徒が外で問題行動を起こしたという連絡を受けて、駆けつけていた。また、前日に問題行動を起こした生徒の指導などで、19時頃まで居残ることも多く、問題が生じたときには、21時頃まで居残っていた。

【5】A教諭は、自宅が中学校に近かったこともあって、夜間も生徒の保護者や学区内の住民から相談を受けることが多く、生徒の自宅に赴くことも、しばしばであった。

【6】1983年2月10日（木）8時45分、3年生の男子4名が、男性教諭からシンナー吸引を注意されたことを逆恨みして、集団で教室に押し掛け、授業中の教諭の顔面を殴り、足蹴りなどの暴行を加えて、全治1カ月の傷害を負わせた。A教諭は、学級担任や3年生の生徒指導係の教師とともに、生徒の事情聴取を個別に行い、16日（水）、17日（木）は18時過ぎまで保護者に対する指導を行い、事件と指導の経過を全教師に報告した。

いうべきで、血管病変という基礎疾患を有するA教諭は、身体的、精神的疲労とストレスを蓄積させ、その疲労の回復やストレスの解消も図られることなく、慢性的、恒常的な過労とストレス過多の状態に陥ったまま、発症前日に至った。

公務の過重性について

・A教諭の時間外勤務は、1982年9月から1983年6月までの10カ月に限っても約339時間30分（1カ月平均約34時間）、1983年2月から6月までに限れば約272時間（1カ月約54時間）になる。

・1983年度は、校長以下職員の約4

	【7】19日（土）、A教諭は、警察に事件【6】を報告し、20時頃まで事情聴取を受け、その後、22時頃まで、事件を知って来校した報道関係者に対応した。その後も、24時頃まで、校長、教頭、教務主任、校務主任と、今後の処理と指導対策を検討し、さらに4時過ぎまで、教頭らと、今後の対策を再検討した後、応接室で1、2時間の仮眠を取っただけで、6時30分頃には、来校した加害者の保護者と話し合い、報道関係者に応対し、警察の現場検証に立ち会った。結局、A教諭が中学校を出て帰宅の途についたのは、20日（日）の19時頃であった。事件は、全国版にも新聞報道され、広く知れわたった。
女子生徒らの家出	【8】2月24日（木）、3年生の女子3名が家出したため、生徒を捜索して、無事発見された後は、各家庭を訪問して指導に当たった。このため、A教諭は、この日から3日間、毎日24時過ぎに帰宅していた。
女性教諭への暴行	【9】2月25日、2年生の女子2名が女性教諭に暴行し、28日にも、2年生女子生徒1名が女性教諭に暴行する事件が発生した。A教諭も、その都度、事後処理に当たった

分の1が移動し、問題行動には直ちに警察通報も辞さない校長の方針に変更したこと等を総合して判断すると、荒れた中学校として世間の注視を集める学校の生徒指導主事としてのA教諭の責任は、前にも増して重くなり、一方では問題行動を起こす生徒やその保護者からも一定の信頼を集めていたA教諭は、学校の方針転換との間にジレンマを感じていたであろうことは、容易に推認される。A教諭は、結局、問題行動を少なくするにしくはないとして、異常な努力をして、疲労を増大させた。

・被告（地方公務員災害補償基金）は、公務の過重性については、A教諭の職に割り当てられた業務のうち「正規の勤務時間内の日常業務」を基準とし、A教諭と同程度の年齢、経験等を有し、日常業務を支障なく遂行できる健康状態にある者を基準として、客観的に判

3月 職員室への不法侵入	【10】3月5日（土）22時頃、A教諭は、何者かが職員室に不法侵入したとの連絡を受け、学校に駆けつけ、警察に連絡し、警察の現場検証に立ち会い、施錠して、24時30分頃帰宅した。
卒業式前後の非常警備	【11】3月14日（月）の卒業式は、暴行事件等もあって、例年に増して神経を尖らせる必要があり、前日の日曜に、卒業式の会場が生徒により荒らされたりするのを未然に防止するため、A教諭が指揮者となって、12日（土）の平常勤務を終えた後、24時15分から非常警備体制に入り、卒業式翌日（15日）朝まで、常に徹夜で校舎の周囲や式場を見回るなど非常警備に当たった
4月 女性教諭への暴行	【12】4月14日（木）9時頃、3年生の女子2名が、授業中の2年生の教室に押し掛けて、仲間の女子生徒を連れ出そうとし、女性教諭から自分の教室に戻るよう注意された際、その場で、「生意気だ」などと喚きながら、女性教諭の顔面を殴ったり、腹部を蹴るなど暴行し、全治1週間の傷害を負わせた。A教諭は、その事後処理として、生徒指導、保護者指導、警察での事情聴取への対応、報道関係者への対応に追われた。

断されなければならないとし、「公務の過重性は認められない」と主張する。しかしながら、「正規の勤務時間内の日常業務」を基準とすべきという被告の主張は、A教諭の学校における役割を考えると、教育基本法に言う教員の役割をわきまえない見解と言わざるを得ない。A教諭の行っていた公務は健康に問題のないような者にとってさえ過重であった。被告の主張は採用できない。

5月

修学旅行のトラブル

地域の祭での防犯活動

6月

【13】A教諭は、5月10日（火）～12日（木）まで、3年生の修学旅行に、生徒指導のため付き添った。出発時には、旅行への参加を見合わせていながら突然異様なヘアカラーに染めた格好で現れ、教師の制止を振り切って乗車した生徒を指導したり、旅行先で他校の生徒といざこざを起こした生徒が、その他校の生徒に宿泊先まで押し掛けられてパトカーの出動を招いて、対応に迫られたり、乗車中のバスの中でシンナーを吸引した生徒に対する注意・指導に追われるなど、間断なく発生するトラブルに対応し、そのうえ、夜は廊下等で監視に当たるなど、旅行期間中、ほとんど不眠不休で、職責を果たしていた。

【14】5月15日（日）～17日（火）には、地域の祭が開催され、生徒の問題行動が多発しやすいため、教職員と地域関係者で防犯対策を行っていた。A教諭は、祭の10日前から、一人で、防犯対策の立案、連絡、印刷物の作成等に当たり、（修学旅行直後にあたる）祭の期間中、毎日深夜まで防犯対策に当たり、帰宅は3日間とも24時30分過ぎであった。

【15】6月1日（水）22時頃、3年生と卒業生のグルー

相当因果関係の認定

・A教諭は、心筋梗塞を発症する前日までに、既に慢性的、恒常的な疲労とストレス過多の状態に陥った身体状況にあった。

・A教諭は、著しく過重な公務により精神的、身体的疲労を回復することなく、これを蓄積させ、その結果、血管病変を進行・増悪させて急激な冠動脈内腔の狭窄ないし閉塞を起こしやすい身体的状態のまま発症前日（6月27日）に至った。

・発症前日にも、A教諭は、勤務時間のみならず、校外パトロールに当たるなどの過重な公務に従事したことにより、血管病変（冠動脈硬化及び冠動脈内腔の狭窄）が自然的経過を超えて急激に進行し、心筋の変性、壊死の結果を招来して、心筋梗塞の発症に至った。

公務と本件発症との間の相当因果関係

交通事故による死亡事故	プが、オートバイで駐車中の乗用車に衝突して転倒し、ガードレールに激突して、後部座席の3年生1名が腎臓破裂で入院した。A教諭は、連日、入院先の病院で生徒に付き添い、8日にその生徒が死亡した後は、12日の通夜まで、毎日生徒の自宅を訪れるなど、連日、夜遅くまで対応に当たっていた。	が存在した事実を推認できる。
家出生徒の探索	【16】6月17日（金）、3年生の女子生徒1名が家出したとの連絡を受けて、18時頃から22時頃まで、女子生徒の友人宅や学区内の盛り場等を探索して回った。	
6月27日 死亡前日	【17】（死亡前日である）6月27日（月）、A教諭は、7時50分に出勤して、校舎の外周を巡視し、8時30分に職員会議に参加した後、9時頃、再度校内を巡視して、授業を受けずに出歩いていた3年生数名の指導にあたり、校内でシンナーを吸引している生徒の情報を受けて発見に努めたりした。自席に戻ったA教諭は、「疲れた」と机にうつ伏せていた。 【18】A教諭は、9時45分から授業を行った後、10時45分頃から校内を巡視し、空き教室でトランプをしていた5、6名の生徒を指導して、所属学級に連れて行った。11時35分から12時20分までの授業を済ませた後は、	**公務災害の認定** ・心筋梗塞を発症する前日までの、A教諭の身体状況、本件発症前日の就労の状況、A教諭の身体の状態等の事実を総合考慮すると、血管病変の基礎疾患を有するA教諭にとって、心筋梗塞発症直前の公務の内容は、日常の公務に比較して著しく過重であり、血管病変を急激に増悪させるものであった。 ・被告は、公務の過重負荷以外の原因（総

学校の西門で、校外に抜け出ようとしていた生徒を注意し、職員室で昼食を済ませて、第5校時には校舎内外の巡視に出かけ、14時頃自席に戻った。やや疲れた様子であった。

【19】A教諭は、15時に、同僚教諭と、教護施設に収容されている生徒が行方不明になった事件について、生徒の家庭と連絡を取った上、退勤後、学区内をパトロールして、手がかりを掴むように努力するなどの対応を話し合った。

【20】A教諭は、16時10分頃、最後の校内巡視を済ませ、校舎の施錠状況を点検して、17時20分頃に退勤した。帰路、定期テスト前で部活動がなく、早めに帰宅した生徒が問題行動を起こしやすいことから、5名の同僚教諭とともに、学区内のパトロールに向かい、公園、ゲームセンター等を見て回り、18時20分頃、喫茶店に集合して軽食をとりながら、生徒指導について話し合った。

【21】A教諭は、20時頃、喫茶店を出て帰宅する際、教諭たちに、疲れた様子で、「明日は休むで頼むぞ」と言ったが、同僚から誘われて、気晴らしのため、22時50分頃まで麻雀をした。その後、レストランでコーヒーを

コレステロール値と血糖値の異常、喫煙の習慣等の長期的危険因子と、喫煙と麻雀、深夜の入浴等の発症の引き金となり得る短期危険因子）が、公務に比較して相対的に有力なそれとして基礎疾患を増悪させたのだから、A教諭の公務と心筋梗塞の発症・死亡との間には相当因果関係はないと主張する。しかしながら、法的因果関係は、通常人の目から見て本件発症の原因であると判断され、また、医学的にも、厳密にその機序、程度を証明することまではできないにしても、そのような作用のあることが矛盾なく説明されれば、これを推認して妨げない。A教諭の公務の過重性が認められる。被告の主張は採用できない。

・A教諭は、（死亡直前に）麻雀をした【21】が、疲労していたとはいえ、恒常的にストレス過多の状況にあったA教諭が、ストレス解消を図って気晴ら

飲みながら雑談して別れ、23時50分頃に帰宅した。

【22】A教諭は、帰宅後に入浴し、1時頃に就寝した。しかし、暫くして胸の痛みを訴えて起き上がり、その後、妻が救急車の手配をしている間に倒れ、病院に搬送されたが、3時15分、死亡が確認された。死因は、急性心筋梗塞の発症によるものであった。

休暇取得の状況

【23】A教諭は、１９８１年以降年次休暇を取らず、勤務日数全部を出勤していた。

【24】A教諭は、１９８２年の夏以降、帰宅が遅くなることが多くなり、１９８３年になると、家で「疲れた」とか「休みたい」とよく口にするようになり、帰宅後もただ休息するだけで家族で団らんをすることも少なくなり、妻が学校を変わることを勧めたりした。死の前々日には歯痛で食事が十分できなくなり、妻が治療を勧めたが「通院の暇がない」と言ううちに死を迎えた。

しに麻雀をすることは、格別不自然とも思われず、（相当因果関係や公務災害の）認定を左右するには足りない。

講座27

教育困難校における過労・心労を重ねて自殺した事件の判決（中学校教諭・1998年10月自殺　公務外災害認定処分取消請求）

大阪地裁平成22年3月29日判決

生徒指導等において困難な状況にある学校で、中学校の教師が生徒から乱暴や嫌がらせを受け、教師集団の理解を得ることが十分にできず、学校としての適切な対応を受けることなく、自宅での大量の職務作業も重なり、精神疾患を発症・憎悪させて、休職中に自殺を図り、死亡した事件である。

原告である夫は、A教諭の自殺が、対教師暴力等や校務による心理的負荷から精神疾患を発症し、発症後も校務の軽減措置等の支援がなく、生徒との間で重い心理的負荷となる出来事が発生する中で症状が増悪したとして、地方公務員災害補償法に基づき、公務災害認定を請求（2000年10月）した。しかし、2004年12月から2008年5月にかけて3回にわたる再審査請求を棄却されたことから、2008年10月17日、本訴を提起したものである。

本地裁判決は、「公務外の災害」とした処分を取り消した。

※大阪地裁平成22年3月29日判決（認容［確定］）判例タイムズ1328号93頁。研修資料部分は、判決書中「2前提事実」「3当裁判所の判断」等から判決の趣旨を変えない範囲で、個人などを特定する情報を避けて、抜粋・要

約している。

文科省は、病気休職者に占める精神疾患による休職者の割合が「ここ数十年にわたって一貫して増加しており、平成20年度においては過去最高を更新している」として、事態が危機的状況にあることを指摘した。

また、文科省は、このような事態をふまえて、「教育職員が心身共に健康を維持して教育に携わることができるような職場環境」が重要であること、管理職には、「学校における会議や行事の見直し等による校務の効率化を図るとともに、一部の教育職員に過重な負担がかからないよう適正な校務分掌を整えること」「心の不健康状態に陥った教育職員の早期発見・早期治療に努めること」「早めに医療機関への受診を促すこと」等を求めた（「平成20年度　教職員に係わる懲戒処分等の状況、服務規律の確保及び教育職員のメンタルヘルスの保持等について」文科省初等中等教育企画課長通知　２０１０年1月20日付）。

実際、２０００年度に０・５３％（４９２２人／93万７２２０人）であった、公立学校教職員数に占める病気休職者の割合は、２００９年度の時点では０・６０％（８６２７人／91万６９２９人）へと増加し、さらに、病気休職者に占める精神疾患を理由とする休職者の割合となると、46・０％（２２６２人）から63・３％（５４５８人）へと急激に増加してきている。

種々対策がとられているが、本件をはじめ、裁判となった事例からは、事務的職務の軽減やメンタルヘルス面での対応にとどまったり、問題の本質を見失なってはならないことが、理解できよう。教師の精神的疲弊や挫折の多くが、児童生徒や保護者、同僚教師との人間関係の悪化に起因して起きていることは、多くの教職員が実感していることである。

教師は、教科等に関する知識の習得とともに、（それ以上に）児童生徒に、規範と成長を意図的に育ませること、さらには、保護者との良好な関係を期待される、多様で高度な専門性の要求される職種である。まして学級崩壊や校内暴力の渦中にある、生徒の安定した教育環境が壊れている場面においては、教師は、日々大変なストレスと圧力を受けて、毎日の職務を全うしなくてはならない。それだけに、困難な環境に置かれた教師の状況においてはいっそう、同僚の教師、保護者が、相互に理解し助け合う姿勢を持つよう心がけること、管理職が常に、このことに心を配り、意識的な対応に取り組むことが期待される。教師の個人的な資質の弱さを安易に責めるのでなく、同僚教師の信頼と協力の関係を崩さず、保護者の協力と支援を求めながら、粘り強く生徒の指導に当たる環境をつくり出す。そのことのためにも、教員研修などにおいて、本資料に掲げた事件のプロセスをふまえ、具体的な事実に即した課題意識を、広く共有しておくことが必要である。

生徒指導困難校

認定された事実

【1】本件中学校は生活指導面での問題が非常に多い学校で、チャイムが鳴っても教室に入らない生徒が多く、教師が注意すると、「うるさい！」「死ね！」「殺すぞ！」などの暴言が返ってくるのは日常茶飯事で、授業が成り立たないこともあり、喫煙、器物破損、対教師暴力が多数発生し、教師が見張りに立ってもパン売場での恐喝事件が止まない状況だった。

問題行動は毎日のように起こり、4月には校舎の壁面に大きな落書きがされた。1学期途中からはタバコの吸い殻の量が増えたため、教師が分担して校内を巡回した。2学期は、コンセントにドライバー等を突っ込んでブレーカーを落とすいたずらや、トイレの便器、ドアガラス、蛍光灯等の破壊が繰り返し行われるようになり、授業中に授業プリント等で紙飛行機を飛ばしたり、消しゴムを飛ばしたり、窓から庇に出て教室を移動したりして、授業が妨害されることも頻繁にあった。対教師暴力は4月から11月まで20件も発生している。

【2】A教諭は、本件中学校に、1996年4月から赴任し、1997年度は2年生のクラス担任（男子18名、女子19名）

裁判所の判断

公務認定の要件

・地公災法が補償対象としている「地方公務員の公務上の災害（負傷、疾病、障害、死亡）」とは、職員が公務に基づいて災害を被った場合をいい、単に当該公務と災害との間に条件関係が存在するだけではなく、社会通念上、公務に内在する危険の現実化として災害が発生・増悪したといいうること、すなわち相当因果関係のあることが必要である。このことは精神障害の公務起因性を判断するにあたっても同様である。

・職員が精神障害を発症した結果、正常な認識、行為選択能力が著しく阻害され、又は自殺行為を思いとどまる精神的な抑制力が著しく阻害されている状態で自殺が行わ

	となった。（2学年は全9クラス）A教諭はクラス担任を持つことに不安を感じ、校長の要請を一旦は断ったものの、「これだけ荒れてたら誰がやっても一緒だ」と言われて、やむなく引き受けた。 【3】本件中学校では、当時、生徒指導が最大の課題であったにもかかわらず、学校としての方針がなく、問題が生じた場合も個々の教師任せにされた。また、生徒指導にあたった教師の指導内容を他の教師に報告、連絡、相談して情報を共有化することもあまりなかったため、担任の教師ですら事情が分からないという事態も少なくなかった。A教諭は、副担任が独自のやり方で生徒指導を行い、担任であるA教諭に相談、報告をせず、副担任が把握している生徒の情報を担任であるA教諭が把握できていないこと、副担任の指導が通るのに、担任であるA教諭の指導が通らないこと等、副担任との人間関係や、担任する生徒の問題行動など、クラス運営に深く悩んでいた。	れた場合で、精神障害が公務に起因すると認められる場合には、自殺による死亡も公務起因性が認められる。相当因果関係が認められる要件は、ストレス（公務による心理的負荷と公務以外の心理的負荷）と個体側の反応性、脆弱性を総合考慮し、公務による心理的負荷が社会通念上、客観的にみて、精神障害を発症させる程度に過重であるといえることが必要とする。
自宅での1時過ぎまでの持ち帰り作業	【4】A教諭は、学級運営や校務分掌に関する仕事のほとんど、授業用プリントの作成、テスト問題の作成及び採点、成績表の作成、教育実習生に対する指導案の作成や教育実習生からの報告内容の点検、問題を起こした生徒宅への電	**心理的負荷の状況** ・A教諭は、赴任して以降、授業が成り立たないばかりか、学校内で喫煙、器物損壊、対教師暴力、恐

	話による指導といった作業を、自宅に持ち帰っていた。授業用プリントは、板書をノートにとらせる授業が成立しなかったため、生徒が後で見れば分かるように手書きで自ら作成していた。これらの作業は日々の授業や学校運営、校務分掌に不可欠な作業であったが、①生徒が職員室に自由に出入りし、引き出しの中を勝手に見たりするため、採点や成績表等を職員室内で広げることができなかった。②授業のない時間帯も生徒指導のため校内を巡回したり、生徒が吸ったタバコの吸い殻拾いを行う必要があり、勤務時間内に行うことは困難であった。 【5】A教諭は、通常、21時頃まで生徒宅に電話による連絡や指導を行い、遅いときには1時すぎまで持ち帰り業務を行った。A教諭が4月1日から休職する11月20日までに作成した授業用プリントは72種類に及び、他にテスト対策用プリントやテスト問題と解答があり、4月1日から（精神障害を発症した）6月14日までに合計約75時間、休職した11月21日までに約１７４時間を要したと推測される。	喝が横行し、常に生徒指導が必要という、これまでの教師生活の中ではほとんど体験したことがない状況下で勤務をしてきた。本来勤務時間内に行うことができる作業も持ち帰りを余儀なくされた。A教諭のこのような非日常的ともいうべき執務環境の下での勤務自体、客観的にみて心理的負担の重いものであった。 ・A教諭は、21年間にわたる教師生活で初めて生徒から暴力を振るわれ【6】、教師としての誇りと自信を喪失させたこと、加害生徒から謝罪を受けさせる以外、何らかの支援策が検討されることもなく、かえって事なかれ主義的な学校側の対応【7】【8】【9】にA教諭が憤りと孤立感を深めていったことが推認される。加えて、その後も当該事件を起こした生徒の
対教師暴力 （5月22日） みぞおち付近を	【6】5月22日、A教諭は、教科ノートを提出していない生徒に教室に残るよう指示したが、一人の男子生徒が帰ろうとしたため、「待ちなさい」と言って鞄を押さえたところ、	

殴られる	みぞおち付近を殴られた。生徒は、周囲が止めるのも聞かずに帰宅した。	みならずそのことを聞知している生徒らと関わっていかなければならないという状況は、社会通念上、強度の精神的ストレスを伴うものであった。
全治1週間の診断	【7】A教諭は、初めての生徒からの暴力で衝撃を受けていた。A教諭を含む2学年の教師の会議が開かれたが、A教諭を気遣う話はなく、被害届を出すかどうかが中心の話題で、「生徒の今後のためには被害届を出さない方が良い」という雰囲気であった。見かねた同僚教諭がA教諭の受診を提案して病院に向かおうとすると学年主任に呼び止められ、生徒本人と保護者が来校して謝罪をしたいと言っているので待って欲しいと言われた。A教諭は「今は会う気持ちになれない」と答えて病院へ向かい、全治1週間の胸部打撲傷の診断を受けた。	・A教諭は、何時事故が起きても不思議ではない状況下で行われた同宿泊訓練を通じて、心身ともに疲労困ぱいした状態にあったものと推認される。これら宿泊訓練における一連の出来事は、とりわけ担任をもつ教師にとって、極めて強い肉体的過労と精神的ストレスを伴うものであった。
被害届は出さないことを決定	【8】病院から戻ったA教諭は、再度、謝罪を受けるよう学年主任らから要請されたが断り、後日改めて謝罪を受けた。A教諭の了解を得て、学校は被害届を出さないことを決めた。 【9】A教諭は、学校で頻発している暴力を何とかして止めさせたいという思いで指導してきたにもかかわらず、自分が対教師暴力の当事者になってしまったことへの無力感を強く感じた。また、生徒から謝罪を受ける形にのみ腐心する学校側の対応に不信感を重ねた。	

宿泊訓練

事前訓練での混乱（6月4日）

【10】宿泊訓練・事前訓練（6月4日）　宿泊訓練の事前訓練では生徒同士が小石の投げ合いを始めたため、打ち切られた。A教諭は、学年主任に「こんなむちゃくちゃな状況だったら宿泊訓練自体をやめるくらいの強い姿勢で臨んだ方がいい」と述べ、学年会議でも同様の意見を述べ、きちんとした生徒指導ができない状態で実施することは非常に危険だと訴えた。しかし、今さら中止することはできないとして、計画が変更されることはなかった。

無秩序と混乱の中の宿泊訓練（6月9日～11日）

【11】宿泊訓練・第1日目（6月9日）　散策では、教師が指導に当たっていたが、予定時刻にホテルに戻らない生徒が続出し、教師全員で探し回ったり、生徒を追い立てたりした。夕食は、生徒が騒いで教師の話を聞かず、勝手に食べ始める生徒もいて収拾がつかない状態のまま終えた。消灯後、生徒は入り乱れた状態で、点呼時間になっても自分の部屋に戻らない者が多くいた。教師は、各部屋を巡回して強く指導した。A教諭は、男女が部屋を行き来しないよう見張りに立つとともに、女子棟の見回りを行った。4時頃、学年主任の号令により、持ち場を引き上げた。

深夜に至る指導

【12】宿泊訓練・第2日目（6月10日）　ドッジボールは、舞台の上で暴れたり、寝そべったりの混乱状態で、キャンプ

職場の対応の問題性

・A教諭は対教師暴力の被害者となったにもかかわらずそれに対する積極的な支援がなく、かえって放置されたとも言うべき状況で、しかも、何時事故が起きても不思議ではない状況下での宿泊訓練で心身ともに強いストレスにさらされたことは、社会通念上、客観的にみて、精神障害を発症させる程度に過重な心理的負荷というに十分である。

・被告の主張は、公務自体の肉体的・精神的過重性を論じることなく、他の教師が精神障害を発症していないことのみをもって、公務による心理的負荷の過重性を低く見積もるに等しく、にわかに採用できない。むしろ、他の教師も、A教諭と同様、本件中学校の状況下で

消灯後男子生徒の部屋に女子が発見された。 我儘勝手な行動の広がり	ファイヤーは騒然とした状態で、司会役の生徒は怒り出して泣き出した。怪我人が予想されるとして、数人の教師から中止の申し入れがなされたが、聞き入れなかった。消灯後、A教諭は、見張りに立ったが、深夜、女子生徒3名が男子生徒の部屋で発見された。A教諭は、このうち2名がクラスの生徒であったため、「中学生といっても体は大人、何かあったら親御さんに申し訳ない」と打ちひしがれ、疲れ切った様子であった。指導が終了したのは翌日の2時過ぎであった。 【13】宿泊訓練後、生徒が教師の指導に従わず、わがまま勝手な行動を押し通すという状況が2年生の生徒の間に急速に広がっていった。	肉体的にも精神的にも疲弊し、いつ精神障害を発症してもおかしくない状態にあったことが容易に窺われる。
精神障害の発症 （6月13日）	【14】6月13日（宿泊訓練の代休日）と14日、A教諭は心療内科と精神科を受診し、医師からうつ病性のうつ状態と診断され、薬物療法を開始した。 【15】6月16日、医師は、A教諭の夫にA教諭の休業を勧めた。夫は中学校に赴き、教頭に病気を説明して3カ月休む旨を伝えた。教頭からは「休まないでください。ぎりぎりでやっているから、これ以上休まれると支障が出る」と言われ、A教諭も学校側から「やめると子どもが見捨てられたと思	**本件精神障害の悪化** ・A教諭は、医師から仕事を休業するよう勧められたにもかかわらず、教頭等から休まないように言われる等、学校側の事情によってやむなく治療を続けながら勤務を継続した【14】【15】。（しかし）学校側から軽減措置や支援策が講じられた形跡は認められず、日常の職務それ自体が、既に強い肉体的、精神的ストレスを伴うものであった。 ・とりわけ2学期に入ってからは、①器物損壊や授業妨害が頻繁で、②職員室内で椅子に乗せられたまま引き回され【16】、③体育大会のタイヤ引きレースで無視され

	うのではないか。頑張ってくれ」と言われた。A教諭は、その後も休業することなく、通院しながら就労を続けた。	
2学期 職員室での乱暴 体育大会でのいやがらせ（10月2日）	【16】職員室は、生徒が頻繁に出入りし、教師の席に座って遊ぶことも少なくなかった。A教諭の席は特によく生徒に占領されており、注意しても退かないため、A教諭は困っていた。9月、座席に座っていたA教諭に「どいて」と言い、座っているA教諭を椅子ごと後ろから強く押し、揺らしたり、回したりして、職員室内をぐるぐる引き回した。A教諭は、恐怖に引きつった顔で椅子にしがみつき、「やめて！止めて！」と叫んだ。同僚教師が生徒を怒り制止させたが、A教諭の様子は悲壮で、席に戻った後もうつむいたまま何も話そうとしなかった。この日以降、同僚教師はA教諭が職員室で顔を覆い泣いているのを二度目撃している。 【17】10月2日、体育大会のクラス対抗タイヤ引きレースで、アンカーの生徒がタイヤを受け取り、A教諭がタイヤの上に乗ったにもかかわらず、しばらく、生徒同士顔を見合わせ、タイヤを引こうとせず、他の教師に促されてようやくゴールした。多くの保護者や生徒らが見守る中、A教諭は精神的に傷つき、ショックを受けていた。 【18】11月初旬、A教諭のクラスで、他クラスの生徒が、A	【17】、④目の前で生徒同士の暴力行為が発生した【18】。A教諭は、教師としての自信を失い、無力感とともに敗北感を募らせていったものと推認され、一連の出来事は強い精神的ストレスの重複を伴うものであった。日常の勤務環境が不穏であったことに加え、生徒から教師としての存在をないがしろにされるような出来事が続けざまに起こったことは、社会通念上、客観的にみて、精神障害を増悪させるほど過重な心理的負荷というに十分である。単に生徒とのトラブルというだけでなく、同僚教師や保護者らが見ている前で、教師としての存在を否定されるような出来事が含まれており、一連の出来事による精神的ストレスの重複を軽視することはできない。

生徒同士の暴行事件	教諭が止めたにもかかわらず、無視して殴りかかり、クラスの生徒が顔面を殴られた。A教諭は、目の前の暴行事件を止められず、担任を無視して堂々と殴りつける事態に、相当ショックを受けていた。	・A教諭は、過酷な勤務環境下において、対教師暴力の被害者となり、宿泊訓練で心身ともに強いストレスにさらされ、その後も生徒から教師としての存在をないがしろにされるような出来事が続けざまに起こり、強度の精神的ストレスが積み重なった状態にあった。公務としての過重性は優に肯定できる。
漫画本の取り上げ	【19】11月20日、A教諭が担任クラスで1限目の授業を行っていると、生徒の1人が漫画本を机の上に広げて読み始めた。A教諭が注意して漫画本を取り上げ、教卓の上に置いたところ、A教諭が黒板に向かって板書している隙に、別の生徒が教卓の上から漫画本を取り、どこかに隠した。A教諭はクラスの全員に問い質したが、誰も名乗り出なかった。 【20】職員室に戻ったA教諭は、学年主任に、「あのクラスではやっていく自信がありません。これからのことは家族と相談して連絡させていただきます」と述べ、学年主任の「そんなこと言わずに頑張って下さい。みんなも頑張っている」との声にも反応せず、呆然とした状態で、視線が定まらず、目の周りを真っ赤にし、全身の力が抜けて、何とか耐えているといった様子であった。A教諭は、有給休暇をとって早退し、精神科で診療を受け、医師の勧めにしたがい、直ちに緊急入院した。	

自殺 入院と休職 自殺（1998年10月18日）	【21】A教諭は12月26日に退院して通院治療を受けたが、気分は抑うつ的で、意欲も低下した状態が続き、1998年3月2日以降休職した。通院して自宅療養を続けたが、4月16日、症状が悪化して再入院し、7月1日に退院した。 【22】A教諭は、9月に入って抑うつ的となり、恐怖感、焦燥感を訴えた。10月18日、縊頸により自殺を図っているところを夫に発見され、病院に搬送されたが同日死亡した。	**自殺の公務起因性** ・A教諭の精神障害は、公務に内在する危険の現実化として発症し増悪した。A教諭の自殺は、精神障害の結果、正常な認識、行為選択能力、精神的抑制力が著しく阻害されている状態で行われた。A教諭の自殺と公務との間には相当因果関係が認められ、公務起因性を肯定することができる。A教諭の自殺について公務起因性を否定した処分は違法なものとして取消を免れない。

講座28

うつ症状による休職中に自殺した事件の判決
（中学校教諭・1998年12月自殺　公務外災害認定処分取消請求）

大阪高裁平成24年2月23日判決

中学校教諭Aは、勤務年数が20年のベテラン教師であったが、これまでにない困難なクラス指導やバスケットボール同好会の指導、時間外労働、長時間労働等を重ね、ストレスを募らせてうつ病を発症した。A教諭は、休職中であった1998年12月12日、6時頃、縊死により自殺した（46歳）。

A教諭の妻は「夫の死亡は公務に起因するうつ病による自殺である」と主張して、2002年8月1日、処分行政庁に対し公務災害認定請求を行った。処分行政庁は、2005年12月15日付で公務外と認定した。A教諭の妻は、処分を不服として審査請求（2006年2月14日付）を行ったが、棄却の裁決を受けた。A教諭の妻は裁決を不服として再審査請求（2006年11月1日付）を行ったものの、再び棄却の裁決を受けた。棄却裁決をうけたA教諭の妻は、京都地裁に訴訟を提起（2007年6月28日）した。しかし、地裁は訴えを却下、棄却（2011年2月1日）した。A教諭の妻は地裁判決を不服として控訴したところ、2012年2月23日大阪高裁判決（原判決取消・裁判所裁判例情報掲載）は、地裁判決を取り消し、A教諭の自殺を公務災害として認定するように命じた。

・原判決を取り消す。
・2005年12月15日付けでした地方公務員災害補償法に基づく公務外災害認定処分を取り消す。
・2002年8月1日付申請の公務災害認定請求について、地方公務員災害補償法による公務災害と認定せよ。

本判決の特徴は、クラス内の指導困難な生徒の存在、バスケット同好会の指導、超過勤務や長時間労働など、一般に、「学級担任になれば多くの教師が経験する」として、ともすれば、特段の心理的負荷として適切に認識されないような事柄を、明確に、「社会通念上、客観的にみて、精神障害を発症させる程度に過重な心理的負荷というに十分である」と判示した点にある。

公務外災害認定がなされ、遺族が申請、再審査、訴訟を提起し、長い年月の戦いを強いられる現実がある。学校管理職に限らず、教師の側でさえ、このことに鈍感となり、同僚の苦痛を看過しているのだとしたら、それは不幸なことである。本判決の趣旨、適用とその根拠を、ぜひとも、学校関係者の常識としてほしい。

※判決書資料は、大阪高裁判決の「第2事案の概要1事案の要旨」「同2前提事実」「第3当裁判所の判断」から、個人等を特定する情報を削除し、判決の趣旨を変えない範囲で抜粋・要約した。

	認定された事実	裁判所の判断
1997年4月に赴任	【1】A教諭は、本件中学校に赴任した1997年4月までは、(約20年の)教師経験により、生徒指導やクラス運営についてもそれなりの自信を有していた。 【2】A教諭は、着任の際、教頭(1998年度は校長に昇任)に、「長男の病気治療のため副担任にして欲しい」と申し出た。教頭は校長と相談をし、1年生の副担任とした上、教科の授業を週21時間、生徒会安全委員会の指導、特別活動主任等に従事させた。部活動の顧問は担当しなかった。A教諭は、1997年度、長男の通学や通院送迎等のため1~3時間程度の時間休を頻繁に取得した。A教諭の1997年度の勤務状況は、相当に軽減されていた状況で、時間外勤務もあまりなかった。	**公務起因性の判断基準** ・ICD-10(疾病及び関連保健問題の国際統計分類第10版)によれば、典型的な抑うつのエピソードとして、抑うつ気分、興味と喜びの喪失、活力の減退による易疲労感の増大や活動性の減少に悩まされること、わずかに頑張ったあとでもひどく疲労を感じること、を挙げ、その他の一般的な症状として、①集中力と注意力の減退、②自己評価と自信の低下、③罪責感と無価値感、④将来に対する希望のない悲観的な見方、⑤自傷あるいは自殺の観念や行為、⑥睡眠障害、⑦食欲不振、を挙げる。 ・軽症うつ病エピソードは、抑うつ気分、興味と喜びの喪失及び易疲労性のうち、少なくとも二つの症状が存在すること、さらに、前記①~⑦の少なくとも二つが存在すること、いかなる症状
1998年度はクラス担任となる	【3】A教諭は、1997年度の終わり頃、教頭に、「子供の状態もよくなったので、いつまでも副担任では心苦しいため担任を持たせて欲しい」と申し出て、1998年4月から2年生の担任を受け持ち、教科を16時間担当し、週1時間の学級指導、道徳指導のなか、家庭訪問、教育相談、保護者懇談会、体育大会、文化	

女子バレー部、剣道部の顧問とバスケットボール同好会の立ち上げ	祭などの学校行事における学級指導、学級通信の発行などの業務、研究部の特別活動主任をした。 【4】A教諭は、1998年度、女子バレー部と剣道部の顧問を担当し、公式戦の申込みや試合の引率、胴着の保管指導、練習時間や練習場所の調整等を担当していた。また、A教諭は、前年度からの生徒等の要望に応えるため、1998年4月に、正規の部活動ではないバスケットボール同好会を立ち上げ、そのための指導時間等が必要になった。 【5】A教諭は、1997年度は、学級担任も部活動顧問も担当せず、時間給も頻繁に取得するなど、いわば軽減された勤務状態であったが、1998年4月からは、学級担任や部活動の顧問も担当するようになったほか、バスケットボール同好会の指導等の業務も加わって、今度は、通常の教諭よりも多忙な状態になっており、同年4月に急激に勤務状況が変化した。	も著しい程度がないこと、エピソード全体が最低2週間以上持続することとされている。 ・自殺行為の場合も、公務に起因して発生した精神障害の症状として発現したと認められる場合は、因果関係は否定されない。特にICD-10第V章F0～4では、精神障害の病態として自殺念慮が出現する蓋然性が高いと医学的に認められることから、公務による心理的負荷によってこれらの精神障害が発病したと認められる者が自殺を図った場合には、原則として公務起因性を認めるのが相当である。
女子生徒Bによるクラス指導の困難化	【6】A教諭のクラスには、問題行動の目立つ女子生徒Bがいた。Bの問題行動は、学年会議においても、しばしば取り上げられた。Bは、よく目立つ闊達な性格で他の生徒に対する影響力が強く、空手が強く大会で	**判断基準の適用** ・A教諭のうつ病の発症に影響を与えた可能性のある、発症前概ね6ヵ月の公務上の出来事について、社会通念上、

クラス全体がBに引きずられるようになる

優勝するほどの実力を持っており、クラスの生徒はBを恐れていた。Bは、1年の頃から、茶髪、パーマ、ピアスをしたり、スカートを極端に短くしたりしており、問題行動を起こす生徒のリーダー的存在で、グループを仕切って、他校の問題行動を起こす生徒とも交流していて、飲食店で飲酒したり、体育大会時に他校の男子生徒とキスをする、無断外泊をするなど、他の生徒にも悪影響を及ぼしていた。

【7】Bは、その場では教師の注意を聞く素振りを見せるものの、最終的には指導に従おうとせず、クラス全体がBに引きずられるようになり、他の教師も指導に苦慮していた。真面目で素直であった女子生徒Cは、Bと親しくなるにつれ、化粧をしたり、髪を染めるなど外見が派手になり、教師にため口で対応するなど、問題行動を取るようになった。A教諭は、他の生徒と分け隔てせず、また高圧的な態度に出ることもなく、夏休み頃には、生活指導部長と家庭訪問をするなど辛抱強く指導に当たっていた。しかしながら、授業中、Bが勝手に教室を出て行き、「おい、どこへ行くんや」と声をかけても全く無視されるなど、指導には苦労していた。A教諭は、その場合でも、Bを力づくで連れ

うつ病を発症し若しくは憎悪させる一定程度以上の危険性が内在し又は随伴していたか否かについて、「精神障害の労災認定の基準に関する専門検討会報告書」（厚生労働省２０１１年11月8日）に付された「業務による心理的負荷評価表」（以下「新評価表」）をもとに検討する。

※http://www.mhlw.go.jp/
（２０１４年5月確認）

女子生徒Bと不登校生徒への対応（心理的負荷「中」）

・このような問題行動を起こす生徒の存在は、教師として学級担任になれば多くの教師が経験するものであるが、Bは、これまでA教諭が20年間にわたる教師経験の中で経験したことのないタイプの生徒であった。しかもBは、クラスの他の生徒まで問題行動に巻き込

	戻したり、怒鳴ったりすることはなかった。	
「生徒指導がやりにくい」	【8】A教諭は、Bやクラスの生徒の反応が、それまで20年間培ってきたものと異なるので、どう接していいのか分からなくなっていき、6月頃には非常にストレスを感じていた。他の教師にも、「生徒指導がやりにくい。どこまでやっていいか分からない」と悩みを漏らしたり、家族にも、「クラスを引っかき回す女子生徒がいる」「この中学校の子供はかわいくない。やりにくい」と珍しく愚痴を言った。そしてBが1998年9月頃に、11月に行われる生徒会長選挙に立候補したため、A教諭は、選挙に向けて服装、頭髪、生活等を改善するよう、一層指導に苦慮することになったが、Bには改善が見られず、A教諭はストレスを強く感じた。A教諭は、そのような状況下においても、同僚や上司から支援を求めることをしなかったため、支援を受けることはなかった。なお、Bは、生徒会長選挙には落選した。	むタイプであったこと、不登校の男子生徒も家庭訪問にも関わらず一向に改善の兆しがなかったことからすれば、真面目で几帳面かつ責任感の強い性格で、これまで生徒指導やクラス運営に対してそれなりの自信を有していたA教諭が、これに何ら有効な対応策を講じることができないことにより、大きく自信を喪失し、強い心理的負荷を負担したものと認められる。なお、A教諭が、教室から出て行った女子生徒Bを力づくで連れ戻さなかったからといって、心理的負荷が弱いなどということはできない。そうであるからこそ、A教諭も、ことさらBのことにつき、他の教師や家族に愚痴をこぼすようになった。
不登校となった男子生徒Dの指導	【9】A教諭のクラスには、4月当初から不登校となった男子生徒Dがおり、自宅を週に1回訪問し自主的に登校させる方向で指導を行い、男子生徒が戻って来やすい環境作りをするように配慮していたが、男子生徒の改善は見られなかった。	・BとDの問題は、併せて、新評価表の「達成困難なノルマが課された」「ノルマが達成できなかった」に該当し、平均的な心理的負荷の強度は「中」である。

バスケットボール同好会の立ち上げ	【10】A教諭は、1998年4月、生徒の強い要望に応えてバスケットボール同好会を立ち上げた。同僚教師からは、「1年でさよならというわけにはいかないよ。4、5年は頑張って下さい」などと言われていた。同好会顧問には、部活動顧問に比較すると、相当に肉体的・精神的負担を伴う業務があり、1998年4月以降、平日はもとより土曜日曜も出勤することが多かった。ユニフォームは、パンツ代は同好会員の保護者の負担とし、シャツの代金は寄付金及び広告宣伝費で賄い、デザイン、発注、支払等の事務手続きは全てA教諭が行った。	**バスケットボール同好会について（心理的負荷「中」）** ・A教諭は、家庭の事情もあって断っていたのに1998年4月になって一人で立ち上げたものであり、同好会の立上げ自体、正規部活動と比較して、格段に心理的負担が大きかった。しかも、ユニフォームの購入、練習時間、練習場所の調整等も一定の心理的負荷を及ぼした。また、体育館が正規の部活動が使用していない時間に限られ、帰宅時間が遅くなったり、休日出勤をしており、過重な肉体的負担をも招く結果になった。さらに新人戦を控え、体調が優れないに無理をして、うつ症状を増悪させた可能性も否定できない。新評価表の「新規事業の担当になった」に類するものと評価でき、平均的な心理的負荷の強度は「中」である。
新人戦後の無断欠席（9月）	【11】A教諭は、8月下旬にはリーグ戦に、9月下旬には新人戦に出場させた。しかし、予選リーグで敗退したため生徒らが落ち込み、A教諭は「まだ、これからだ」と励ましていたものの、自らも精神的負担を感じていた。予選リーグが終わった頃から、A教諭は、練習中に疲れた表情をしており、練習を抜け出すことが度々あった。10月24、25日の練習には連絡なく欠席した。	

男子生徒Eの骨折事故（9月）	【12】体育大会（9月17日）の数日前、クラスの男子生徒Eが、3年生の男子生徒Fに倒されて指を骨折させられた。A教諭は、Fの担任、F、Fの母親とともに、E宅を謝罪に訪問したが、Eの父親が、授業参観に派手なスーツに白いエナメル靴で現れる人物であったため、トラブルを非常に危惧していた。もっとも結果的には父親が対応することはなく、学校に何らかの要求をしてくることもなかった。A教諭は、Eの怪我が治るまで、Fの担任に、何度も怪我の状況を伝えていた。	**男子生徒Eの骨折（心理的負荷「中」）** ・結果的にはトラブルが発生しなかったとしても、E宅訪問まで相当なストレスを感じていたことは推認でき、訪問後も細心の注意を払い、それなりのストレスになっていた。新評価表の「会社で起きた事故、事件について、責任を問われた」に該当し、平均的な心理的負荷の強度は「中」である。
文化祭直前のミス（10月）	【13】1998年10月7~9日に開催された文化祭直前に、クラスのモザイク画の原画の色指定にミスがあることが判明し、A教諭は、生徒とやり直し作業を行ったほか、生徒が帰宅した後も一人で作業を続け、文化祭前日になって、ようやくモザイク画を完成させた。	**文化祭直前のミス（心理的負荷「中」）** ・期限の迫った中でミスを挽回する作業が求められ、相当ストレスであった。⑥と同じ新評価表の箇所に該当し、平均的な心理的負荷の強度は「中」である。
時間外労働	【14】A教諭は、原則として、退勤時に1日80分間の時間外勤務をしていた。A教諭が、1998年度、剣道部及び同好会のために休日出勤した時間を抽出すると、合計199時間20分となる。そのうち、同好会	**時間外労働（心理的負荷「中」）** ・A教諭、1998年4月以降、学級担任や部活動の顧問を担当するようになった上、同好会も顧問として立ち上

のための休日勤務は合計１７０時間30分である。

【15】A教諭は、担当教科の試験問題を作成するのに３～10時間を要し、問題と回答用紙を印刷するのに約１時間、採点に約8～12時間、日曜参観日等の準備については、指導案の作成及び教材作成に約3～5時間を要していた。

【16】A教諭は、１９９８年4月は66時間20分、5月は87時間10分、6月は80時間10分、7月は90時間20分、8月は31時間30分、9月は90時間20分、10月は82時間10分の合計５２８時間の時間外勤務を行っていた。しかも9月は全く休日が取れていない。

げており、公務に変化が生じただけではなく、業務の量も大幅に増大し、時間外労働時間も著しく増加した。業務の質・量の急激な変化は、相当なストレスを与えたことは否定できない。新評価表によれば、時間外労働時間数として概ね20時間以上増加し、ひと月に概ね45時間以上になる仕事量の変化は、新評価表による平均的な心理的負荷の強度は「中」とされており、A教諭の場合これに該当するものと解される。

夕食時に愚痴をこぼす

【17】A教諭は、夕食時、家族に愚痴をこぼすことは、ほとんどなかったが、１９９８年4月頃からは、夕食時に話をすることが少なくなり、5～6月頃からは、長女や妻（控訴人）から話しかけられても、投げやりな態度で「もういい」と返事をすることが増え、「クラスを引っかき回す女子生徒がいる」「それまでの指導方針では上手くいかない」などと愚痴をこぼすようになった。7月に入ると、「この中学校の子供はかわいくない。やりにくい」などと仕事がしんどいことを話

長時間労働（心理的負荷「中」）

・長時間労働は、それ自体が相当程度の心理的負荷となる。新評価表によれば、A教諭の時間外勤務は、「１カ月に80時間以上の時間外労働を行った」（５月～7月、9月、10月）、「2週間以上にわたって連続勤務を行った」（9月）に該当し、その平均的な心理的負荷の強度はいずれも「中」である。

すようになり、口数が少なくなり、ぼうっとしていることが増えた。

希死念慮の発現

【18】A教諭は、毎年夏休みを利用して、率先して家の建具の入れ替えや台所周りの大掃除をしていたが、1998年8月には、それら家事を手伝わず、会話も続かず沈んだ様子であった。夏休みには希死念慮があり、包丁を持ち出したこともあった。もっとも、バスケットボール同好会の練習には、熱心に行っていた。

【19】9月頃にはA教諭の帰宅時間が1学期に比べて遅くなり、疲れた様子で壁を向いて正座し、下を見ながら座っていることもあった。10月頃には、それまで行っていた風呂の準備をしなくなり、夕食時も家族の会話に耳を傾けず、下を向いて無言で食事をするようになった。10月頃から、学校でも、空き時間に机にうつ伏せになっていることが多くなり、同僚教師に「あまり寝られない」と言うことがあった。中間テスト問題がなかなか作成できず、テスト前日の日曜日に学校に来て印刷していた。

診療所の受診（10月28日）

【20】10月28日、A教諭は、精神科の医師に、最近ミスが多い、採点や合計ができない、息子が入退院を繰り返している、出勤前に吐き気がする、食欲の低下や3

「中」判定が複数存在した場合は「強」判定となる

・A教諭は、早ければ1998年8月頃、遅くても10月28日までにうつ病を発症し、28日には長期間の病気休暇を要する事態に症状が憎悪し、この症状憎悪がA教諭の自殺に繋がった。

・厚生労働省の「心理的負荷による精神障害等に係る業務上外の判断指針」（1999年9月14日／2009年4月6日一部改正）は、「単独の出来事の評価が『中』と評価する出来事が複数生じている場合には、それらの出来事が生じた時期の近接の程度、出来事の数、その内容等によって、総合評価が『強』となる場合もあり得る」としている。

・学級担任と部活動顧問の担当、女子生徒B、不登校の生徒Dの存在は、相当に強いストレスを感じ、同好会の運営

	～4kgの体重減少、クラス作りに20年目にして悩んでいる、不登校の生徒、同好会の組織、希死念慮があり夏休みに包丁を持ち出した、などと話した。A教諭は、抑うつ状態と診断され、抗うつ薬を中心とした薬物療法と支持的精神療法を行うこととなった。	には、正規の部活動では必要のない配慮や業務が必要で、時間外労働をより増加させ、それなりのストレスを与えた。 ・時間外労働時間は5月以降（8月を除く）恒常的に80時間を超過し、体育祭直前の事故や文化祭直前のミスなど、時間外労働も長くなる傾向が認められる。 ・個々の問題ごとにみれば、教師として学級担任になれば多くの教師が経験するものであったとしても、A教諭が1998年4月～10月にかけて負担した心理的負荷の強度は、社会通念上、客観的にみて、精神障害を発症させる程度に過重な心理的負荷というに十分である。
病気休職の申出（10月28日）	【21】10月28日18時頃、A教諭は、教頭と校長に1カ月の休職を申し出た。A教諭は、休職の理由について、「家内のことと子供のことで悩んでいて、夜寝られない」と話し、校長が「学校についての悩みがないか」と尋ねたところ、「学級のことでも少し悩んでいる」と答えた。なお、教頭や他の教師は、それまでにA教諭から、家庭の問題で悩んでいる旨の話を聞いたことはなかった。	
診断書の提出（10月29日）	【22】10月29日、A教諭は、抑うつ状態のため3カ月の休養を要するとの医師の診断書を教頭に提出し、10月30日から（自殺した）12月12日まで病気休暇を続けた。	
病気休暇中の生活	【23】11月25日、A教諭は、医師に、「時にふらつくことがある」「吐き気や頭痛がある」「第2子の病気が再発した」「学校のことはあまり考えておらず、仕事のことは一切していない」「学校のことを除けばそこそこ調	**総合的評価** **（公務外災害と認定した処分は違法）** ・A教諭は、複数の相当程度のストレスにさらされ、心理的負荷は強度であっ

「胸がおさえつけられる感じ」「呂律が回りにくい感じ」

子がいい」と話している。

【24】12月5日、A教諭は、医師に、「薬を服用し始めてから胸が押さえつけられる感じがする」「指がスムーズに動かない感じで、記憶力がなくなった感じがする」「呂律が回りにくい感じがする」「さらに悪くなったのではないかと感じている」「クラスにしんどい子供がいる」ことなどを話した。病状が悪化していたことから、医師は、薬の処方調整をした。同日頃、A教諭は、クラスの生徒、バスケットボール同好会の会員、同僚教師らに手紙を書き、迷惑を掛けたことを謝罪し、体調は随分良くなり、少しでも早く復帰したいと思っていることなどを伝えている。

た。A教諭のうつ病は、公務による心理的負荷が、社会通念上、客観的にみて精神障害を発症させる程度に過重であった結果、発生したのであって、公務に内在ないし随伴する危険の現実化として発症した。

・A教諭はうつ病によって正常の認識、行為選択能力が著しく阻害され、自殺行為を思いとどまる精神的抑制力が著しく阻害された状態で自殺が行われたものと推定される。

・A教諭の公務とうつ病の発症及び自殺との間の相当因果関係を肯定し、自殺につき公務起因性を認める。公務外災害と認定した処分は違法であり、取消しを免れない。

講座29

困難なクラス環境下の高校教諭自殺事件の判決（高校教諭・2001年12月自殺）

広島地裁平成25年1月30日判決

高校教諭（A）が、生徒による暴言や授業妨害、統合にともなう教師間の軋轢に心労を重ね、うつ病を発症して病気休暇を取得し、職場復帰した直後に自殺した事例である。自殺当時、A教諭の勤務年数は約17年（41歳）であった。A教諭の妻は夫の自殺が公務に起因するとして、地方公務員災害補償法に基づき、処分行政庁（地方公務員災害補償基金）に公務災害認定の請求（2006年11月）を行ったところ、公務外災害認定の処分を受けた（2007年12月）。原告は処分の取消しを求めて審査請求（2008年2月）を行ったが棄却裁決（2009年3月）を受け、さらに再審査請求（2009年4月）でも再び棄却裁決（2010年4月）を受けたため、2010年11月、裁判の訴えを提起した。

本裁判では、①A教諭の精神疾患の発症が公務に起因するか否か、②A教諭の自殺が精神疾患に起因するか否か、が争われたが、広島地裁判決は相当因果関係の存在をはじめとする①②ともに原告を訴えを認め、公務外災害認定処分の取り消しを命じた。処分行政庁が控訴したが、広島高裁判決も地裁判決を支持した。

判決主文（広島地裁）
・処分行政庁が原告に対して２００７年12月25日付けでした地方公務員災害補償法に基づく公務外災害認定処分を取り消す

※広島地裁平成25年1月30日判決（認容〔控訴〕）、広島高裁平成25年9月27日判決（控訴棄却）

本講座は、これまで教諭の公務災害認定を求める5件の事例を紹介してきた。小学校教諭が教室で脳出血を発症して倒れ、後遺症のリハビリを続ける中で脳出血を再発して死亡（１９９５年1月）した事例（講座23）、新採用の小学校教諭が学級崩壊の中で心労を重ねて自殺（２００４年9月）した事例（講座25）、心筋梗塞で経過観察中の中学校教諭が自宅から救急搬送され死亡（１９９３年6月）した事例（講座26）、中学校教諭が、生徒からの乱暴や嫌がらせを受け続け、過重な職務作業が重なって精神疾患を発症し、休職中に自殺（１９９８年10月）した事例（講座27）、中学校教諭が、職務過多によりうつ症状となって休職中に自殺（１９９８年12月）した事例（講座28）。いずれも、尋常とは思えない程の状況下で心労を重ね、死亡あるいは自殺した事例である。

裁判所は、五例ともに職務と死亡あるいは自殺との間の相当因果関係を認め、公務外災害の認定を取り消した。そしてここに、高校の事例を加える。小、中、高校と校種は異なるが、いずれのケースでも、裁判所に認定された事実に限っても、児童生徒や保護者との関係、職場の人間関係に疲弊し尊厳を失い、追いつめられていく教師の姿を読み取ることができる。

いじめや体罰など、子どもたちをとりまく深甚な事件に対し、教育行政や学校管理職、教師が自らの安全注意義務を自覚し自省的に対応を検討することの重要性はいうまでもない。しかし同時に、教師をとりまく困難な関係や状況もまた、放置できるものではない。このことも、重ねて指摘しておきたい。それは単に、職場における事務的作業の過多や、時間外勤務の過重性を配慮改善する施策のみで事足りるような、なまやさしいものではない。

学校は、未成熟な児童生徒と年間を通してともに生活し、人間性をはぐくむ場である。その高い意義を感じることのできる反面、一般社会以上に強い倫理観や忍耐を要求される場面がある。それは時として過度な緊張やストレスをともなう。それだけに。児童生徒、保護者、教師間において、互いの立場や専門性を尊重する関係が、何より大切となる。小、中、高校の教師に関する事例をもとに、教師間の対応の在り方、条件整備についての検討を、普段から意識的に推進してほしい。

※判決書資料は、地裁判決の「第2事案の概要　1事案の要旨及び2前提事実」と「第3当裁判所の判断」を高裁判決の訂正・追加に関する指示を用いて修正し、個人等を特定する情報を削除し、判決の趣旨を変えない範囲で抜粋・要約した。

	認定された事実	裁判所の判断
1999年度（統合1年目） 教師間の反目	【1】A教諭は、1999年4月、成績上位層が進学するB高校と成績下位層が進学するC高校を統合した高校に、開設とともに赴任した。旧B高校の教師は、旧C高校の教師を「生徒に教科学力もつけず、生徒指導も満足に行えない教師集団」と見ており、旧C高校の教師らは、旧B高校の教師を「差別を助長する進学態勢を肯定し、問題行動を引き起こした生徒を安易に切り捨てる教師集団」と見て、相互に不信感があった。統合設置の準備作業では、旧B高校の教師を中心として統合反対の署名活動が行われるなど統合に対する不満や抵抗感があった。両校の教師は、生徒指導、教科指導のあり方など具体的な教育方針をめぐって対立し、教育方針や教育目標が未定のままで、統合1年目（1999年度）を迎えた。 【2】A教諭の勤務経験は約15年で、赴任初年度（1999年度）はB校舎（旧B高校の校舎）で勤務し、統合1期生（1年生）の副担任を務めた。このとき、B校舎には旧B高校の在校生が進級し、C校舎（旧C高校の校舎）には旧C高校の在校生が進級した。このため、2、3年生は、実質的には従来どおりの教育を受けた。	**公務起因性の判断基準** ・災害（負傷、疾病、障害、死亡）が公務に起因して発生したといえるには、社会通念上、公務に内在する危険の現実化として災害が発生・増悪したといい得ること、すなわち相当因果関係のあることが必要とする。相当因果関係が認められるためには、ストレス（公務による心理的負荷と公務以外の心理的負荷）と個体側の反応性、脆弱性を総合考慮し、公務による心理的負荷が社会通念上、客観的にみて、精神障害を発症させる程度に過重といえることが必要である。 ・地方公務員災害補償制度の制度趣旨からすると、故意による死亡は公務上の災害と認めることはできないけれども、職員が精神障害を

教育方針の不統一	【3】新1年生はB校舎に通学し、旧B高校の在校生とともに、旧B高校の教育方針で教育を受けた。教師は、旧B高校と旧C高校の教師で主に構成されていた。教師間の対立は統合後もますます深まっていった。A教諭を含む新規転入者は極めて少数であった。
2000年度（統合2年目）	【4】統合2年目（2000年度）、新2年生はB校舎からC校舎へ移動し、旧C高校の在校生と一緒になったため、教務内規や生活指導方針等を統一する必要が生じ、旧B高校の教師にとっては、指導方針を緩めざるを得なくなり、旧C高校の教師にとっては、これまでより厳しい対応を求められることになった。
C校舎での集団暴行	【5】旧C高校の3年生にとっては、指導方針が従来より厳しいものとなったことから、不満が爆発し、C校舎では、4月20日～21日にわたり、3年生8名が、生徒指導をめぐって15人の教職員に集団で暴行する事件が発生し、マスコミで大きく取り上げられた。
統合による格差の顕在化	【6】2000年度、2期生である1年生がB校舎に入学し、旧B高校の3年生と一緒になった。しかし、統合後の入学者である1年生と2年生は生徒の幅が広がり、学力差も相当大きくなり、多くの課題を抱え、きめ細かな生活指導

発症した結果、正常な認識、行為選択能力が著しく阻害され、又は自殺行為を思いとどまる精神的な抑制力が著しく阻害されている状態で自殺が行われた場合は、精神障害が公務に起因すると認められるならば、自殺による死亡にも公務起因性が認められる。

本件自殺における公務起因性の有無

・A教諭が2000年度以降、担任を務めたクラスでは、生徒が授業中であっても大きな声で私語をしたり、携帯電話の着信音を鳴らしたりするなどの授業妨害行為を繰り返すばかりか、注意するA教諭に暴言を吐いたり、反抗的態度を示す行為が繰り返されて授業が成り立たないことが頻繁にあり【10】【11】、A教諭は、その対処に苦悩するとともに、教師としての自信

を要する者も増え、進学校であった旧B高校の3年生とは雰囲気が全く異なっていた。

【7】２０００年度に1年生が起こした問題行動（暴力・いじめ、喫煙・飲酒など）の件数は、生活指導主事教諭が作成した生活指導記録に記録されているものだけでも49件に及んだ。

【8】旧B高校と旧C高校の教師の関係は一向に改善されることなく、教育理念や指導方針等をめぐって対立が続いた。A教諭はどちらの教師集団にも属さず、中立的な立場にあったが、教師間の対立を異常な状態と受け止めて苦悩していた。

1学期

【9】A教諭は、２０００年度もB校舎勤務となり、新1年生のクラス担任を務めた。A教諭のクラスは問題行動をとる生徒が多数含まれ、知的障害がある生徒も1名含まれていた。

【10】A教諭は、入学式当日から、自己紹介時に「ひげがきもい」などのヤジを飛ばされ、1学期当初から、授業やHRの最中に、授業妨害行為（大声での私語、携帯電話の着信音を大きな音で鳴らす、勝手に教室から出て行く、教室内を歩き回る、教室内で物を投げる、教室内での飲食、漫

や誇りを傷付けられていた。そればかりか、クラスには、知的障害のある生徒が在籍し、A教諭は、失禁の後始末や、父兄との連絡などの負担を引き受けていた【11】。

A教諭が置かれた状況は、平均的な高校教諭が経験するクラス状況とは考えられず、これだけでもA教諭の精神的ストレスは客観的にみても十分に重いものであった。

・A教諭が在職していた高校は、統合前からの高校の教師集団間の対立関係は続いていて、まとまりが欠け、個々の教師の問題を学校全体で支援する雰囲気にはなく、統合と同時に赴任してきたA教諭にとっては、そういう職場環境自体が精神的ストレスになっていた。そればかりか問題の多いクラス運営がより困難ならしめられ、その精神的ストレスがより一層加重さ

「うるさい」「ハゲ」「死ね」などのヤジ	画を読んだり音楽を聴いたりするなど）を頻繁に受けた。A教諭は、毎回、穏やかな口調で辛抱強く注意をしたが、注意を受けた生徒は、A教諭を無視したり、反発して「うるさい」「うざい」「ハゲ」「死ね」「帰れ」「黙れ」「キモい」「学校くるな」「担任かわれ」などの暴言を吐くこともあった。生徒が感情的に反抗してきても、A教諭は注意を続けることがあり、授業やHRが中断したまま時間が終了してしまうこともあった。	れていた（同じ程度に指導困難なクラスを担任したとしても、教師全体でその問題を支援する態勢がある場合とそうでない場合とでは、クラス担任の精神的ストレスが大幅に異なってくるものと考えられる。） ・A教諭は、困難なクラスの担任として、強度の精神的ストレスを受けながらも、知的障害のある生徒をクラスに抱え、1年間の努力を続けてきたが、入試判定会議では、A教諭が反対意見を強く表明したにもかかわらず、定員内不合格の判定がなされた。このことは知的障害のある生徒をクラスに抱えながらも、その生徒も含め、みなが同じように卒業できるように努力してきたA教諭の教師としての自負心、あるいは誇りを傷付けるばかりか、また知的障害のある生徒
2学期 知的障害の生徒の世話 常態化した時間	【11】知的障害のある生徒は失禁をすることがあり、下着の洗濯含めA教諭がその処理をすることもあった。またA教諭は、この生徒のための授業の準備、他の生徒とのトラブル（差別発言など）への対応にも追われながら、生徒の保護者と連絡帳を使って密な連絡を行っていた。B校舎に知的障害のある生徒が入学するのは初めてで、副担任は2名とされていたが（副担2名配置は半数以上のクラスで採られていた）、教師の加配や授業時間軽減等の措置は全く講じられなかった。そのほかA教諭は、過去にいじめを受けていて、入学時ら不登校となった生徒への対応、保護者への家庭連絡、家庭訪問、他の高等学校への就学相談に赴くなど、19時、20時過ぎまで時間外勤務	

をすることも多かった。

【12】A教諭は、年間を通じて、1年生全体の問題行動（暴力行為、飲酒・喫煙、無免許運転など）について、生徒本人への対応や保護者への家庭連絡、家庭訪問などに追われた。3学期には留年となりそうな2名の生徒を定時制のクラスに転籍できるよう働きかけ、実現させた。A教諭は、生徒がみなそろって卒業することを目標として努力し、その結果、この年の1年生は15人が中途退学したが、A教諭のクラスからは中途退学者が出なかった。

3学期

入試判定会議等における発言

同僚教諭の自殺

【13】2001年3月9日の入試判定会議において、校長から「定員内であっても成績が悪い者は不合格にすべき」（定員内不合格）との提案がされた。A教諭は、厳しい口調で、「障害のある生徒がいることで周りの生徒が育っている。障害のある生徒の存在は大きく、意味がある。障害のある生徒に関わり、1年間自分が行ってきたことは無駄だったのか」と強く反対意見を述べた。しかし結局、定員内不合格が決定された。21日の入試判定会議でも、校長から定員内不合格が提案された。A教諭は反対意見を述べたが、定員内不合格が決定された。

【14】3月29日の進級判定会議で1年生の生徒の進級の可否

をクラスに抱えたためにA教諭がしてきた苦労が何ら評価されていないことが示された出来事であったといえ、A教諭が受けた精神的打撃は大きかった。さらに、その後間もなく、同僚教師が自殺するという出来事が起きたが、A教諭と同様の経験をして自殺の途を選択したということで、教諭が同じ担当教科の教諭であったこともあって、A教諭に自殺の途を選ぶことで身近なことであるように感じさせた。

・2年生のクラスは、1年生担当時と同様に授業妨害が繰り返されるばかりか、A教諭に対する直接的な暴力行為さえなされるようになり、人間としての尊厳さえも踏みにじる暴言さえ吐かれた（【15】【16】）。また、知的障害のある生徒は2年時も在籍し、失禁等の対処

	が議論され、進級を認めない意見が大勢を占めたところ、A教諭の同僚教諭（3年生担当）が「生徒の将来のために進級させるべき」との意見を述べ、「何を信じてよいか分からない。学校を辞めさせてもらう」と述べて会議を中座した。この教師は4月5日に自殺した。A教諭は、同僚教諭の自殺に自分の立場を重ね合わせて動揺し、自殺を防げなかったことに自責の念を強く感じた。	も以前同様にこなさざるを得ず、他方で、対立状況にあった教員集団の状況に改善が見られたわけではないから、A教諭には全く支援態勢のない状況が続き、1年時から続く精神的ストレスがより一層深刻なものになっていた。 ・1年生担任から続く公務による重い精神的ストレスは、2年生担任以降も、より重いものになって継続して積み重なり、社会通念上からしても、客観的にもうつ病を発症させる程度に至っていた。 ・A教諭が受けてきた生徒からの有形無形の暴言、暴行は明らかに過重なものであり、そのことに加え、普通の高校では考えられない知的障害のある生徒までクラスに抱えてその世話をしていたというのであるから、このようなクラスの状況が特異なものであることは明ら
2001年度（統合3年目）1学期 前年度より激しい暴言「帰れ」「消えろ」「キモい」	【15】2001年度、A教諭は、新2年生とC校舎に移り、クラス担任を務めた。問題行動があった生徒や知的障害のある生徒が残った上に、他のクラスから問題行動をとる生徒が入ってきた。このため、A教諭の授業やHRに対する授業妨害行為（大声での私語、教室内の立ち歩き、教室内で物を投げるなど）は続いた。A教諭は注意をしたが、注意を受けた生徒は反発して、「お前が黙れ」「帰れ」「消えろ」「キモい」「近寄るな」「あっちにいけ」「死ね」などの暴言を吐いたり、怒鳴ったりし、また、A教諭の胸ぐらを掴んで「やかましい」「黙っとけ、シバクぞ」などと言ったりもして、授業やHRが中断することも多々あった。暴言や反抗的態度は、前年度よりも激しく酷いものであった。	

暴言「死んでしまえ」

うつ病の発症

【16】A教諭は、5月11日（金）、数名の生徒から、「お前なんか死んでしまえ」「担任でなければよかった」などの暴言を吐かれ、14日（月）から年休を取得した。

【17】A教諭は、5月中旬頃、うつ病（ICD-10「F32うつ病エピソード」）を発症した。A教諭は、5月15日（火）、クリニックを受診して不安状態との診断を受け、17日（木）、心療内科で自律神経失調症の診断を受けた。A教諭は、医師に対し、この2週間は寝ても疲れが取れない。脳が締め付けられるような、頭の周囲がほてる感じ。寝不足感。首と肩のこり。時々仕事に行くのがしんどい。職場に行くことの拒否感。精神的疲労感」を訴え、「職場がまとまっておらず、昨年の暮れから今年にかけて仕事に絶望を感じ同じ教科のペアで組んでいた先生が自殺して自分もそうなるのではないかと心配して受診した。有給休暇で5月23日まで休むつもり」と話した。その後、A教諭は、5月28日（月）、医師の診察を再度受け、「自律神経失調症にて自宅静養および軽度のリハビリテーションを要する」旨の診断書を作成してもらい、5月28日から病気休暇を取得した。

2学期

病休の取得

【18】A教諭は、5月28日から8月17日までの間、病気休暇を取得した。医師は8月18日以降、職場復帰することは

かであり、同じ学校に在職していたとはいえ、異なる生徒からなるクラスを担任する他の教師がうつ病を発症しないことをもってA教諭の受けた精神的ストレスが強度のものではないといえるわけではない。

・また二つに対立した教師集団という職場環境がA教諭に与えた精神的ストレスについても、授業妨害が繰り返されるクラスの運営というA教諭の公務を客観的にもより重いものにしたといえ、被告の主張は的を射たものではない。

相当因果関係の有無

・自殺が公務に起因するか否かは、発病前に従事した公務も併せて判断すべきである。A教諭は、公務に起因して精神疾患を発症した上、職場復帰した後も精神疾患の

職場復帰間際の体調悪化 職場復帰（11月26日）	無理であり、11月23日（金）まで自宅静養を要すると診断し、A教諭は8月18日以降も病気休暇を取得することになった。A教諭は、10月中旬頃から職場復帰に向けて準備を始め、10月22日には職場復帰を決断し、11月5日（月）、医師も「11月26日からの職場復帰が可能」と診断した。しかし、職場復帰が現実に近づくにつれてA教諭の体調は悪くなり、日中に寝込むこともあった。しかし、11月20日（火）、22日（水）には学校を訪れ、26日（月）に予定どおり職場復帰した。A教諭は、同じクラスの副担任にとどまった。	ため正常でない精神状態において、生徒から以前と同様に暴言を吐かれたり、反抗的態度をとられたりすることがあり、同年12月には、校舎内で暴言を受けて【20】、精神的な衝撃を受け、精神疾患が増悪した状況で自殺に至った、すなわち、Aの公務と自殺との間には相当因果関係があると認めるのが相当である。
復帰初日に年休（早退）を取得 医師が自宅療養を指示	【19】A教諭は11月26日から職場復帰したが、精神状態が正常でないことは見た目にも明らかで、4限の授業の直前に年休を取得して早退し、27日（火）には1日の年休を取得した。28日（水）は授業に出ることができず、午後から3時間の年休を取得して早退し医師を受診した。医師は、強い希死念慮があることなどから29日（木）からの自宅療養を指示し、12月3日（月）から2002年3月31日まで自宅静養等を要する旨の診断書を作成した。しかし、A教諭は、11月29日（木）と12月7日（金）に1日の年休を取得したものの、出勤を継続していた。	・A教諭は、職場復帰前後から精神疾患の病が悪化して希死念慮が強く生じ、そのため正常な認識、行為選択能力が著しく阻害され、又は自殺行為を思い止まる精神的な抑制力が著しく阻害されている状態で自殺するに至った。A教諭の公務と同人の精神障害の発症及び自殺との間に相当因果関係を肯定することができるから、本件自殺を公務外の災害と認定した本件処分

「死ね」「キモイ」の暴言をうける 山林で縊死（12月16日）	【20】職場復帰後も、A教諭の授業では、以前同様に授業妨害行為があって、生徒から暴言を吐かれたり反抗的態度をとられることがあり、12月には、数名の生徒に囲まれて、「死ね」「キモい」「学校に来るな」などの暴言を矢継ぎ早に吐かれた。 【21】A教諭は、12月15日（土）に体調不良を理由に年休を取得して出勤せず、翌16日（日）、遺書を置いて家を出て、16時頃、市内の山林で縊死した。	は違法であり、取消しを免れない。

4 児童虐待・ネット関係の判決

講座30

児童虐待事件における学校の関わりが記載された判決（小4・2009年4月死亡）

大阪地裁平成22年8月2日　7月21日判決
大阪地裁平成17年10月14日判決

児童虐待に関する悲惨な事件が後を絶たない。また、多くの場面で、学校教師の関わりの重要性が指摘されている。学校・教師による通告、対応の遅延が、問題とされることもある。しかし、児童虐待問題の専門職でない教師が、（「学校等における児童虐待防止に向けた取組について（報告書）」文科省２００６年5月）多忙な教育活動の中で、対面する多くの子どもの様子から、いつも、その背後にある虐待の深刻な事態を察し、予見することは、必ずしも容易ではない。では、学校や教師側が、日常的に取り組むことのできる備え、そのための研修として、どのような内容が考えられるだろうか。児童虐待関連の判例から、学校、幼稚園、保育所の教師による対応が記載される事例のうち、虐待事件全体のプロセス、学校のかかわりの場面を確認することのできる二つの事例を提供したい。

児童相談所における相談対応件数は、2007年度に4万件を超え、2009年度は4万4211件となった。この数を、「児童虐待の防止等に関する法律」（2008年12月3日改正・法律第85号）第2条の態様で比較すると、「身体的虐待」（39・3％）、「ネグレクト」（34・3％）、「性的虐待」（3・1％）、「心理的虐待」（23・3％）を数えている。（厚生労働省『平成22年版子ども・若者白書』48～50頁）

以下の表は、2000年以降の、児童虐待に関連する主な判例である。上端のチェックは学校や教師の対応が記載されている事例、下段は、前述した虐待の態様との関係を示している。（裁判では明示されることの少ない「心理的虐待」は省略した。）

児童虐待関係主要判決（2000年～2010年）	身	ネ	性
福岡地裁平成22年9月14日判決［3歳］（傷害）	○		
✓大阪地裁平成22年8月2日判決 大阪地裁平成22年7月21日判決 ［9歳］（保護責任者遺棄致死・死体遺棄）	○	○	
札幌地裁平成21年11月30日判決 ［3歳］［4歳］（傷害致死・死体遺棄）	○		
大阪高裁平成21年9月7日判決［6歳］（福祉施設入所） 大阪家裁岸和田支部平成21年4月3日判決			○
福岡地裁飯塚支部平成21年7月14日判決 ［6歳］（傷害・保護責任者遺棄）	○	○	
東京地裁平成20年7月11日判決［小学生］（福祉施設入所）	○		
✓東京高裁平成20年6月11日判決［3歳］（傷害致死）	○	○	

札幌地裁室蘭支部平成19年12月17日判決［3歳］［1歳］（保護責任者遺棄・殺人〈餓死〉・死体遺棄）		○	
奈良地裁平成19年7月20日判決［8ヵ月］（傷害）	○		
大阪地裁平成18年6月9日判決［2歳］（殺人未遂・傷害）	○		
さいたま地裁平成18年5月10日判決［3歳］（殺人〈餓死〉）	○	○	
さいたま地裁平成17年10月12日判決			
✓大阪地裁平成17年10月14日判決［小4］（保護処分）	○		
東京家裁平成17年9月5日判決［5歳］（福祉施設入所）	○		
鳥取家裁平成17年5月20日判決［14歳］（福祉施設入所）	○		
広島高裁平成17年4月19日判決［6歳］［4歳］（殺人・死体遺棄傷害致死幇助・死体遺棄）	○		
名古屋高裁平成17年3月25日判決［7歳］（親権喪失）	○		
名古屋家裁岡崎支部平成16年12月9日判決			
福岡高裁平成17年2月17日判決［11歳］（損害賠償請求）			○
広島家裁福山支部平成16年11月10日判決［8歳］（福祉施設入所）	○		
名古屋地裁平成16年7月26日判決［0歳］（殺人）	○		
広島高裁岡山支部平成16年1月28日判決	○		
岡山地裁平成15年4月23日判決［11歳］（衰弱死）			
東京地裁平成15年6月20日判決［11歳］（強姦）	○		○
大分地裁平成15年6月16日判決［5歳］（傷害致死）	○	○	
岡山家裁平成15年5月8日判決［2歳］（福祉施設入所）		○	
さいたま地裁平成15年3月12日判決［2歳］（殺人）	○	○	
名古屋地裁岡崎支部平成15年1月20日判決［10歳］（傷害致死〈衰弱死〉）	○	○	

✓千葉家裁市川出張所平成14年 102月6日判決 ［中3］（児童福祉施設入所）			○
岡山地裁平成14年11月8日判決［2歳］（傷害致死）	○		
福岡高裁平成14年9月13日判決［10歳］（保全処分） 福岡家裁久留米支部平成14年7月19日判決		○	
名古屋地裁平成14年7月16日判決［7歳］（傷害致死）	○		
神戸地裁平成14年6月21日判決 ［1歳］（傷害致死・保護責任者遺棄致死〈衰弱死〉） ［2歳］（保護責任者遺棄）	○	○	
長野地裁平成14年6月18日判決［5歳］（傷害）	○		
✓横浜地裁平成14年1月24日判決［3歳］（傷害致死） ✓福岡地裁平成13年12月6日判決	○		

［6歳］（傷害・保護責任者遺棄致死〈凍死〉）	○	○	
✓横浜地裁平成13年10月31日判決［9歳］（傷害致死）	○		
大阪高裁平成13年9月21日判決 ［1歳］（殺人〈衰弱死〉）［1歳］（殺人〈傷害致死〉）	○	○	
旭川地裁平成13年9月6日判決［7歳］［5歳］（暴行）	○		
福岡高裁宮崎支部平成13年4月19日判決［3歳］（傷害）	○		
✓水戸地裁平成12年3月23日判決［6歳］（傷害致死）	○		
✓高知家裁平成12年3月1日判決［11歳］（福祉施設入所）	○		
✓水戸地裁平成12年2月18日判決［5歳］（傷害致死）	○	○	

※紙面の都合から判例情報は省略している。また、表中「福祉施設入所」は児童福祉法第28条1項1号に基づく家裁の審判、第27条1項3号に基づく児童福祉施設への入所措置決定をさす。

※報道等により裁判情報が判明するものでも、判例集（裁判所判例情報等を含む）未登載の判決、本文を確認できない判決は除いている。このため、報道等で広く知られる大阪高裁平成18年5月23日判決（［中3］ネグレクト）のほか、大津地裁平成19年5月25日判決（［2歳］傷害致死・衰弱死）、大津地裁平成18年5月30日判決（［4歳］傷害致死）等は掲載していない。
※代理によるミュンヒハウゼン症候群（ＭＳＢＰ：子どもに病気を作り、かいがいしく面倒をみる虐待の特殊型〈日本小児科学会〉）の疑いによる判例は除いている。
※事実経過に児童虐待事件が記載されていても、裁判の対象に被害者である児童が含まれない場合（例えば千葉家裁松戸支部平成16年6月16日判決（［8歳］児童福祉施設入所）は加えていない。

資料1の刑事裁判は、小学校3年生の児童が、身体的虐待、ネグレクト、心理的虐待を受けて死に追いやられた、凄惨な、信じがたい事件である。だが、6歳児が住宅地の戸外で凍死を強いられた事件（福岡地裁平成13年12月6日判決、傷害・保護責任者遺棄致死）、中学3年生が死の寸前に追いやられた事件（大阪高裁平成18年5月23日判決、殺人未遂）など、同様の事件は、決して少なくない。最悪の事態を想定する例として、学校の関与場面、児童の背後に起きていた事態を直視する機会としても、利用して欲しい。

資料2は、虐待を受けた疑いのある小学校4年生の児童を、学校と児童相談所が連携して保護した事例である。いずれの例においても、救いを待つ児童に残された時間は限られている。このことにも注意を向けて、検討してほしい。

※判決書資料は、認定事実から事件のプロセスに限定して作成している。また、個人等を特定する情報を削除した上で、関係者、関係事実についても、事実関係を変更しない範囲で削除、抜粋、要約している。

資料1　保護責任者遺棄致死、死体遺棄被告事件
大阪地裁平成22年8月2日判決（被告・男性）
大阪地裁平成22年7月21日判決（被告・Aの母親）
裁判所判例情報

夕食抜き ベランダに出される	【1】Aの母親は、2008年10月頃から、Aとともに、内縁関係にある男性と同居しはじめた。男性は、12月頃から、Aが勉強を怠けると、夕食を抜きにしたり、ベランダに出したり、手を上げるようになった。
小3に転入	【2】Aは、1月8日、3学期始業式から、小学校3年生に転入した。
担任が虐待を疑う	【3】1月15日、担任教諭は、Aの左頬に、2本の線状の痣があるのを発見し、事情を尋ねたところ、「（母親と離婚した）父親宅にご飯を食べに行き、帰宅が遅くなって、新しいお父さん（男性）から叩かれた」と答えた。担任教諭は、Aに対する虐待が疑われたことから、学年主任の教師と養護教諭に相談した。
学年主任と養護教諭が事情を聞く	【4】1月16日、学年主任と養護教諭がAから事情を聞くと、「宿題を怠けるときに食事を抜かれることがある」「寝かせてもらえないことがある」と話した。担任教諭がAの自宅に電話をかけると、Aの母親は、「顔の痣は、新しいお父さんから叩かれそうになり、よけようとしてぶつけた」「食事や睡眠の件については、嘘をつく。妄想癖がある」と言って、事実を否定した。
	【5】3月10日までの間は、担任教諭が観察する限り、Aの外見や体調、食欲等に特段異常な点はみられなかった。3月10日の夜、Aが勉強を怠けたことで、男性がAの左頬をつねり、青痣ができた。男性は、青痣を見られた場合、Aを虐待していると疑われると

最後の登校	懸念して、翌日からAに学校を休ませた。
担任教諭は頬につねった跡に気付く	【6】3月11日以降、母親は、学校に対して、発熱や体調不良を理由にAを休ませるとの連絡を、何回か行った。Aの頬には、つねったような跡があった。男性は、担任教諭からの問合せの電話に対して、「（Aは）おばあちゃんに面倒をみてもらっている」などと説明した。結局、Aは、4月5日に死亡するまでの間、通学することは一度もなかった。
殴打される ベランダに出される	【7】15日頃から、男性は、母親に嘘を言ったことから、Aの頭を拳で叩き、頬をつねり、夕食を与えず、居間か台所で、布団なしで寝かせた。男性は、Aの頭や顎を手拳で殴打したり、座っているAの太股を蹴ったり踏みつけたり、髪の毛を引っ張ったりするようになった。また、男性は、Aを何時間もベランダに出した。Aは、玄関の土間や台所で、レジャーシート（シート）の上で生活させられた。食事は、1日当たり、大きめのおにぎり1個、その後、バナナ1本ないし3本くらいになった。Aは、座って手を伸ばし、男性に「おにぎりください」と言っていた。
	【8】20日、Aの太股から膝上が、赤紫色に変色していた。
顔に多数の痣	【9】21日頃、ベランダに出されていたAが謝り、家族で一緒に食事をして、Aを布団で寝かせた。その夜が同児が布団で寝た最後の日となった。Aの顔に、多数の痣ができて赤黒く腫れていた。Aの母親と男性は、「すごいなあ」と言い合った。
顔を叩く ドアにたたきつける 警察が訪問	【10】22日深夜から23日未明にかけて、男性は、Aが嘘をついたことに激怒し、頭を平手や手拳で叩いたり、脛や太股等を足で蹴りつけ、木製のまな板でAの頭部を叩いたところ、まな板が2つに割れた。男性は、Aの胸ぐら、腕を掴んで、何度もドアにたたき付けた。この騒ぎで近隣住民が110番通報し、警察官が訪問したが、Aの母親は、男性の指示により、「夫婦げんか」と伝えて、警察官を帰らせた。

顔全体が腫れ上がる

立てなくなる

正座できないくらい衰弱

男性が「死んだらいい」と言う

土間等で寝具なし状態

朦朧状態になる

【11】23日、Aは、台所のシートに正座し、頭髪が抜け、顔全体が腫れ上がり、目の周りも腫れて開けられない状態で、紫に変色していた。3月下旬頃になると、Aは、その場で失禁するようになり、母親は何度もAを抱えてトイレに連れて行き、便座に座らせた。母親が、Aを久しぶりに風呂に入れた時は、腹部がかなりくぼんでいた。Aは動きが鈍くなり、1日の半分は横になって眠りこけており、起きているときでも座ったままぼーっとしていた。立って歩くことができず、「力が入らない」「足がガクガクする」と言って、部屋の中を這って移動するようになった。

【12】4月2日、Aは、玄関土間のシートの上で正座もできないくらいに衰弱した状態で、自分の失禁に気付かず、服や髪の毛が小便で濡れたまま横たわっていた。男性は、「邪魔」と足で小突き、Aが小さい声で「はい」と返事をして端に体を寄せると、男性は「動けるくせに芝居している」と言った。母親も「邪魔」と言い、男性はAを叩いて、「死んだらいい」と言った。

【13】男性とAの母親は、Aに医療措置を受けさせることは一切なかった。食事は、子ども用の茶碗に入れた雑炊を朝夕1杯与えるだけになり、就寝時は台所や玄関土間等で、寝具なしの状態であった。

【14】4月4日22時頃、男性は、帰宅した際、Aが玄関土間のシートの上に寝たまま失禁していることに激怒し、Aに掃除を命じたが、Aは雑巾を持つ手に力が入らず、目も虚ろな朦朧状態で、目線は手元を見ていなかった。それを見た男性は、「便所行けるのに芝居している」と言った。Aは立つこともできず、男性が引きずって連れて行こうとした。Aは抵抗できる状態にはなく、男性はAを足で踏みつけながら、居間まで連れて行き、Aの左頬を思い切り殴り、倒れたAに座らせることを3、4回繰り返した。その後男性は、

深夜1時ベランダに追い出す	
Aの死亡	

Aの頭をテレビのリモコンで思い切り1回殴り、手の甲をさらに木刀で殴った。Aの母親は、Aをかばおうとはしなかった。男性は、Aの喉元を片手で掴んで首を絞めた。男性がAに「お前ここにいらん。施設に行ったらどうだ」と言うと、Aは「施設へ行きます」と答えた。男性は「すぐ出て行け」などと言い、Aの腕を持ち、Aを足で踏みつけながら、玄関のほうへ引きずって行った。

【15】5日1時過ぎ頃、男性は、下着の上にスウェットの上下を身に付けただけで裸足のAを、ベランダに追い出した。2時頃、男性は、母親に指示して雑炊1杯をAに与えさせた。Aはベランダの避難口の鉄板の上で寝ていたが、男性らは、室内に入れなかった。7時半頃、Aは、顔を部屋の方に向けて横たわり、右手の指をごそごそと動かし、ベランダのコンクリートの床面をつまむような動作をしながら、「ひまわりを探してる」などと言った。

【16】10時頃以降、同じ体勢で横たわっていたAに、男性が「何かいるか」と声を掛けたところ、Aが「のどが渇いた」と言ったため、Aにペットボトルに入れた水かお茶を与えると、一口か二口だけ飲んだ。15時頃、男性が、ベランダで横たわって眠っていたAに、「まだここで寝るのか」などと尋ねたところ、Aは「眠たいからここで寝る」「おやすみなさい」などと答えた。

【17】15時半頃、男性はベランダで横になった体勢のAに声を掛けたが、全く反応がなかった。男性はAを台所に運び入れ、16時過ぎ頃、Aの死亡を確認した。Aの顔は、まだ腫れた状態にあった。

資料2　一時保護処分取消等請求事件
大阪地裁平成17年10月14日判決（請求棄却）
裁判所判例情報

児童養護施設への入所	【1】Aは、1993年10月から児童福祉法第27条1項3号の措置により乳児院に入所し、1996年1月、措置変更により児童養護施設に入所し、同年8月、同号の措置により、特定の夫妻に里親委託され、監護養育されていた。
里親委託	【2】原告である母親は、1999年4月頃から、Aの引取りを強く要求し、2000年8月、里親夫妻を被告として人身保護請求の訴えを提起し、同年11月、母親の請求が認められたため、Aは母親に引き取られた。
Aは母親に引きとられる	【3】Aは、母親の下で監護養育され、同年11月にB小学校、2001年9月にC小学校、2003年7月になって、D小学校4年生に転入し、通学していた。
警察に虐待の通報	【4】2003年8月29日頃、警察に、「Aが、母親から暴力による虐待を受けていると思われると」の通報があった。警察署長は、児童虐待防止法に基づいて、児童相談所長に通告し、9月2日、通告が受理された。
担任に「家に帰りたくない」と申し出る	【5】Aは、11月19日8時ころ、D小学校に登校するために家を出た。Aは、学校に着くと、担任の教師に、「朝の登校前、母親から家の付近で追い掛け回された」「家に帰りたくない」と泣きながら申し出た。
担任が児童相談所に通報	【6】Aの担任教師は、Aから申し出を受けたことから、同日、児童相談所に対し、Aの虐待に関する通報を行った。通告を受けた児童相談所は、同日、小学校に児童福祉司

児童福祉司の事情聴取

らを派遣し、Aから事情聴取を行った。

「児童相談所に行く」と訴える

【7】Aは、事情聴取の際、児童福祉司らに、「母親のところにいたくなく、里親のところに帰りたい」「家には帰らず児童相談所に行く」と訴え、「母親はすぐ叩く」「熱を出したときも、通常の場合は病院に連れていかず、寝かせてもくれず、熱が少し下がると薬を捨ててしまう」「弟にはやさしくするのに自分にはやさしくしてくれない、弟ばかりかわいがっている」「学校での劇の練習などで帰宅が遅くなったときも怒られ、帰宅が遅くなると、食事をさせてくれない」「朝食を毎日食べておらず、その時間、母親は寝ている」「母親は、Aの顔を平手で、足を拳で殴り、殴られた部分は青あざになる」「尻を布団たたきでたたく」「殴られてできたけがは1年生のときから常にある、これ以上たたかれたり追い出されたりしたくない」「母親が約束しても帰りたくない、正座させられる」などと申し述べた。

【8】Aが、登校時に母親から追い回された経緯については、「（Aが）目覚ましをかけていたのに、母親が勝手に目覚ましを止めてしまい、怒って家の近所のコンビニまで追いかけてきた」と話した。

市長が一時保護処分を行う

【9】Aは、事情聴取終了後、児童福祉司らとともに、児童相談所に赴き、市長は、Aに対し、同日、児童虐待防止法33条2項に基づき、一時保護の場所を児童相談所内とする一時保護処分（緊急保護処分）を行った。Aは、児童相談所に向かう車中で、母親が窓から見ていないか、母親が追い掛けてこないかと終始不安げなそぶりをみせ、児童相談所の玄関に到着した際も、玄関がだれでも入ることのできる構造になっていることに強い不安を示していた。

【10】Aは、当時、通学していた小学校ではなく前々在籍校の制服を着用していた。制服

着物は汚れていた 右脚の膝と背中に青あざ	
の白色ブラウスは汚れのため全体的に黒ずんでおり、特に両袖口は黒く変色していた。紺色ジャケットにはボタン穴が3個あるところ、ボタンは1個しかついておらず、内側の名前欄にはA以外の者の名前が記されていた。また、Aが制服の上に着用していたえんじ色のセーターは、全体的に薄汚れており、左袖口はほころび、胸から脇にかけての部分は下に着ている服が透けて見える程度に生地が薄くなっていた。Aが当時履いていた靴も全体的に薄汚れており、ゴム製の靴底もつま先やかかとを中心にすり減っていた。さらに、Aの右脚の膝と背中に、青あざが存在した。 【11】児童福祉法第33条2項の一時保護処分に係る意思決定は、児童相談所長が専決権限を有している。 【12】市長から権限を委任された児童相談所長は、家庭裁判所に対し、2003年12月24日付けで、Aに係る法28条1項1号に基づく里親委託措置承認の申立てを行った。家裁は、2004年3月12日、上記申立てに係る里親委託措置を承認する審判をした。 【13】母親は、高等裁判所に対し、3月26日、抗告を申し立てたが、大阪高裁は、7月12日、抗告を棄却する決定を行い、同決定は7月13日に確定した。児童相談所長は、同日、Aに係る里親委託措置をとった。	

講座31

中学生裏サイト中傷事件（中1・2006年8月　誹謗中傷の書込）

大阪地裁平成20年5月23日判決
大阪地裁平成20年6月26日判決

電子掲示板やチャットルームにおける誹謗中傷行為は、「ネットいじめ」「学校非公式サイト（裏サイト）」等の問題とあいまって、学校における深刻な人権課題となっており、文部科学省もまた、有識者会議による「とりまとめ」（①②）を示したほか、調査報告（③）や事例集（④）などを公表し、対応の強化を求めている。

①「お父さん！お母さん！お子さんのケータイ・ネットの利用は大丈夫ですか？『ネット上のいじめ問題』に対する喫緊の提案について」（子どもを守り育てる体制づくりのための有識者会議・2007年12月）
②「『ネット上のいじめ』から子どもたちを守るために―見直そうケータイ・ネットの利用のあり方を―」（同「第二次とりまとめ」・2008年6月）
③「青少年が利用する学校非公式サイトに関する調査報告書」（2008年3月）
④「ネット上のいじめ」に関する対応マニュアル・事例集（学校・教員向け）」（文科省・2008年11月）
※いずれも文部科学省ホームページ（http://www.mext.go.jp）に掲載。

資料1は、自校の生徒がネット上で誹謗中傷を受けていることに気付いた中学校の教頭が、記載内容から人権侵害行為として判断し、掲示板管理者に削除を求めたものの拒否され、その後、保護者が警察と相談して対応して、書き込みを削除させた事例である。学校と児童生徒を当事者とする判決は少ないこと、典型的な「学校非公式（裏）サイト事件」であることから、学校、教師としての対応を検討する上で貴重な事例となろう。

判決は、原告（中学生）に向けられた匿名による誹謗中傷行為を、特定電気通信役務提供者の損害賠償責任の制限及び発信者情報の開示に関する法律（以下「プロバイダ責任制限法」）の適用条件、刑法上の名誉毀損行為（第２３０条）等に照らしながら行為の不法性を説明し、掲示板管理者に被害を差し止める迅速な対応が義務付けられるとの判断を、示している。

また、資料2は、チャットルームという（短時間における記載情報の消失・転載など）情報流動度の高いサイトにおいて誹謗中傷の書き込みがなされた場合の不法性・権利侵害性について、プロバイダ責任制限法によって開示すべき正当な理由の存在することを、プライバシー侵害行為（個人情報の明示）、名誉毀損行為（誹謗中傷）ごとに認定し、判断理由を示した事例である。

前述②の「とりまとめ」では、「ネット上のいじめ」について、a不特定多数の者から、特定の子どもに対する誹謗・中傷が絶え間なく集中的に行われ、誰により書き込まれたかを特定することが困難な場合が多く、被害が短期間で極めて深刻なものとなること、bネット上の匿名性から安易に書き込みが行われ、子どもが簡単に被害者にも加害者にもなってしまうこと、c情報の収集や加工が容易にできることから、子どもたちの個人情報や画像がネット上に流出し、悪用されていること等、その特徴と問題性が整理されている。

プロバイダ責任制限法や名誉毀損等の刑法に関する不法性を確認した上で、前記a、bについては、学校の事例と対応を学ぶ意味で資料1を、「プライバシーの侵害」「名誉毀損」などの成立（や阻却事由）条件については資料2をもとに、それぞれ確認してほしい。

匿名による実在の人物に対する誹謗中傷行為は、相対交渉による早期解決の容易でない場合が少なくない。削除要請を受けた掲示板管理者において、プライバシー侵害や名誉毀損行為を即座に認定し、迅速に削除等を判断・実行することが、容易に期待できない場合がある。対応の遅れが致命的な被害の放置、継続・拡大に繋がることが多い。

人権侵害を速やかに確認・判断し、被害の差し止めに向けた迅速な対応が最優先とされる必要があること、このことが法的・公的に求められるものであることを、確認することが大切である。

「人権感覚」の必要性が指摘される。だが、抽象的な感覚にとどまっては意味がない。抽象的な理非弁別の当否だけでは、実際の人権侵害を差し止め、人権を回復することはできない。眼前の人権侵害行為、名誉毀損（刑法第２３０条）行為を迅速に確認・認定し、被害差止に向けて対応を開始するという一連の実務的能力の形をとってこそ、人権感覚ははじめてその実体を現すことになるのである。

※判決書資料部分は、個人・地域を特定可能な情報等を削除・修正して抜粋・要約している。

資料1　損害賠償請求事件

大阪地裁平成20年5月23日判決（一部認容、一部棄却）裁判所裁判例情報　http://www.courts.go.jp/hanrei

•２００６年8月20日、電子掲示板「(学校名)」に、「中1の○○（原告の氏名）について」とのタイトルのスレッドが立ち上がり、その冒頭で、悪質な誹謗中傷の書き込みがあった。書き込みに対して、実名を挙げて悪口を言うことを非難したり、反対に、書き込みに同調するものなど、同年10月18日までの間に、同スレッドに88回の書き込みがなされた。

・9月7日、原告が通う中学校の教頭は、原告に対する悪質な誹謗中傷の書き込みに気付いて、被告・電子掲示板管理者に対し、スレッドのタイトルを特定して、生徒の原告の個人名が出ている内容についての削除をメールで依頼した。被告は、削除の対象となるスレッドと書き込みのアドレスを正確に引用するよう指摘し、今回は削除依頼が正しく行われていないので、判断できないため処理できないと、メールで応答し、スレッドの削除は行わなかった。

・9月11日、教頭は、再度、アドレスを特定して削除依頼を行ったところ、被告は、依頼対象が第三者が客観的に個人を特定できる内容ではなく、削除事由に該当しないとして削除を行わなかった。

・生徒の両親は、10月17日頃、スレッドのことを知り、警察に相談した上、19日、被告・掲示板管理者に対し、スレッドに記載されている者の保護者であることを示した上で、削除依頼の意思を伝え、スレッドの接続記録の保存を依頼し、被告はこれに応じて本件スレッドの接続記録保存のために、スレッドを凍結した。

・生徒の両親は、警察が接続記録を確保した後の同月31日、被告に対し、改めてスレッドの削除依頼を行ったところ、同日、被告はスレッドを削除した。

争点	原告・被告の主張	裁判所の判断
権利侵害性（プロバイダ責任制限法3条1項）	**原告の主張**　スレッドの内容は、一般に公開されたインターネット上で原告個人を特定して誹謗中傷するものであり、表現として保護されるような内容でなく、これによって原告の権利が侵害されていることは、その内容自体から明らかである。 **被告の主張**　原告を擁護する発言が大半であるのだから、スレッドは表現として保護されるべきものであり、原告の権利を侵害するとは認められない。教頭からの削除依頼によっても、スレッドが実在する特定個人についての内容であることが確認できなかった。スレッドの内容を確認したからといって、権利侵害の事実を知ることができたとはいえない。	・書き込みは、原告の氏名と学年が特定され、冒頭の書き込みが原告の容ぼう等を誹謗中傷する内容である。書き込みを非難し、原告を擁護する書き込みが多いものの、同調する内容の書き込みもある。不特定多数の者が閲覧可能なインターネット上で、実名を示して誹謗中傷する書き込みがされていること自体、重大な権利侵害である。 ・掲示板は、中学校の関係者による書き込みを想定しており、原告が実在の生徒であることを前提とした書き込みがほとんどである。被告は、2006年9月7日の（教頭による1回目の）メールで、スレッドを検索して確認することができた。（保護者からのメールには、保護者との記載だけで、依頼に対応している。）。被告は、教頭からの1回目の削除依頼の時点で、スレッドを確認し、タイトルと内容が原告Aの実名を挙げた上での誹謗中傷であり、原告の権利を侵害するものであると、知ることができた。

不法行為の成否	**原告の主張**　スレッドの内容は、原告を侮辱し、名誉を毀損するものであり、被告の行為は、掲示板の管理人としての管理義務に違反する。スレッドが削除されることなく公開され続けたことにより精神的損害を被った。掲示板管理者の行為は、原告に対する不法行為を構成する。 **被告の主張**　9月7日の、教頭からの削除依頼を受けて、初めてスレッドの存在を知った。その後、教頭や原告の両親とのやりとりにおいて、削除対象の特定依頼、削除対象該当性の判断、接続記録保存後の迅速な削除等、適切な対応をしている。被告の対応に管理義務違反はない。（被告としては、全体の流れ等から、削除基準に該当しない本件スレッドまで、むやみに削除を行うことは、不適切な管理となりうる）	・掲示板の匿名性を考慮すると、学校の生徒同士が、他の生徒の実名を挙げて誹謗中傷を行う等のトラブルは容易に想定できる。実名等を公表された人物の被害が、インターネット上にとどまらず、現実の学校生活にも及ぶことも、容易に予想することができる。被告は、掲示板の設置・管理運営者として、被害の発生を防止するよう慎重に管理し、被害が拡大しないよう迅速に対処する管理義務を負っていた。 ・被告は、9月7日段階で、原告に対する権利侵害を認識できたにもかかわらず、削除等を講ずることなく放置した。管理義務違反が認められる。 ・スレッドは、原告に対する権利侵害となる。削除の基準や削除依頼の方法を定めているからといって、被告の管理義務の程度・内容が限定されることにならない。プロバイダ責任制限法3条2項の規定で、権利侵害と信ずべき相当の理由があるスレッドを削除したことで責任を負うことはないにもかかわらず、被告の管理義務違反により、原告に対する権利侵害の状態が継続した。被告の行為は、原告に対する不法行為を構成する。

損害	**原告の主張**　原告は、スレッドの書き込みにより、不特定多数の者の好奇の目に晒されることになり、その不安と恐怖から、通っていた学校からの転校や塾をやめることを余儀なくされるなどして、大きな精神的損害を被った。	・原告は、通学する学校の他の生徒から、スレッドに書かれている人物として、好奇の目に晒されるなどした結果、精神的なショックを受けて、中学校を転校し、通っていた塾もやめ、相当の精神的苦痛を被った。 ・（さらに）被告の管理義務違反により、より多数の学校関係者の目に触れることとなった。 ・被告が本件スレッドの削除を迅速に行わなかったことによって生じた原告の精神的苦痛に対する慰謝料としては、50万円が相当である。

資料2　発信者情報開示等請求事件

大阪地裁平成20年6月26日判決（一部認容、一部棄却〔確定〕）判例タイムズ１２８９号２９４頁。

・原告は、チャットルームにおいて、Ｃから、氏名、ハンドルネーム、自宅住所を記載され、「人格障害」など、誹謗中傷の書き込みを受けた。

・２００７年10月30日、原告は、被告・インターネット接続サービス会社に対し、Ｃが原告の住所・氏名等を公開し、社会的名誉を毀損しており、原告は、損害賠償請求権の行使及び謝罪広告等の名誉回復措置の要請のために必要であるとして、プロバイダ責任法第４条１項に基づき、Ｃの氏名又は名称、住所及び電子メールアドレスを開示するように求めた。

・被告は、Cの意見を聴取した上で、12月12日、原告に対し、「プロバイダ責任制限法第3条1項、第4条1項1、2号の要件が判断できないため、開示に応じることはできない」と回答した。
・原告は、精神的苦痛を被ったとして、被告に対し、Cの住所・氏名の開示を求めるとともに、不法行為に基づく損害賠償を請求した。

争点	原告・被告の主張	裁判所の判断
権利侵害の明白性（プロバイダ責任制限法第4条1項1号）	**原告の主張**　原告の氏名、ハンドルネーム及び自宅住所を記載し、プライバシーを侵害し、「人格障害」などと虚偽の事実を記載している点で、原告の社会的名誉を毀損している。記載は、具体的な事実を住所・氏名等を特定した上で記載していることから、チャットルームの参加者が真実であると認識・評価する可能性は高い。記載は、いずれも、侮辱的な表現を伴って誹謗中傷する内容である。公共の利害に関する事実でなく、個人攻撃の目的によるものである。公益を図る目的に出たものでもな	・**プライバシーの侵害**　住所・氏名は、プライバシーに属する情報として、みだりに自己の欲しない範囲の他者に開示されないという意味で、法的保護の対象となる。（既に知られていた）原告の情報は、原告自らチャットルーム上で公表したわけではない。（チャットルームは）掲示期間が短く、過去に公表された原告の住所・氏名に接しなかった者が、Cの記載を見て初めて知ることも十分にあり得る。住所・氏名を記載した部分は、原告の法的保護の対象となるプライバシーを侵害する。 ・**名誉毀損**　「人格障害」などの書き込みは、原告の社会的評価を低下させる。一般のチャットルームの参加者の普通の注意と読み方を前提にしても、真実が含まれている余地があると考えるのが通常である。原告の住所・氏名が明らかにされ、原告の個人情報に容易に接触し得る

	い。違法性阻却事由を窺わせる事情もない。 **被告の主張**　原告の住所・氏名は、架空のものか、既に公になっていたものである。その意見にはある程度の信用性が認められる。プライバシーの侵害が明白とはいえない。また、原告は、チャットルーム参加者に、誹謗中傷、脅迫を繰り返していた。記載を見たとしても、応酬や抵抗の一環として受け止めるにすぎず、チャットルームの性質上、記載された事実の信用性が低い。真実として認識・評価するとは考え難い。	者による事実の摘示との印象を与え、原告の社会的評価が低下させられる危険性が生じる。原告が参加者のプライバシーを侵害し、名誉を毀損する記載を行っていたとしても、被害者が個別に原告に対して被害の回復を求めるべきである。記載は、公共の利害に関する事実でなく、公益を図る目的を有していたわけでもない。原告の名誉を毀損する部分の真否にかかわらず、名誉毀損が正当化される余地はない。摘示部分は、原告の名誉を毀損する。
理由の正当性 （プロバイダ責任制限法第4条第1項2号）	**被告の主張**　Cは、原告から脅迫を度々受けているとのべ、原告からチャットルームで侮辱的、名誉毀損的表現行為を受けていた。原告が、発信者情報を不当に利用する危険性がある。原告には開示を受ける正	・原告はプライバシーを侵害され、名誉を毀損されたのであるから、法的措置によって損害を回復できる立場にある。弁護士に委任した上で、被告に対し、Cの住所・氏名の開示を求めている以上、発信者情報の開示を受ける正当な理由が認められる。原告が第三者に威圧行為をさせたことを裏付ける的確な証拠はなく、住所・氏名を知

	当な理由が存在しない。	ることによって、Cに身体的危害を及ぼすおそれを認めるには足りない。 ・被告は、原告に対し、Cの氏名及び住所を開示せよ。
不開示による被告の故意・重過失	**原告の主張**　被告は、権利侵害の明白性や原告が開示を受けるのに正当な理由を容易に判断できたにもかかわらず、十分な検討をしないまま、原告の開示請求を拒否した。少なくとも重過失により、原告Aに対する開示を不当に遅らせ、その結果、原告は、Cに名誉回復措置等の請求を行うことができず、多大な精神的苦痛を被り続けている。	・被告は、（プロバイダ責任制限法第4条2項によりCの意見を聴取し）Cから、発信者情報の開示によって、原告から身体的危害を加えられる可能性を指摘され、根拠として音声ファイルも送られている。裁判外での開示請求段階では、被告にはCの指摘が虚偽と断じる根拠はなかった。Cの意見を尊重して開示請求に応じることはできないとの判断に至ったとしてもやむを得ない。被告には故意・重過失は認められない。 ・Cの主張する危険性が存在しないことを積極的に認定しているわけではない。被告Bの現時点における立証では、危険性を認めるに足りないとするにすぎない。開示の正当性を認める判断と、被告に故意・重過失がないとする判断との間に矛盾は無い。

講座32

動物病院誹謗中傷書込事件（動物病院経営者・2001年1月から誹謗中傷スレッドが始まる）

東京高裁平成14年12月25日判決

2001年の1月14日から9月21日にかけて、被告が開設し運営する電子掲示板上に、匿名の者の手でスレッド（「悪徳動物病院告発」）が作られ、複数と思われる匿名の者から、原告（動物病院と獣医）を誹謗中傷する発言が、多数書き込まれた。発言には、名前や名前の一部を伏字、あて字等にしてあるものの容易に推測されるもの、病院名や所在場所を特定して誹謗中傷するもの、所在場所等から病院名を容易に特定できるものがみられた。

原告は、6月21日付通知書（同22日被告に到達）で、被告（掲示板管理者）に対し、原告を中傷する発言を書面到達後10日以内に削除するように求めた。また、7月18日、本件訴訟を東京地裁に提起し、被告に損害賠償と名誉毀損記事の削除を求めた。

本件電子掲示板は誰でも閲覧や書き込みができ、契約も使用料等も必要ない。訴訟提起時には、1日約80万件の書き込みがあった。被告が発言を削除することは技術的に可能であるが、現在に至るまで削除されていない。

高裁判決は、動物病院と獣医に各200万円を支払うこと、判決が指定した名誉毀損発言の削除を、被告に命じた。

※東京高裁平成14年12月25日判決（控訴棄却［上告］）判例時報1816号52頁。

インターネット上のメールや掲示板、ＨＰにおける暴力的・攻撃的な記載・発言をめぐる問題は、学校において、教師が対応の必要性を強く意識する課題の一つとなっている。だが、著作権や情報倫理に関する教育とされてきた、インターネットの利用に関する内容、ネット特有の問題（ネットやメールにおける対話が過激化するフレーミングなど）に対応を限定してはならないように思う。ネット上に展開される攻撃的・暴力的言語環境の影響を受けて、学校や教室における児童生徒の現実の言語環境そのものに暴力的・攻撃的言辞が浸透し、児童生徒の基本規範を変容・悪化させているからである。

大切なことは、児童生徒の人間関係にかかわる基本規範を再構築するための指導の徹底であり、人権、人格権、人の名誉を毀損し、誹謗中傷することの違法性を明確にし徹底することであり、必要な論理と根拠を共通認識とした上で学校の優先的価値とならしめること、である。

東京高裁判決は、学校に関係する訴訟ではないが、学校における暴力的・攻撃的言辞による人権侵害や、これによる言語環境や人間関係の悪化をめぐる課題への対応を考える際に、参考としたい資料である。

言葉による人格攻撃は、力関係で優位にある者からの、「誹謗中傷でなく事実の摘示である」「表現の自由・自由な意見交換である」といった詭弁を身にまとって、立ち現れる。指導する教師側の対応に逡巡がみられるのも、このためである。まずは、判決書資料を読み合わせ、次の諸点を確認してほしい。

①言論による誹謗中傷は犯罪である。

②人格攻撃による被害の差止は言論の自由を制限するものではない。

③暴力的・攻撃的言辞に言論で対抗する必要はない。

④（掲示板管理者）が被害の差止を怠ってはならない。

④の掲示板管理者については、学校で管理される掲示板管理者としての教師、また、学校や学級で誹謗中傷等による人格攻撃が確認される場合の教師の立場、に置き換えて考えてもらいたい。

本資料の論点は、人格攻撃による被害の差止とそのためにとるべき対応の優先順位である。本件の場合ならは、第一に、電子掲示板の書き込みを速やかに削除すること、第二に、二度と名誉毀損が起きないように実効的措置をとること、第三に、損害を回復・補償すること、であろう。

児童生徒間において、（匿名ではない状態も含めて）暴力的・攻撃的言語環境が支配的になりそうな時、どのようにして人権が尊重された学習・生活環境に戻していくのか、その際、教師、児童生徒、保護者の共通認識を、どのような論理と根拠を用いて再構築していくのか、教師集団の対応の在り方と手順について確認しておくことが大切である。

<table>
<tr><th>認定された事実及び被告の主張事実</th><th>裁判所の判断</th><th>参考資料</th></tr>
<tr><td>**発言の内容**
「悪徳動物病院をこの世から滅殺しよう」「動物の命よりもまず『金』を請求します」「過剰診療、誤診、詐欺、知ったかぶり」「えげつない病院」、「ヤブ医者」「ダニ」「精神異常」「精神病院に通っている」「動物実験はやめて下さい」「テンパー」「責任感のかけらも無い」「不潔」「氏ね（死ねという意味）」「被害者友の会」「腐敗臭」「ホント酷い所だ」「ずる賢い」「臭い」「脱税してる」</td><td>**誹謗中傷であり社会的評価を低下させた**
・スレッドを作った者の発言内容は、相当の根拠を持って事実を摘示して病院を批判するというものではなく、侮辱的な表現を用いて誹謗中傷する内容であり、原告病院の経営体制、施設等を誹謗中傷するとともに、その代表者で院長である獣医師の診療態度、診療方針、能力、人格等を誹謗中傷するもので、原告である獣医と病院の名誉を毀損し、両名の社会的評価を低下させるものといえる。</td><td rowspan="2">・訴訟提起に際して用いられた民法は第７０９条と７２３条である。
民法第７０９条
（不法行為による損害賠償）故意又は過失によって他人の権利又は法律上保護される利益を侵害した者は、これによって生じた損害を賠償する責任を負う。
民法第７２３条
（名誉毀損における原状回復）他人の名誉を毀損した者に対しては、裁判所は、被害者の請求により、損害賠償に代えて、又は損害賠償とともに、名誉を回復</td></tr>
<tr><td>**読者は信用せず社会的評価は低下しない**（掲示板管理者）
各発言は匿名であり、読者側は、各発言に根拠があるとは限らないということを十分認識してい</td><td>**一般人の普通の注意読み方を基準とする**
・ある発言の意味内容が他人の社会的評価を低下させるものかどうかは、一般人の普通の注意と読み方を基準として判断すべきものである（新聞記事についての最高裁昭和31年7月20日第2小法廷判</td></tr>
</table>

ると考えられるから、原告らの社会的評価を低下させるものではなく、各発言は名誉を毀損するものではない。

対抗言論により社会的評価は低下しない（掲示板管理者）

電子掲示板における論争には「対抗言論」による対処を原則とすべきで、本件でも、原告らを擁護する趣旨の発言がされ、十分な反論がされているから、原告らの社会的評価は低下していない。

決）。電子掲示板における匿名の発言であっても、不正を告発する体裁をとる場での発言である以上、読者が、発言をすべて根拠のないものと認識することはなく、幾分かの真実も含まれていると考えるのが通常であろう。したがって、その発言によりその対象とされた者の社会的評価が低下させられる危険が生ずる。

言論による対処のみを求めることができない場合がある

・原告らに対する発言は匿名の者による誹謗中傷で、複数と思われる者から極めて多数回にわたり繰返されている。これに対する有効な反論をすることには限界がある上、原告らを擁護する趣旨の発言がされたが、議論が深まるということはなく、発言者が原告であると揶揄するような発言もされ、その後も誹謗中傷というべき発言が執拗に書き込まれていった。このような状況では、名誉毀損の被害を受けた原告らに対し、掲示板における言論による対処のみを要求することは相当ではない。

・言論に対しては言論で対処することをもって解決するのに適当な処分を命ずることができる。

・誹謗中傷や名誉毀損に関する刑法の規定。

刑法第230条（名誉毀損）公然と事実を摘示し、人の名誉を毀損した者は、その事実の有無にかかわらず、3年以下の懲役若しくは禁錮又は50万円以下の罰金に処する。2（省略）

刑法第231条（侮辱）事実を摘示しなくても、公然と人を侮辱した者は、拘留又は科料に処する。

刑法第233条（信用毀損及び業務妨害）虚偽の風説を流布

公共の利益に関する特例の主張立証責任（掲示板管理者）

発言の公共性、目的の公益性、内容の真実性等が不存在であることについては、名誉を毀損されたという原告らが主張立証する必要がある。

を図ることが望ましいことはいうまでもない。しかしそれは、対等に言論が交わせる者同士という前提があって初めていえることであり、言論による対処では解決を期待することができない場合がある。本件掲示板に発言をした者は、匿名という隠れみのに隠れ、自己の発言については何ら責任を負わないことを前提に発言しているのであるから、対等に責任をもって言論を交わすという立場に立っていない。このような者に対して言論をもって対抗せよということはできない。

原告に主張立証責任はない

・名誉毀損という不法行為は、人の品性、徳行、名声、信用等の人格的価値について社会的評価を低下させる事実の摘示、又は意見ないし論評の表明となる発言により、成立し得る。名誉を毀損された被害者が、その発言で社会的評価を低下させる危険のあることを主張立証すれば、発言の公共性、目的の公益性、内容の真実性等の存在は、違法性阻却事由、責任阻却事由として責任を追及される相手方が、主張立証すべきである。

し、又は偽計を用いて、人の信用を毀損し、又はその業務を妨害した者は、３年以下の懲役又は50万円以下の罰金に処する。

・公共の利益に関する刑法の例外規定。

刑法第２３０条の２

（公共の利益に関する特例）前条第１項の行為が公共の利害に関する事実に係り、かつ、その目的が専ら公益を図ることにあったと認める場合には、事実の真

プロバイダ責任制限法との関係（掲示板管理者）

プロバイダ責任制限法を適用して考えれば、名誉毀損における真実性等の存否については、責任を追及する者が主張立証責任を負う。

・原告らは、名誉を毀損されたもので、かつ、匿名の発言者を特定して責任を追及することが事実上不可能である。これに対して被告は、電子掲示板を開設して管理運営しているのだから、被告側が、名誉毀損発言について削除義務を負う。本件各発言の公共性、目的の公益性、内容の真実性が明らかではないことを理由に、削除義務の負担を免れることはできない。

法の趣旨に照らしても免責できない

・同法は２００２年５月27日施行であるから、本件に直ちに適用されるものではない。しかし、①当該情報の内容が、人の品性、徳行、名声、信用等の人格的価値について社会的評価を低下させる事実の摘示、又は意見ないし論評の表明であるなど、他人の権利を侵害するものである場合に、②当該情報が他人の権利を侵害することを知っていたときはもちろん、③当該情報の流通を知り、かつ、通常人の注意をもってすればそれが他人の権利を侵害するものであることを知り得たときも、プロバイダが責任を免れないとするのが、プロバイダ

否を判断し、真実であることの証明があったときは、これを罰しない。（以下省略）

・プロバイダ責任制限法の第3条1項。（特定電気通信役務提供者の損害賠償責任の制限及び発信者情報の開示に関する法律２００１年11月30日）

第3条（損害賠償責任の制限）

特定電気通信による情報の流通により他人の権利が侵害されたとき

	表現の自由との関係（掲示板管理者） 被告は、匿名の発言も表現の自由の一環として保障されるべきである。
責任制限法の趣旨である。権利侵害についての違法性阻却事由、責任阻却事由の主張立証責任にまでを規定をしたものではない。 ・掲示板管理者は、原告からの通知書、本件訴状等により、原告らの名誉を毀損する発言が書き込まれたことを知り、各発言の内容から原告らの名誉が侵害されていることを認識し得たのだから、プロバイダー責任制限法第３条１項の趣旨に照らしても、損害賠償責任を免れる場合には当たらない。	**被害者による被害への賠償請求は表現の自由を侵害しない** ・匿名の者の発言が正当な理由なく他人の名誉を毀損した場合に、被害者が損害賠償等を求めることは当然許される。このことが表現の自由の侵害となるものではない。掲示板管理者は、現在に至るまで、本件各名誉毀損発言を削除するなどの措置を講じていないのであるから、掲示板管理者は削除義務に違反している。原告らに対する不法行為が成立する。

は、当該特定電気通信の用に供される特定電気通信設備を用いる特定電気通信役務提供者（「関係役務提供者」）は、これによって生じた損害については、権利を侵害した情報の不特定の者に対する送信を防止する措置を講ずることが技術的に可能な場合であって、次の各号のいずれかに該当するときでなければ、賠償の責めに任じない。ただし、当該関係役務提供者が当該権利を侵害した情報の発信者である場合は、この限りでない。

1　当該関係役務提供者

匿名の書き込みに対する責任の所在

本件掲示板は、匿名性のゆえに規範意識の鈍麻した者によって無責任に他人の権利を侵害する発言が書き込まれる危険性が少なからずある。発言によって被害を受けた者がその発言者を特定してその責任を追及することは事実上不可能で、書き込まれた発言を削除し得るのは管理運営する被告のみである。

名誉毀損による苦痛と損害

本件掲示板に名誉毀損発言が存在し続けて不特定多数の者の閲覧可能な状態にあることは、原

被害発生防止義務は掲示板管理者にある

・匿名性という本件掲示板の特性を標榜して匿名による発言を誘引している被告には、利用者に注意を喚起するなどして他人の権利を侵害する発言が書き込まれないようにするとともに、そのような発言が書き込まれたときには、被害者の被害が拡大しないようにするため直ちに削除する義務がある。無責任な第三者の発言を誘引することによって他人に被害が発生する危険があり、被害者自らが発言者に対して被害回復の措置を講じ得ないような本件掲示板を開設し、管理運営している以上、その開設者たる被告自身が被害の発生を防止すべき責任を負うのはやむを得ない。

・被告が各名誉毀損発言を削除するなどの措置を講じなかったことは、原告らの名誉を毀損する不法行為を構成する。

損害はそれぞれ200万円である

・掲示板管理者が、6月22日に到達した書面、訴状及び請求の趣旨訂正申立書により各名誉毀損発言の削除を求められてから現在に至るまで、各名誉

が当該特定電気通信による情報の流通によって他人の権利が侵害されていることを知っていたとき。

2　当該関係役務提供者が、当該特定電気通信による情報の流通を知っていた場合であって、当該特定電気通信による情報の流通によって他人の権利が侵害されていることを知ることができたと認めるに足りる相当の理由があるとき。

告に多大な精神的苦痛を与えるものである。また、原告病院の経営にも相当の影響を及ぼしている。	毀損発言を削除するなどの措置を講じなかったことによる原告らの精神的損害及び経営上の損害は、それぞれ２００万円を下らない。	
削除命令 人の品性、徳行、名声、信用等の人格的価値について社会から受ける客観的評価である名誉を違法に侵害された者は、損害賠償及び名誉回復のための処分を求めることができるほか、人格権としての名誉権に基づき、加害者に対し、現に行われている侵害行為の差止めを求めることができる。	**名誉毀損発言は削除しなければならない** ・各名誉毀損発言は真実と認めるに足りず、表現も極めて侮辱的なものであり、原告の受けた精神的苦痛の程度は大きく、病院も経営に相当の影響を受けたものと認められ、名誉毀損発言が削除されない限り、更なる損害が発生し続けると予想される。掲示板管理者は、通知書、本件訴状等により削除を求められた後も削除することなく、現在も名誉毀損発言は掲示板に存在し、不特定多数人の閲覧し得る状態にある。掲示板管理者は、原告らに対する本件名誉毀損発言を削除しなければならない。	

おわりに

本書の内容は、『季刊　教育法』に掲載された同名タイトルの連載をまとめたものである。資料等に古くなったものがあるが、前後の整合性を考えて、修正や訂正は最少限にとどめている。ご了承いただきたい。

連載は、単独で執筆するようになった１９９５年からしても、早いもので、20年近くがたった。この間、私のつたない文章を掲載し続けていただいたエイデル研究所には、言葉に表せないほどの感謝をしている。とりわけ、前半では長谷吉洋さん、後半は山添路子さんに、いつも励まされ、勇気づけられて、書き続けることになった。もしこのお二人がいなかったら、私の研究そのものが存在しなかった。重ねて御礼申し上げたい。

本書は、上越教育大学出版会によって刊行されることになった。出版が困難であった書籍の刊行が、このような機会に恵まれたことに、心より感謝したい。

初出一覧

本書各講座の『季刊教育法』（エイデル研究所）掲載号である。本書講座番号と混乱をきたすおそれがあるため、雑誌掲載時の講座番号を省略している。

講座2「学校・教師と保護者それぞれの責任について共通認識を得ることを目的とした教員研修資料」『季刊教育法』第154号、2007年9月、36～41頁。

講座3「眼に障害を残した園児・児童生徒間の事故・事件を検討するための教員研修資料」『季刊教育法』第161号、2009年6月、54～59頁。

講座4「『いじめ自殺事件』の判決書を用いて学校・教師の『対応』と『タイミング』を検討するための教員研修資料」『季刊教育法』第174号、2012年9月、66～71頁。

講座5「『いじめ』問題判決に学ぶ教員研修用資料」『季刊教育法』第151号、2006年12月、52～63頁。

講座6「二年近くいじめ行為を受けた生徒が、卒業後に加害生徒らと学校設置自治体に対して提訴した事例の教員研修資料」『季刊教育法』第167号、2010年12月、46～51頁。

講座7「『被害集積の視点』を注視し、対応を変える時期を検討・判断するための教員研修資料」『季刊教育法』第157号、2008年6月、46～51頁。

講座8「『からかい』『ひやかし』行為から『深刻な人権侵害行為』に至るプロセスや全体像を見通す『共感的想像力』

と『合理的洞察力』の向上を目的とした教員研修資料」『季刊教育法』第155号、2007年12月、58〜63頁。

講座9 「『いじめ自殺事件』の判決書を用いて学校・教師の『対応』と『タイミング』を検討するための教員研修資料（その2）」『季刊教育法』第175号、2012年12月、76〜81頁。

講座10 「『性的事件』における学校・教師の対応を検討するための教員研修資料」『季刊教育法』第177号、2013年6月、76〜81頁。

講座11 「遊びを装った暴力、いやがらせ、屈辱的行為をともなういじめ、傍観者・同調者の問題性を検討するための教員研修資料」『季刊教育法』第159号、2008年12月、34〜39頁。

講座12 「教師の目の前で行われるいじめ不法行為を確認するための教員研修資料」『季刊教育法』第178号、2013年9月、76〜81頁。

講座13 「加害者を特定できない事件に対する学校・教師の対応を検討するための教員研修資料」『季刊教育法』第166号、2010年9月、62〜67頁。

講座14 「閉鎖的集団内で形成された上下関係の放置と甚大な人権侵害事件発生の危険性を検討するための教員研修資料」『季刊教育法』第156号、2008年3月、42〜47頁。

講座15 「生徒間における非難・悪口等による精神的被害の違法性及び教師の対応の在り方を検討するための教員研修資料」『季刊教育法』第160号、2009年3月、68〜73頁。

講座16 「事件・事故発覚後における学校側による対応の在り方を検討するための教員研修資料」『季刊教育法』第165号、2010年6月、54〜59頁。

講座17「児童による暴力行為を誘発した担任教諭による発言の問題性、事件後における管理職・行政の対応のあり方等を検討するための教員研修資料」『季刊教育法』第164号、2010年3月、50～55頁。

講座18「殴打（体罰）等の直後の児童生徒に対する衝撃緩和措置を検討するための教員研修資料」『季刊教育法』第158号、2008年9月、52～57頁。

講座19「体罰直後の自殺を予見し対応する必要性を共通認識とするための教員研修資料」『季刊教育法』第179号、2013年12月、86～91頁。

講座20「体罰問題の判決に学ぶ教員研修資料」『季刊教育法』第152号、2007年3月、40～47頁。

講座21「体罰の契機・背景を検討するための教員研修資料」『季刊教育法』第162号、2009年3月、50～55頁。

講座22「運動部活動における「体罰」を確認し管理職の適切な対応を検討するための教員研修資料」『季刊教育法』第176号、2013年3月、70～76頁。

講座23「教師をとりまく困難な環境　実情を理解し共有するための教員研修資料（その2）」『季刊教育法』第170号、2011年9月、86～91頁。

講座24「学級崩壊と指導力不足を理由とした分限免職処分事由の妥当性を検討するための教員研修資料」『季刊教育法』第172号、2012年3月、50～55頁。

講座25「学級崩壊渦中における初任教員の自殺事件、教師間の支援の在り方を検討するための教員研修資料」『季刊教育法』第173号、2012年6月、58～63頁。

講座26「教師をとりまく困難な環境　実情を理解し共有するための教員研修資料（その3）」『季刊教育法』第171号、2011年12月、64～69頁。

講座27「教師をとりまく困難な環境　実情を理解し共有するための教員研修資料」『季刊教育法』第１６９号、２０１１年６月、58～63頁。

講座28「ストレスによりうつ病を発症して休職中に自殺した中学校教師に対する公務災害認定の根拠を確認するための教員研修資料」『季刊教育法』第１８１号、２０１４年７月、88～93頁。

講座29「困難なクラス環境と教員間の対立の渦中で自殺した高校教師の事例を共通認識とするための教員研修資料」『季刊教育法』第１８０号、２０１４年３月、82～87頁。

講座30「児童虐待に直面した学校・教師の対応を検討するための教員研修資料」、『季刊教育法』第１６８号、２０１１年３月、56～61頁。

講座31「電子掲示板・チャット上の誹謗中傷（名誉毀損）行為に対する迅速な対処、対処の根拠を検討するための教員研修資料」『季刊教育法』第１６３号、２００９年12月、68～73頁。

講座32「電子掲示板上の名誉毀損書込をめぐる民事訴訟判決を参照した学校における暴力的・攻撃的言語環境改善を目的とした教員研修資料」『季刊教育法』第１５３号、２００７年６月、42～47頁。

参考文献一覧

安藤博『なぜ、いままでの生徒指導がうまくいかなかったのか―生徒指導の視点を変える「生徒市民」教育―』学事出版、2012年。

安藤博『子どもが法と出会うとき―思春期法学のすすめ―』三省堂、2009年。

市川須美子『学校教育裁判と教育法』三省堂、2007年。

伊藤進・織田博子『実務判例　解説学校事故』三省堂、1992年。

坂田仰編著・教育法令理論研究会『法律・判例で考える生徒指導』学事出版、2004年。

浪本勝年、箱田英子、岩崎政孝、吉岡睦子、船木正文『教育判例ガイド』有斐閣、2001年。

斎藤一久『重要教育判例集』東京学芸大学出版会、2012年。

梅野正信『いじめ判決文で創る新しい人権学習』明治図書、2002年。

梅野正信『裁判判決で学ぶ日本の人権』明石書店、2006年。

梅野正信・采女博文（編）『実践いじめ授業』エイデル研究所、2001年。

梅野正信「中野区中学生いじめ自殺事件」「上越市中学校いじめ自殺事件」『いじめ体罰防止の新規準と学校の対応』（菱村幸彦編）教育開発研究所、2013年、72～79頁。

梅野正信「いじめと教師・子ども・保護者―民事訴訟判決資料の活用と教育法学の役割―」『日本教育法学会年報』第37号、日本教育法学会、有斐閣、２００８年、１０２～１１０頁。

梅野正信「裁判資料を活用した『いじめ』授業プログラム」『ストレスマネジメント研究』Vol.５No.１、日本ストレスマネジメント学会、２００９年、９～14頁。

梅野正信「裁判の中の〝性と生〟」（連載）【１】～【18】、『季刊セクシュアリティ』第27号（２００６年７月）～第48号（２０１０年10月）、エイデル研究所。

梅野正信「事例から学ぶ事件後・訴訟前の学校・教師の対応」『児童心理』第８６０号、金子書房、２００９年、８２０～８２４頁。

梅野正信「判例からいじめ問題を検討する」『児童心理』第９７２号、金子書房、２０１３年、37～41頁。

梅野正信「判決にみる『いじめ』行為の態様」『教職課程』第37巻２号、協同出版、２０１１年、20～23頁。

梅野正信「『言葉』と『コミュニケーション』の技法を高める―運動部活動指導者のコミュニケーション技法―」『シナプス』第25号、２０１３年

著者紹介

梅野正信（うめの まさのぶ）

1955年長崎県生まれ。立命館大学文学部史学科卒業、長崎大学教育学部専攻科修了、上越教育大学大学院学校教育研究科修士課程修了。博士（学校教育学）。1979年活水中学校・高等学校教諭、1988年鹿児島大学教育学部講師、2002年同教授、2008年より上越教育大学大学院学校教育研究科教授、現在に至る。

《専門分野》
戦後教育実践史、歴史教育史、人権教育の教材・授業開発研究、総合学習及び社会科の教材・授業開発研究

《主な著書・編著》
『社会科はどんな子どもを育ててきたか』（明治図書、1996年）、『実践いじめ授業』（エイデル研究所、2001年、采女博文との共編）、『和歌森太郎の戦後史』（教育史料出版会、2001年）、『いじめ判決文で創る新しい人権学習』（明治図書、2002年）、『実践ハンセン病の授業』（エイデル研究所、2002年、采女博文との共編）、『社会科歴史教科書成立史』（日本図書センター、2004年）、『日本映画に学ぶ教育・社会・いのち』（エイデル研究所、2005年）、『裁判判決で学ぶ日本の人権』（明石書店、2006年）など多数。

教育管理職のための法常識講座
—判決に学ぶ「いじめ」「体罰」「ネット」「虐待」「学級崩壊」への対応

2015年4月24日　初刷発行

著　者■梅野　正信
発行者■佐藤　芳德
発行所■上越教育大学出版会
〒943-8512 新潟県上越市山屋敷町1番地
上越教育大学附属図書館内
発売所■株式会社 エイデル研究所
〒102-0073　東京都千代田区九段北4-1-9
TEL. 03-3234-4641／FAX.03-3234-4644
装丁・本文DTP■大倉　充博
印刷・製本■シナノ印刷株式会社

ISBN 978-4-87168-558-0 Printed in Japan
（定価はカバーに表示してあります）